投资理财：通俗经济学系列

你不理财
财不理你

理财新方法·投资小妙招·增值多渠道·财富一点通·理财更轻松

索晓辉　主编

中山大学出版社
SUN YAT-SEN UNIVERSITY PRESS
·广州·

版权所有 翻印必究

图书在版编目（CIP）数据

你不理财，财不理你/索晓辉主编. —广州：中山大学出版社，2018.2
（投资理财：通俗经济学系列）
ISBN 978-7-306-06054-9

Ⅰ.①你… Ⅱ.①索… Ⅲ.①私人投资—通俗读物 Ⅳ.①F830.59-49

中国版本图书馆 CIP 数据核字（2017）第 108993 号

NI BU LICAI, CAI BU LINI

出版人：	徐 劲
策划编辑：	曾育林
责任编辑：	曾育林
封面设计：	曾 斌
责任校对：	林彩云
责任技编：	黄少伟
出版发行：	中山大学出版社
电　　话：	编辑部 020-84111996，84113349，84111997，84110779
	发行部 020-84111998，84111981，84111160
地　　址：	广州市新港西路 135 号
邮　　编：	510275　传　真：020-84036565
网　　址：	http://www.zsup.com.cn　E-mail：zdcbs@mail.sysu.edu.cn
印 刷 者：	佛山市浩文彩色印刷有限公司
规　　格：	787mm×1092mm　1/16　14.625 印张　270 千字
版次印次：	2018 年 2 月第 1 版　2019 年 9 月第 2 次印刷
定　　价：	40.00 元

如发现本书因印装质量影响阅读，请与出版社发行部联系调换

序 言
你可以不投资吗

穷人、富人的最大差别不在于拥有金钱的多少，而在于懂不懂投资，会不会投资。懂得投资，可以使有限的财富不断扩张；不懂得投资，再多的资金也有用尽的一天。本书主要介绍现代人投资的必要性，使读者正确认识投资的意义及重要性。

一、钱——自己会消失

"物质不灭定理"，学过物理的人管这个叫作"质量守恒定律"，也就是说世间的万物是不能凭空消灭或产生的。然而，钱，也许是个例外。

大家都知道，投资是有风险的，因为世界上没有只赚不赔的买卖。只要进行投资就会有亏损的可能。于是很多人就认为，只要我不投资，那就没有了风险。中国人有个习惯，喜欢赚了钱就存到银行，以为既安全又可以升值。殊不知，自己的腰包在不知不觉间已经被掏空了。

持有这种想法和观念的人，只是看到了表面的现象，而缺乏对社会经济深刻的认识。对于普通大众来说，特别是在当前的形势下，不投资也会有不小的风险。

首先，忽略一切偶发的社会干扰因素，我们的货币还是每天都在贬值。可能一天两天你体会不到其中的不同，但是往后推10年、20年，就可以看得很清楚了。大家都知道，在20世纪70年代，能够出现一个万元户已经是一件家喻户晓的奇闻了，大家买物品都是一分两分、一毛两毛地花钱，现在估计马路上掉了五毛

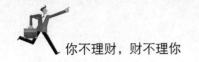

钱都不会有人愿意弯腰把它捡起来了。只有短短的不到50年，我们现在的货币购买力已经比当时下降了将近30倍。这就是通货膨胀的威力。再比如说，如果一个人拥有100万元现金资产而不进行任何投资，在通货膨胀率仅为3%的情况下，30年后这笔钱的实际购买力只相当于现在的40.1万元，而实际情况往往比假设的更为严重。

对于我们的财富来讲，最大的威胁就是通货膨胀，通货膨胀会一点一点地把我们的财富吞蚀掉。从长远来看，社会经济一直处于通货膨胀之中，只不过有时候比较剧烈，有时候比较温和，但总的趋势是不断地通货膨胀。所以，为了抵御通货膨胀对财富的影响，你必须投资理财，一定要让财富的增长速度超过通货膨胀的速度，这样才能保证财富的绝对值没有缩水，否则说不定今天能够买到一辆汽车的钱，而到了明天只能换来一辆自行车，可能还是二手的。

其次，很多人有这个误区，以为把钱存在银行就是一种投资了，就可以以最省心的方式让钱生钱了，这可就大错特错了。银行存款的安全性也让它的收益率变得非常的低，甚至会低于市场上的通货膨胀率，换句话说，你把钱存在银行里实际的利率是负的，钱还是不可避免地在缩水。所以，在社会不断发展的今天，投资理财是你避免风险的唯一选择。

还有很重要的一点，不投资会使我们的生活质量相对下降。许多人因为怕麻烦，也为了避免风险，不愿进行投资，却不知在别人赚钱的同时，也就意味着你已经在赔钱了。很多人天真地以为"不炒股就没风险""股市涨跌与我没关系"，于是他们从不愿涉足，而只是简单地将钱储蓄起来，认为这样可以有效地规避股市波动的风险。而实际上，股市已经成为整个社会经济体制的一部分，其影响力已经渗透到了经济领域的方方面面，可以说，股市与我们每一个人都息息相关，不管你乐不乐意炒股，你都与股市脱不了干系。股市就像一只无形的大手，在它托着很多人上

序 言

涨的同时，没有在这只手里的人已经被落在了下面，在无形中承受了损失；而当股市崩盘，这只无形的大手落下来时，这些不投资的人也难逃被压在下面的命运。

近些年来，各地房价一路疯涨，特大城市更有赶超纽约、香港等国际大都市房价的趋势。尽管如此，不少楼盘开盘销售半日即告罄的新闻却常常见诸报端。老百姓怨声载道而房屋销售却异常火爆，究其原因，股市的财富效应便是其中之一。股市的火爆加剧了通货膨胀，使得没有在股市投资的人的钱在不知不觉中到了少数股市赢家的手中，他们大肆买房、买车、买名牌，生活水平大幅度提高，对于不投资的人来说，莫名其妙地发现钱虽然在手里，但是能买的东西却越来越少了，生活质量在不断下降。

那么，股市下跌对这些人就好了吗？常常有些没有投资的人喜欢看到市场大跌，跌得越惨越好，甚至希望大崩盘，因为他觉得没投钱进去，市场跌得再严重都与他没关系。但是这种观念也是不对的，一旦股市大跌，必然会导致经济下滑，城门失火殃及池鱼，谁都很难幸免。

历史上著名的事件如美国1929年股市大崩盘以后，控股公司体系和投资信托的崩溃，大幅削弱了借贷能力和为投资筹措资金的意愿，这迅速转化为订单的减少和失业的增加。到1933年，几乎在每四个劳动力中就有一个失业。这种经济低迷持续了将近十年时间，人们生活水平大幅下降，对民众的生活造成了巨大的影响。可见，不投资并不能保证你财富的安全。

因此，我们不能盲目地只看表面现象，而要对投资和风险有清醒的认识，眼光放长远，从而用投资来开创自己的财富人生。

二、没有钱，就可以成为不理财的理由吗

一提到投资，几乎所有的人都认为是有钱人的专利。所以现代人对投资常有"因小而不为"的错误观念。的确，无可否认，投资是以钱赚钱，必须要先有钱才能开始。事实上，投资不看你

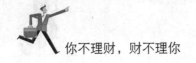

钱多钱少，关键是你要有投资的意识。投资的最大障碍来自于人们对投资的认识，富人和穷人最大的差距也是对投资知识的了解和认识。

在日常生活中，如果你认为每月固定的工资收入应付日常生活开销就差不多了，哪里还有多余的钱进行投资理财呢？如果真有这种想法，那你就大错特错了。投资理财绝不是有钱人的专利，恰恰相反，贫富的关键在于如何投资理财。巴菲特说过："一生能积累多少财富，不取决于你能够赚多少钱，而取决于你如何投资理财。"亚洲首富李嘉诚也主张："20岁以前，所有的钱都是靠双手勤劳换来的；20~30岁是努力赚钱和存钱的时候；30岁以后，投资理财的重要性逐渐提高。"所以李嘉诚认为"30岁以前人要靠体力、智力赚钱，30岁之后要靠钱赚钱（即投资）"。钱找钱胜过人找钱，要懂得让钱为你工作，而不是你为钱工作。因此，人的一生能拥有多少财富，不是取决于你赚了多少钱，而决定于你是否投资、如何投资。

"你不理财，财不理你"，如果你的钱本来就不多，那就更需要学会合理地投资理财。即使你现在身无分文，或者收入很低，也不要妄自菲薄、轻易放弃投资。富人固然已站在投资有利的起跑点，目前资金不多或收入不丰的人更应该了解投资及投资致富的途径，以优质的投资来弥补先天金钱的不足，借投资来改善现有的财务状况。

一些专业人士对创造财富的两种主要途径进行了分析，发现了一个普遍的结果：如果靠投资致富，财富目标则比打工要高得多。例如，具有"投资第一人"之称的亿万富豪沃伦·巴菲特就是通过一辈子的投资致富的。巴菲特一生都在投资，他以100美元起家，靠着非凡的智慧和理智的头脑，在短短40多年时间里创造了400多亿美元的巨额财富，从而为我们演绎了一段从平民到世界巨富的投资传奇。沙特阿拉伯的阿尔萨德王储也是通过投资发家的，他目前才50岁，可早在2005年，他的财富就已达到

237亿美元，名列世界富豪榜前5名。华尔街有一句谚语："只要长期坚持，每月100元的投入，35年后的收益有望超过100万元。"这并非一句笑话，所以，投资理财应从"第一笔收入、第一份薪金"开始。

对于普通工薪阶层的人来说，投资就是从小钱开始的。那么，小钱在哪里呢？不找不知道，一找吓一跳。不知不觉在你手中流过的，其实大部分都是我们平时不太注意的小钱。可能是单位临时发放的一笔奖金，或是投资型保险到期的效益，也可能是你在外面兼职获得的一点小报酬。

小钱投资面临的一个最主要的问题就是理财方式相对较少。举例来说，当你手中有1000元想投资时，能够选择的就只有门槛低的低收益理财，比如储蓄和国债；而如果你手中有10万元，那么，可供选择的投资方式就会多出许多。所以，钱少的时候，由于投资理财的不易，花钱的诱惑相比倒是非常大。但是，积少成多，只有先将小钱积累起来，你才有可能把小钱变大钱。所以，不能总是因为嫌小钱投资赚得太少而不去行动——"不积跬步，无以至千里"。当你对小钱投资都异常精熟时，那么，对于大钱的投资掌控能力肯定也会相当出色了！

事实上，影响未来财富增长速度的关键因素，并不是资金的多寡，而是投资报酬率的高低与时间的长短。只要我们能够找到合适的投资方式并持之以恒，相信我们的一点点小钱会为我们创造出可观的财富。

举例来看，如一个人有5万元的本金，一年可以赚5000元；另一个人有1万元的本金，一年可以赚2000元，两者相比，前者从表面上看虽然赚得较多，但是其投资报酬率只有10%；而后者虽然赚的钱较少，但投资报酬率却是20%，可称得上是个成功的投资者。假以时日，后者的本息将会远远超过前者。因此，越早投资越好，可以让有限的资金发挥效果，创造巨额财富。

当然，投资有风险，投资未必能致富，但是如果你不投资，

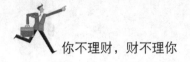

则致富的概率为零。投资理财致富最重要的观念和最有价值的地方是:告诉你"投资理财可以致富"。有了这种认识至少可以让你有信心、有决心、充满希望。不管你现在拥有多少财富,也不管你一年能省下多少钱,投资理财的能力如何,只要你愿意,你都能利用投资理财来致富。

随着社会环境的不断变化,市场经济的飞速发展,勤俭、储蓄的传统单一理财方式已经无法满足一般人的需求,而且各种投资品种也开始层出不穷,为投资者提供了多样化的选择。配合人生规划,理财的功能已不限于保障安全无虑的生活,而是追求更高的物质和精神满足。这时,如果你还认为理财是"有钱人玩的金钱游戏",是与己无关的行为,那就证明你已经落伍,该奋起直追了!

钱——自己会消失?

目 录

第一章 知己知彼，百战不殆——投资之前的准备工作 ……… 1
  一、透过表象看本质——初识投资 ……………………………… 1
  二、赚钱了吗——如何衡量投资的成本与收益 ………………… 3
  三、求人不如求己——一名优秀的投资者所需具备的特质 …… 5
  四、以最小的成本换取最大的收益——如何避免投资陷阱 …… 12

第二章 你可以不懂经济学，但不能看不懂经济走势
       ——投资与宏观经济的关系 …………………………… 14
  一、大河有水小河满——投资者一定要看大势 ………………… 14
  二、如何化危为机——经济危机中的投资取向 ………………… 17
  三、敢于冒险——通货膨胀情况下的投资策略 ………………… 19
  四、巩固成果——通货紧缩情况下的投资策略 ………………… 20
  五、最不能忽视的变化——汇率变化对投资的影响 …………… 22

第三章 打铁先要自身硬——如何成为成功的投资者 ………… 24
  一、让自己拥有敏锐的目光——看清投资的风险 ……………… 24
  二、投资一定要有铁的纪律——遵循投资规则 ………………… 29
  三、善于捕捉投资的机会——运用投资的技巧 ………………… 39

第四章 既要会存钱，又要会借钱——银行，投资者的后盾 … 49
  一、中国的高储蓄——国人为何爱储蓄 ………………………… 49
  二、风险偏好者VS风险厌恶者——谁更适合储蓄 ……………… 50
  三、钱是如何生出钱的——货币的时间价值 …………………… 51
  四、新生事物，层出不穷——了解存款的种类 ………………… 53
  五、储蓄也会有风险——如何避免储蓄风险 …………………… 55
  六、跟上市场发展——如何选择银行理财产品 ………………… 56
  七、不要超过自己的承受能力——正确使用银行信贷 ………… 58

八、不用再排队，足不出户玩转银行——网上银行 …………… 60

第五章 给你一个成功的梦想——股票投资 …………… 63
一、股票是什么——股票的概念与种类 …………… 63
二、如何炒股票——股市交易基本规则 …………… 64
三、炒股需要精打细算——炒股交易成本大比拼 …………… 68
四、做长线，就要看价值——基本分析方法简介 …………… 69
五、做短线，学会技术分析——看懂小蜡烛K线 …………… 74
六、给你一双慧眼——如何选择黑马股 …………… 78
七、学会丢车保帅——适时止损 …………… 82
八、不要把鸡蛋放在同一个篮子里——学会建立自己的股票池 …… 85

第六章 拥有自己的投资顾问团队——基金投资 …………… 87
一、学会养"基"赚钱——基金的概念、特点与种类 …………… 87
二、谁在帮我赚钱——基金的运作原理 …………… 90
三、不求最贵，但求最好——选择基金的策略 …………… 91
四、从哪些渠道可以买到基金——基金的销售渠道 …………… 93
五、基金投资也会赔本——基金投资的风险和误区 …………… 94
六、能进能退，乃真正法器——如何规避基金投资风险 …………… 95
七、减少一切不必要的费用——建立基金投资组合 …………… 97
八、如何评价自己的投资业绩——有效监控基金投资组合 …… 98

第七章 把握投资者的最爱——把握债券投资 …………… 100
一、债券的概念与特征 …………… 100
二、债券的基本要素 …………… 102
三、A、AA、AAA——债券的信用评级 …………… 103
四、中国现有的债券 …………… 104
五、如何提高债券的收益率 …………… 107
六、债券投资的风险与规避 …………… 110
七、兔子分散风险的办法——债券投资组合管理 …………… 112
八、个人如何投资公司债券 …………… 114
九、债券新品种——熊猫债券 …………… 116

第八章　挖掘货币转换中的金矿——把握外汇投资的关键 …… 118
一、揭开外汇市场的面纱 …… 118
二、常见外汇交易术语简介 …… 122
三、外汇交易 …… 124
四、汇率的影响因素 …… 128
五、外汇交易币种有哪些 …… 130
六、如何选择外汇交易平台 …… 133
七、如何进行外汇投资 …… 136
八、外汇投资的技巧和策略 …… 139

第九章　高风险高收益——把握期货投资的关键 …… 144
一、了解期货投资 …… 144
二、期货交易日常用语 …… 146
三、认识金融期货合约 …… 147
四、种类庞多的期货家族 …… 148
五、如何正确利用期货市场 …… 150
六、期货交易要讲究技巧 …… 152

第十章　金色的诱惑——把握黄金投资的关键 …… 155
一、"黄金屋"的基本情况 …… 155
二、个人如何选择黄金投资的品种 …… 159
三、影响金价的基本因素 …… 160
四、掌握黄金交易程序 …… 164
五、黄金投资策略 …… 167
六、巧妙应对黄金投资的风险 …… 169
七、实物黄金的投资方法与技巧 …… 171
八、纸黄金的投资方法与技巧 …… 173
九、黄金期权的投资策略 …… 174

第十一章　不动产投资 …… 177
一、为何房产投资如此诱人 …… 177
二、了解影响房产价值的因素 …… 178
三、判断房产的投资价值 …… 180

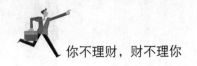

　　四、掌握比较计算方式 …………………………………… 181
　　五、选择适合你的房产类型 ……………………………… 181
　　六、选择适合你的投资方式 ……………………………… 183
　　七、选择有投资价值的楼盘 ……………………………… 184
　　八、选择适合你的付款方式 ……………………………… 185
　　九、选择适合你的房贷 …………………………………… 186
　　十、签订购房合同的技巧 ………………………………… 188
　　十一、二手房产的投资 …………………………………… 190
　　十二、常见的房产投资误区 ……………………………… 192

第十二章　保险投资 …………………………………………… 194
　　一、认识保险——未雨绸缪为人生护航 ………………… 194
　　二、保险的分类——保险的种类有哪些 ………………… 196
　　三、保险的规划——量体裁衣恰到好处 ………………… 197
　　四、三种投资型保险的"钱"途 ………………………… 200
　　五、不同阶段如何购买保险 ……………………………… 203
　　六、不同家庭如何购买保险 ……………………………… 206
　　七、注意保险合同中的陷阱——练就火眼金睛 ………… 208
　　八、选择保险公司和中介——谁更值得信赖 …………… 209
　　九、保险认识的误区——识时务者为俊杰 ……………… 211

第十三章　信托投资 …………………………………………… 214
　　一、认识信托——受人委托，代人理财 ………………… 214
　　二、信托关系——如何设立信托 ………………………… 215
　　三、信托投资——在市场中的主要职能 ………………… 218
　　四、信托投资——理财护人，隔离风险 ………………… 219
　　五、集合资金信托——"以小博大"的稳健投资 ……… 220

第一章　知己知彼，百战不殆
——投资之前的准备工作

"投资"，如今已成为中国人使用频率最高的诱人字眼，然而，你是否真正懂得投资的内涵，知道如何去投资呢？房价上涨，你是否抓住了机遇大赚了一把呢？股市暴涨，你是分享了蛋糕，还是在高点进去最后不幸被套牢了呢？这一切的一切都离不开投资学。世界上每一个富豪的诞生，都与"投资"两个字有关。世界财富也正是因为投资活动的存在，而充满了流动的活力，可以说，投资是财富累积和增值的最佳手段。

一、透过表象看本质——初识投资

"投资"这个词对大多数人来说并不陌生。国家发展、企业盈利、个人获利，都离不开投资。肯德基、麦当劳、可口可乐风靡全球，奔驰汽车遍布世界，这些都是成功投资的典型。"天下熙熙，皆为利来；天下攘攘，皆为利往"，无论是日本丰田汽车公司投巨资在广州建厂，还是"股神"巴菲特买卖股票，他们都是在从事一项活动——投资。

其实，从经济学的角度来说，投资的本质就是"牺牲或放弃现在可用于消费的价值以获取未来更大价值的一种经济活动"。通俗地说，投资就是为达到一定目的而投入资金的过程。通常，投资有狭义与广义之分。

所有在金融市场中进行的各种金融工具（包括股票、债券、外汇等）的买卖活动都属于狭义的投资。这种投资是在充分考虑金融工具的风险收益之后，运用资金进行的以盈利或规避风险为目的金融活动，金融工具的共同特点是风险与收益并存。因此，必须根据每种金融工具的风险确定其合理价格，然后在市场上低买高卖，购买那些定价低于合理价格的工具，卖出那些定价高于合理价格的金融工具，从而获得收益。

广义的投资包括金融意义上的投资和经济意义上的投资。综合来说，

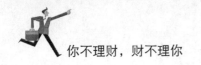

广义的投资就是为了获得未来可能的和不确定的收益而做出的确定的现在值的投入。这种投资是投资人对现实资金进行运作的经济行为，其资金主要来源于延期消费或筹措所得或暂时闲置，用于购置金融资产或实物资产，以期获得与风险成比例的收益或资本升值，达到增长现有财富价值的目的。

投资学作为一门学问，就是对投资进行系统研究，从而更科学地进行投资活动。投资学主要包括证券投资、国际投资、企业投资等研究领域。对于个人来说，要想提高投资理财的能力，就必须认真学习投资学，不仅要学习经济学的基础知识，更要有扎实的专业知识；既要熟悉宏观的投资政策背景，又要精通各种投资的微观技巧。

投资具有风险性、收益性和时差性的特点。

风险性即由于事先无法预测或虽能预测但受不可避免因素的影响，使投资的实际收益与预期收益之间发生背离和损失的可能性。所有的投资者选择投资都是为了获益，但市场的瞬息万变可能会导致投资亏损，甚至血本无归。一般来说，投资实物资产的安全性大于金融资产。金银珠宝、艺术品等只要不是赝品，即使一时不能脱手，价值也不会瞬间贬值，具有较强的保值功能。受经济周期影响大的房地产、实业和商贸投资等，风险性较大。在金融资产中，保险、债券、基金、外汇、股票、期货的安全性是从高到低排列的。

风险性与收益性是并存的。收益性是指资本投入所带来的产出、收益或增值的特性。投资目的决定投资收益。一般说来，相同风险的情况下，预期获利越高，人们投资的积极性就越大；预期获利越低，投资的积极性越小；如果预期投资无利可图，则人们宁愿让钱闲置于手，也不会进行投资。通常说来，在短期内，金融性资产的收益性要优于实物性资产；在长期中，实物性资产的收益性要优于金融性资产。

时差性是指资本从投入到未来收益之间有一个时间价值差的特性。投资者在进行投资决策时，必须考虑货币因时间的不同而导致的实际价值的不同，受市场、通货膨胀等因素的影响，资本的价值会因时间的不同而不同。如稀有投资品（如金银、珠宝、钱币、古董字画等等），由于其稀缺性，会随着时间的推移而不断增值。

上述所提到的金融资产、稀有投资品均属于投资品的范畴。投资品就是能够满足人们某种需要或者能够带来收益的投资对象，其一般具有实用性、流动性。实用性即该投资品满足人们物质与精神多重需要的特性。如固定资产和流动资产作为生产生活资料,能满足人们的生产与生活需要,如收藏古玩字画能陶冶人的志趣情操。流动性是指投资品在不贬值的情况下变现的能力,投资品的价值也体现于此。一般情况下,金融性资产会有比较畅通的二级买卖市场,其变现能力普遍高于实物性资产。

在美国以及其他一些西方国家,投资学在社会经济科学中占有极其重要的地位。华尔街上来来往往的人士中,大部分都是投资家。有钱的企业家、银行家、政治家、当红明星等,其资金实力雄厚,往往会联合开办投资公司,与全球许多国家合作,投资涉及的领域极广。比如,中国的电信行业能很快获得巨大的发展,与国外的投资不无关系,摩托罗拉、诺基亚和西门子等公司是电信行业投资的主导力量,仅摩托罗拉在华子公司2000年间即获得投资超过10亿美元。

投资在中国真正作为一门学科,开始有人着手研究是始于新中国的诞生之初。中国的投资学经历了40多年的发展,才开始从它的母体——金融学中分离出来。特别是中国加入WTO以后,大量外资涌入,投资领域中的各种重要活动才生机勃勃地展开了,投资学也开始越来越受到人们的重视,发展也越来越快,同时投资也渐渐超越经济这个大领域,向多个方向发展。如今,国防、人力资源管理、土木工程等领域都会用上它。因而,投资学不管是在个人财富积累,还是在国家发展方面都有非常重要的意义。

二、赚钱了吗——如何衡量投资的成本与收益

要学习投资学,就必须弄清楚成本与收益的问题,这是投资学最基本也是最重要的两个概念。

所谓成本,是指特定主体为了达成特定目的所做出的"牺牲"。这种牺牲通常用耗费或放弃的经济资源来计量或计算。在市场经济条件下,"没有免费的午餐",做什么事情,都必须有所耗费。换句话说,成本是市场交易的结果,是"为了得到自己所需要的有价值的东西而放弃自己所拥有的有价值的东西"。例如,某老板租了一间店铺用于卖面包,租金是每天10元,他又花费30元(包括原料、水电费、工人的工钱等)做出了100个面包。现在,你来到他的店要求买面包,但出价0.20元每个,他肯

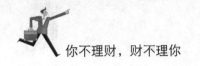

定不卖,因为"不够弥补成本"。从一般概念上来说,每个面包的成本大约为 $(30+10)÷100=0.40(元)$,也就是说,面包店老板只有每个面包卖 0.40 元才能保本,你出价 0.20 元,低于他的成本,他当然是不会卖的。

　　成本的概念比较简单,但在实际运用中却复杂得多,它可以分成很多种类。①差别成本,广义的差别成本是指不同方案之间的预计成本的差额;狭义的差别成本是指由于生产能力利用程度不同而形成的成本差别。②机会成本,决策时必须从多种可供选择的方案中选取一种最优方案,这时要把已放弃的次优方案的可计量价值看作被选取的最优方案的"机会成本"加以考虑。机会成本并非实际支出,也无须计账,但在决策时应作为一个现实因素加以考虑。③付现成本,是指在确定的某项决策方案中,需要以现金支付的成本。在经营决策中,特别是当企业的资金处于紧张状态,支付能力受到限制的情况下,往往会选择付现成本最低的方案来代替总成本最低的方案。④边际成本,从经济学的观点来看,边际成本是指成本对产量无限小变化的变动部分,但在实践中通常指产量增减一个单位所引起的成本变动。⑤重置成本,是指按照现行市场价格重新购置同样资产或重新制造同样产品所需支付的成本,在定价决策时必须认真考虑重置成本。⑥沉没成本,是指过去发生、无法收回的成本,这种成本与当前决策是无关的。⑦可避免成本与不可避免成本,可避免成本是指通过某项决策行动可改变其数额的成本;而不可避免成本是指某项决策行动不可改变其数额的成本,也就是同某一特定决策方案没有直接联系的成本,其发生与否并不取决于有关方案的取舍。

　　所谓收益,就是所获得的好处,这好处可以是物质上的,也可以是非物质的,但必然是稀缺资源。通俗地讲,收益是指投资者从投资中所获得的投资报酬,即除去各种成本后投资者所得到的利润。例如,上面所讲的面包店老板的事例,如果他以每个面包 0.60 元的价格卖掉了 100 个面包,则他的收益就是 $100×0.60-100×0.40=20$(元)。

　　总之,人们通过成本与收益,就能对投资的结果进行核算,使投资能进行量化。如果投资者能深刻理解成本与收益,将会对日后的投资活动有很大的帮助。

三、求人不如求己——一名优秀的投资者所需具备的特质

首先，也是最重要的一点，做事情前要先有目的，要明白自己为什么要投资。投资理财是人生之大计，但在真正开始投资前要明白自己投资的目的。有了明确的投资目的，才能有计划地开始投资，因为目的越清楚明白，越有利于投资计划的实施。一般而言，人们的主要投资理财目的不外乎以下五点。

（1）保证资金安全。这是投资最基本的也是最低的目标。资金的安全包括两个方面的含义：一是保证资金数额完整；二是保证资金价值不减少，即保证资金不会因亏损和贬值而导致购买力下降。

真正的投资者，是要有一种节制态度的，不是收益率越高越好，而是要清楚产品的风险和收益情况。比如投资股票和基金，好的情况可能有40%～50%的收益率，但坏的情况可能会赔掉20%～30%，上下限是很宽的。而像银行理财产品，最好的收益可能并不高，只有3%～3.5%，但最坏的情况也没有多坏，本金不会损失太多，它的上下限就很窄。所以不能盲目追求高收益率，要同时考虑风险与收益是否匹配，以及是否符合你当时的需求状况。

（2）获得资产增值。说白了就是赚钱，这是所有投资者的共同目标，理财就是将资产合理分配，并努力使财富不断累积的过程。但是我们也应该明白，投资增值并不是最终的理财目标，而是我们达成人生目标的手段。

理财分为财富的积累、财富的保障、财富的增值、财富的分配四个阶段，不同的年龄段有不同阶段的理财需求。比如刚刚毕业的年轻人，处于财务积累阶段，他们最大的投资应该是自身投资，比如多参加一些培训，拥有更多的本领以便于挣更多的钱。而对于一些有经济实力和投资能力的人来说则应对资产的增值定一个量上的目标。所以应该要了解自身的状况，再决定投资的目标。

（3）保证老有所养。随着老龄化社会的到来，现代家庭呈现出倒金字塔结构，及早制订适宜的投资理财计划，保证自己晚年生活独立、富足，是现代人将面对的共同问题。养老计划中要考虑退休的年龄、预计退休后每年的生活费用、通货膨胀率、退休后每年的投资收益率。如果今年45

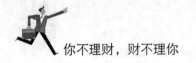

岁，想在 55 岁退休时每月也拿到相当于现在的 5000 元生活费，直到 80 岁，需要计算出现在每月存多少。假如投资收益率 5%，通胀率 2%，45 岁开始每月需存 8376 元，35 岁开始每月需存 3885 元。如果投资收益率提高到 7%，则上述两个数分别为 6137 元、2513 元。通货膨胀率和投资收益率都有一个数量的关系，做理财的时候一定要想清楚、算好账。

（4）防御意外事故。正确的理财计划能帮助我们在风险到来的时候，将损失最大可能地降低。这也是我们投资保险产品的主要原因——防患于未然。

所谓意外伤害是指非本意的、外来的、不可预料的原因造成的，身体遭到严重创伤的事件。由于意外风险不可预料，使得它对家庭的伤害很大，让人倍感生命的脆弱。所以理财的过程中应该考虑意外事故，如大病、自然灾害等等。

（5）提高生活质量。这是许多投资者进行投资的最终目的。经济状况的逐渐改善，是提高生活质量和增加生活乐趣的基本保证。

我们投资理财的目标就是使我们的财务状况处于最佳状态，满足各层次的需求，从而拥有一个幸福的人生，这也是我们投资理财的最终目标。

在操作之前，每个人都应该有一套适合自己的投资策略。由于性格和学识不同，投资者的投资风格也各不相同。但有一点是可以肯定的，成功的投资者必定有一套完整的投资策略，可以贯穿整个投资活动，且信心十足，不会因为见到有人在投资市场上大赚，而突然没有理性地改变策略。

投资重点并不是采用什么策略，而是有没有策略。有些人认为投资策略没有什么用，计划没有变化快。其实，这是在自欺欺人，心中没有一点计划，要进要退毫无根据，只不过受一时的情绪影响，或是受一时没有全面研究而得出的结论左右。这样，误打误撞，投资根本没有什么系统，即使取得一次两次的成功，最后也难免失败。

在制定投资策略的同时，要培养独立思考的能力。一个人若要真正有所成就，就必须拥有善于独立思考的能力。亿万富翁的惊人成就，就是从积极的思考开始的。只有运用自己充满智慧的大脑，才有可能创造无限的财富。我们要对投资中出现的各种真真假假的消息，运用自己的头脑，分析各类人群的意见，然后综合考虑，综合评价，最后做出自己的决定。

要制订自己的投资计划，可以通过如下六个步骤来完成。

第一步，要对自己有清楚的了解。

第一章 知己知彼,百战不殆——投资之前的准备工作

在制订计划前,首先要了解自己,认清自己的实际情况,这些情况包括:①资金因素,投资者有足够数量、来源可靠而合法的资金,是制订投资计划的前提;对资金投资收益的依赖程度,所谓依赖程度,即投资者承担投资风险的能力。如果对投资收益的依赖很大,就应该选择债券、优先股等安全可靠、有稳定收益的证券投资项目或者把握比较大的实业项目。如果对投资收益的依赖较小,则可以选择收益可能较大但风险程度也高的项目进行投资。②知识和经验因素,投资者的知识结构中对哪种投资方法更为了解和信赖,以及人生经验中对哪种投资的操作更为擅长,都会对制订投资计划有帮助。相对来说,选择自己熟悉了解的投资项目,充分利用自己已有的专业知识和成熟经验,是投资稳定成功、安全获益的有利因素。例如,对于股票投资,选择自己熟悉了解的行业的上市公司、运用自己便于掌握的方法来决定操作方法,对成功获利会大有裨益。③心理因素,在投资过程中,投资者的心理素质有时比资金的多寡更为重要。优柔寡断、多愁善感性格类型的投资者应该避免进行风险较大、起伏跌宕的短线投资项目;分散投资,投资的风险与收益并存,收益越高往往风险也越大。好的投资方案可以使投资者在一定风险水平下较大程度地提高收益。例如,在股票市场上,投资者很难准确预测出每一种股票价格的走势。假如贸然把全部资金投至一种股票,一旦判断有误,将造成较大损失。如果选择不同公司、不同行业性质、不同地域、不同循环周期的股票,会相应降低投资风险。

因此,制订投资计划的第一步就是要对自己有清楚的了解。全面地认识自己很难,这需要通过不断地追问和明确一些问题来逐步实现:

(1) 你有多少资本?有多少钱是长时间不会动用的?

(2) 你能承受多大的损失?

(3) 你有多少时间用于投资项目?

(4) 你懂得多少投资方面的知识?对数字很敏感吗?能纯熟地运用一种技术分析方法吗?

(5) 你做事情很冲动吗?你能多大程度上容忍自己一时的错误?

诸如此类的问题你还可以设计出很多,在经常性的追问和反省中,你就能认识自己并试着控制自己,这是制订投资计划的第一步,也是成为成功投资者的第一步。

第二步,判断大环境。

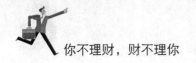
你不理财，财不理你

对大环境有一个清晰的判断很重要，这是决定进行投资操作的前提。除非是顶尖的短线资本运作高手，绝大部分人还是靠把握趋势来积累财富的。一个人必须要学会根据外界的环境来调整自己，如果对市场环境判断不好，就要非常谨慎地判断是否进行投资。

第三步，设定合理的收益预期。

很多人没有合理的收益预期，他们以为钱赚得越多越好，这是非常错误的想法。其实，不管是投资房产、黄金等实物，还是股票、债券、基金等金融产品，或者是店铺、工厂等实业，都不能抱着一夜暴富的心理，设定不合理的收益预期。因为不合理的收益预期意味着巨大的风险预期，往往会促使投资者做出不理智的决定。

第四步，坚定投资理念。

投资理念是指用什么样的原则和方法来指导投资。趋势跟踪、波段操作、价值挖掘等都是投资理念。选择什么样的投资理念跟你自己的能力和性格有很大关系，如果你对数字不敏感，技术分析能力很差，那就不要考虑波段操作。如果你缺乏足够的耐心，价值挖掘就不适合你。投资理念的选择也和市场环境有关，如股价普遍高估的情况下，价值挖掘会很难；长期熊市的情况下，趋势跟踪不是好办法。

第五步，分配资产份额并设计投资组合。

当你做好前面的准备之后，接下来就是具体实施了。与使用资产类别较少的传统方法相比，广泛分散的复合等级资产投资能够产生更高的长期波动调整后的收益。一旦你决定采用广泛分散的投资组合，那么就开始着手设计适合你自己的投资组合吧。

第六步，控制投资规模。

确定投资规模在任何投资系统中都是最重要的部分，但是绝大多数投资专业指导书籍和课程中都忽略了这一点。其实，资金管理和资产组合管理绝对不能相互替代。特别是在经济不稳定的情况下，控制好投资规模才能确保你的资金安全。不能永远满仓操作，适当减仓观望也属于一种必需的投资策略。

当然，人的判断力不可能永远正确，偶尔也有失误的时候。即使是经验丰富的投资者也会出现失误，并为自己的失误付出过高昂的代价。对刚刚涉足投资市场的人来说，如何做出正确的决定呢？这都依赖于我们自己大脑的思考。太明显的事情不会让我们发财，如果真是这样，世界上到处都是亿万富翁了。

　　成功的投资者都清楚地知道自己的投资理念、投资方向和买卖方式。越是成功的投资者，投资策略便越完整。他们心中都有完整的投资蓝图，行动都由策略指导。我们普通的投资者也要学会认清自身，发挥优势，找到自己的特点，从而制定属于自己的投资策略。

　　制定好一套完整的投资策略之后，所需要做的就是要拥有持之以恒的决心。投资，最忌讳的就是浮躁。锲而不舍，说来容易，做到却很难。什么是锲而不舍的精神？就是在忍无可忍的时候再忍下去的毅力。如果谁认为他能在股市一夜成名，一夜暴富，他一定是在做白日梦。即使他运气好，一进场就赚了一笔钱，这笔钱虽然挣得很容易，但这只是股市暂时借给他的，除非他马上停止操作离场，保证收益，否则迟早是会赔回去的。想从股市不断赚到钱，你必须有知识，有经验，还要拥有持之以恒的决心。

　　市场是瞬息万变的，不是用一套一成不变的投资策略就能确保收益取得成功的。投资不同于投机，更不同于赌博，投资需要理性。理性是投资的关键，是决定投资成功与否的主要因素。投资要有理性，就是要求投资者首先要有强烈的追逐利润的激情——这一点很多人把握不好度，当然前提要看你是否具有投资的本钱，还有就是有没有发现市场机会的智慧，有没有承担风险的能力，等等。

　　（1）要理性地对待财富。投资的目的是追求利润，实际上这是所有投资者选择投资的内在动力。发财心态是追求利润的原始动力，而追求利润则是发财心态的理性升华，两者形式虽然相同，但实质却相差甚远。

　　目前，人们的投资热情非常高，但投资理性却有待提高。以股市为例，仅就投资渠道而言，股市有很多优点，对许多有投资意愿而没有投资条件的人来说，股市可以实现他们的投资梦。在市场中，那些大户能够游刃有余，大多数散户只好跟风炒作。遇到牛市还好，如果碰上一个完整的牛熊周期，那么多数股民是亏多盈少。尽管如此，依然有许多人乐此不疲，这只能说明人们太缺乏投资理性了。投资需要准确地把握时机，否则就是盲目投资了。

　　（2）要理性地对待投资风险。在投资领域，投资者通常可分为三种类型，即风险厌恶型、风险中性型和风险爱好型。对第一种类型的投资者来说，投资理性主要表现为：如果不存在巨额收益，他是不愿意投资于高风

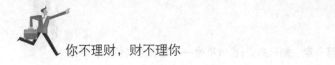

险的股票的;第二种类型的投资者则只是按期望收益率来决定是否进行投资,风险的高低与其无关;而第三种类型的投资者则是天生就喜欢冒险,所谓"玩的就是心跳"。

曾有这样一则小故事:一位经济学院毕业的人有一次和同事打赌扔硬币,规则是:如果出现他要的一面,他就赢100元;如果不是他要的那一面,则他付给同事200元。听起来,这是一个对同事非常有利的打赌。因为,如果同事出资100元,就有50%的可能赢得200元,当然也有50%的可能将100元输掉,可预期收益是非常高的。但其同事没有同他打赌,他说:"我不会和你打赌,因为我觉得100元的损失比200元的收益对我来说重要得多。但是如果说赌100次的话,我愿意。"换句话说,其同事的观点可更准确地表达为:"一次不足以出现我所需要的平均定律的结果,但100次就可以了。"

其中的奥妙就在于,扔1次、10次和100次得到正面的比例都是50%,但扔100次得到正面的比例比扔10次更接近50%,这就是平均定律。也就是说,多次重复这种相互独立且互不相关(下一次的结果与上一次的结果无关)的打赌,其同事的风险大大减小了,将能稳定地获得这种打赌的好处。

从这个故事中我们能看到什么呢?我们看到了投资的理性。这也就是投资与赌博的区别:投资是要经过"审慎的计算"的行为。对于风险厌恶型的投资者来说,取得收益和风险的控制是同样重要的。

事实上,绝大多数投资者属于风险厌恶型。因此,对大多数投资者来说,投资理性表现为:多一份投资,就会多一份风险,多承担一份风险,就需要多一份收益来补偿,风险和收益要保持一定的平衡关系。

其次,能够恰当地保持投资理性的同时,也要学会培养足够的投资胆识。毕竟市场是在不断变化的,一个固定不变的套路式投资最终是会被市场淘汰的。要与时俱进,不断改进更新,跟上市场发展的潮流。

实际上很多投资者都缺乏果敢的品质,没有足够的投资胆识,不能当机立断。这到底是什么原因?一是大家平时没有培养起敏锐的观察能力,所以,在面对自己觉得有丰厚投资收益的投资项目时,总是不能及时、准确地做出判断。二是缺乏自信心,有些人明明觉得自己的判断是正确的,但就是对自己的能力不够信任,或是与自己的某些原则相违背,以致不能及时地投资,白白浪费了投资的机会。其实,过分的贪婪也是导致在投资

第一章 知己知彼,百战不殆——投资之前的准备工作

的时候不够果断的重要因素。很多时候,明明投资机会已经达到最佳,但是投资者还不满足,希望再等一个阶段,心里总是侥幸地想:说不定利润空间还会更大。事实上,这种人往往错过了最佳投资机会。这种情况在股票投资上比较常见,如2007年股市达到6000点的高点时,很多投资者已经赚得盆满钵满却迟迟不肯离场,一直"持之以恒"地坚持到了2008年的1600点呢!

俗话说:"人有多大胆,地有多大产。"在投资领域,如果你缩手缩脚,犹豫不决,那么,你永远都不会成功。当然,这里并不鼓励盲目的大胆,我们要学会理性大胆,就是在掌握材料的基础上,大胆出手。所谓"机不可失,时不再来",用来形容投资是再贴切不过了。我们不能错过真正的投资机会。

所以说,我们要培养足够的投资胆识,在实践中不断总结,而且对于自己的判断要有自信,不要贪婪。总之,做一个成功的投资者,要有足够的胆识,否则就会错过盈利的机会。

另外,在投资中要不断地坚持学习总结,这是一个自我完善并跟上形势发展的必要条件。在我们的实际投资生活中,总是存在这样一部分人,他们在处理事情的时候,始终将希望寄托在别人身上,而自己却不肯多费力气。这种心态对于投资来说是非常危险的。比如,在进行股票投资的时候,将投资事务全部交给经纪人代办,而自己却悠然自得。事实上,我们应该在实践中不断地丰富自己的知识,培养自己的投资能力,制定出自己完整的投资策略,这才是在以后的投资过程中充分避免风险的一种主要方式。

对自己投资,提高自己的能力,就会具备更高的市场价值,就有机会获得更多的收入。这是一种报酬率最高的投资。你所投入的资本是时间、智慧、耐心及少部分金钱,而报酬却极为丰厚,包括金钱、荣誉、社会地位及其他数不清的好处。所有事业有成、备受社会推崇的卓越人士,都非常善于在自己身上投资。当然要把知识应用到市场上才算有效,不然,就算拥有经济学博士学位或丰富的财经专业知识,也只是纯理论而已,并没有实际作用。

总的来说,要想在投资领域有所成就,不断地学习和总结的进取心是必不可少的素质。投资者在自己的投资生活中,要注意多学习,多研究,多总结,不断更新自己的认识和投资策略,跟上市场的步伐。

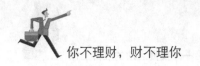

四、以最小的成本换取最大的收益——如何避免投资陷阱

投资是通往财富殿堂的必经之路。在这条路上有数不清的宝藏，但也有一个又一个令人防不胜防的陷阱。这些陷阱随时都有可能张开血盆大口吞噬掉投资者的资本，使投资者血本无归。

2008年年底，纳斯达克前主席伯纳德·麦道夫因涉嫌设下投资骗局被捕，涉及款项高达500亿美元，诈骗影响已经超出美国本土，波及世界主要银行和对冲基金，英国皇家苏格兰银行、汇丰控股等企业都成为其受害者。

曾经有人开玩笑地说，如果以投资工具来比喻麦道夫，他被视为是最安全的"国库券"。现在，反倒是这个号称"最安全"的人开了全世界一个最大的玩笑，多国金融机构、富豪名流纷纷掉入麦道夫的陷阱。最惨的是那些血本无归的个人投资者，他们中有好多人把自己的全部积蓄或者养老的钱投了进去，现在却损失殆尽，真是欲哭无泪。

其实，麦道夫的投资诈骗手段并不高明，他采用的是"庞氏骗局"的手法，即用新投资者的钱支付老客户的利息，只要投资源源不断被吸引进来，诈骗阴谋就难以被发现。但是，由于金融危机的爆发，很多客户大批支取现金，促使麦道夫的骗局最终被曝光。

麦道夫诈骗案给所有投资者敲响了警钟——投资陷阱无处不在，投资必须慎之又慎。

除了这种金融诈骗外，还有好多种不同类型的投资陷阱，需要投资者注意。例如，2007年的"祝氏招商加盟集团"骗局，使全国2万名投资者上当受骗，被骗资金总额高达30亿元。祝氏招商加盟集团"总部"的规模并不大，旗下却有十多个同时在全国招商的服装品牌，其中一个品牌的省级独家代理商，全国竟有300多个，等等，如此多的破绽，却屡屡蒙混过关。由此可见，许多投资者的防骗意识不强，往往会不经过自己的判断，盲目地随大流、人云亦云进行投资。

就像我们平时买衣服买食品的时候都要考虑一番一样，投资也是一种买卖过程。我们要对要投资的产品做必要的调查研究，收集必要的资料，作为决策的依据。对于那些毫无资料可查的项目，就要慎之又慎了，或者就直接不投，或者在发现问题后尽早离场。

第一章 知己知彼,百战不殆——投资之前的准备工作

以最小的成本换取最大的收益
——如何避免投资陷阱

第二章 你可以不懂经济学，但不能看不懂经济走势
——投资与宏观经济的关系

投资市场有句名言：看大势赚大钱，看小势赚小钱，看错势倒赔钱。这里的"势"就是指趋势，即大的宏观投资环境。由此可见，宏观经济是决定一笔投资赚与赔的关键。能够成为投资高手的人必须能够对宏观经济趋势有足够的敏感，时刻关注经济热点，了解宏观经济状况，并根据具体情况做出自己的投资决策。

一、大河有水小河满——投资者一定要看大势

投资要赚钱，首先要选择有利于赚钱的大形势。大牛市中随便选几只股票都能赚钱，而熊市则恰恰相反，即使是费尽心思找到的貌似优质的股票也会让你赔得血本无归。另外，要选对市场，这可能是黄金市场，可能是股票市场，也可能是外汇市场。任何一笔资金投入任何一种投资市场其结果只有两种，可能赚钱，亦可能是赔钱。有时投入这个市场会有钱赚，投入另外一个市场却可能蚀本。有的投资者由于将钱投入了错误的市场，使自己的资本受到损失，就是因为他不懂得去选择市场。对市场形势分析错误，是投资者选错投资市场或投资机会的主要原因。

在中国影响市场大形势的主要因素是宏观经济政策。中国的经济受宏观经济政策的影响是非常大的。所以，成熟的投资者都懂得关注宏观经济政策，因为宏观经济发展水平和状况对一国的投资市场有着重大影响力，而且波及范围广泛、作用机制也相对复杂。

国家的宏观经济政策是政府对经济进行管理的主要手段，并且各种经济政策在具体实现手段上是各不相同的。比如财政政策主要是通过运用政府支出与税收等工具来干预经济的运行，而货币政策是主要通过运用公开

第二章 你可以不懂经济学,但不能看不懂经济走势——投资与宏观经济的关系

市场业务、调整再贴现率和存款准备金比率三大工具来实现政策目标。但是从实质上讲,各种手段、工具都是通过对社会供给总量与需求总量的调节来实现各自政策目标的。因此,政府对经济的调节就是在总供给为既定的前提下,来调节总需求,即进行需求管理。如果总需求小于总供给,有效需求不足,就会存在紧缩的缺口,引起经济增长停滞等问题,此时政府

大河有水小河满
——投资者一定要看大势

就应采取扩张性的政策措施来调节总需求,促进总供需的平衡;如果总需求大于总供给,存在过度需求,则会存在膨胀的缺口而引起经济过热、通货膨胀等,政府就应该采取紧缩性政策措施来抑制总需求,促使供需趋向平衡。

政府所采取的这些或松或紧的宏观经济政策,会对整体经济运行产生重大影响,投资是在整体经济大环境中进行的,宏观经济政策自然也会涉及投资领域。当经济出现过热局面、总需求大于总供给时,政府一般会采取各种紧缩性政策抑制过度需求,如提高利率、增加税收、紧缩银根等,对投资者来说势必增大其筹措投资资金与投资物品的难度,降低其投资收益水平,使投资行为受到抑制;反之,经济发展态势不好、总需求小于总供给时,政府的扩张性政策措施如降低税率与利率、增加政府支出、增加进口等,都将会刺激有效需求,投资者此时投资不仅易于筹措资本与投资品,还可降低投资成本,所以投资需求将会增大。如果投资者能够及时预测政府针对不同经济运行态势所采取的政策措施,那么必可先发制人,提前做好各项准备工作;等到政策公布之后,即可稳收厚利。因此,对投资者来说,关注和了解国家的宏观经济政策,并对此做出分析和判断是一项必修课。

那么,投资者应该如何准确地对国家的宏观经济政策做出分析判断呢?在投资者分析宏观经济政策的过程中,首先有一点要必须注意,即必须结合对国民经济形势的分析方可对经济政策进行分析。经济政策的制定与实施并非无本之木,它总是产生于一定经济环境之中,为一定的经济目的服务的。因而只有在深入了解整体经济形势的基础上,才可能正确分析

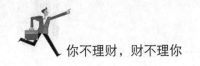
你不理财，财不理你

各项经济政策；其次是了解各种经济政策的功能特性等，只有对各种经济政策的目标、政策手段、政策工具、种类等有了全面深刻认识，才能知道在何种经济形势下应采取何种政策措施，才可能做出正确的分析与预测；再次是对现行政策进行有效性的评价，目的在于了解目前实行的政策取得了何种成效，在哪些地方还存在不足，在哪些领域失去效用等，为预测下阶段可能的政策措施打基础；最后是对各种经济政策的预测，通常而言，政府制定各种经济政策的主要依据有以下几方面：当前经济运行中的问题、经济发展的客观要求及其他因素如国内国际政治条件的变化等。因此，投资者进行预测也应该从这几方面进行。

所以，作为一名要在经济市场上摸爬滚打的投资者来说，能否看清市场大势是决定其成败的关键。

当前，我国经济发展中的关键问题就是拉动内需。而如何能够在拉动内需的国家政策中寻找到投资的机会，是摆在许多中国的个人、企业投资者面前的一个重大问题。

从 2008 年下半年起，"消费""内需"这两个词语就开始在中国被频繁提起，在全球经济严重下滑的大背景下，拉动内需成为中国经济的重中之重。由于出口受到严重影响，拉动内需成为中国经济保增长的唯一出路。

2008 年 11 月 9 日，国务院常务会议决定，出台强力措施拉动内需，促进中国经济增长，初步匡算，完成该政策的各种工程建设的投资，到 2010 年年底约需投资 4 万亿元。同时，公开宣布对宏观经济政策进行重大调整，由稳健的财政政策和从紧的货币政策，转为积极的财政政策和适度宽松的货币政策。

关于中国提出的 4 万亿刺激经济计划，外国媒体给予了积极的评价：美林公司亚洲首席经济学家蒂莫西·邦德认为，中国的救市计划堪比罗斯福总统的"新政"；英国《泰晤士报》报道说："北京在某种程度上表现出自己是多么负责任。世界本周将开会讨论谁该干什么，中国这时候则亮出一项谁也没见过的让一切相形见绌的计划，这很像奥运开幕式上的焰火。"

从个人投资的角度来说，这项拉动内需、刺激经济的 4 万亿计划，为投资提供了良好的机会。

首先，对铁路的投资计划。国家对铁路的投资，不仅可以加快完善铁路路网，同时可以加快高速铁路客运专线项目，还将带动新材料和信息产业的研发，拉动机械、冶金、建筑、合成材料、电力、信息、计算机、精密仪器、橡胶等产业的需求。这些和铁路相关的产业都将成为未来投资的热点。

其次，保障性住房投资计划。在国务院扩大内需促进增长的十项措施中，"加快建设保障性安居工程"名列首位。拉动内需、促进经济发展，房地产业，特别是保障性住房建设是一个很好的结合点。市场专家表示，加快保障性安居工程的建设，既是保障民生的需求，也是拉动经济的需求。这一方面解决了社会关心的民生问题，另一方面能够促进整个社会经济的发展。加大保障性住房工程建设方面的投资对建材、钢铁、建筑、装修、家电等上下游产业投资的拉动作用非常大。

再次，农村、公路等基础设施投资计划。这一计划对农业、水泥、钢材等投资领域是巨大的利好。

最后，医药、文化、环境等领域的投资计划，对医药、新能源等领域的投资都将具有长期的利好作用。

总之，国家拉动内需、刺激经济所涉及的领域都是未来投资的热点，也是掘金的宝库，需要投资者深入研究、好好把握。

二、如何化危为机——经济危机中的投资取向

危机，既包含着危险，也孕育着机会。常人看来的一场危机，对于优秀的投资者来说，可能就意味着机会。

每一次危机皆有一批巨无霸型的企业或倒闭或衰败，雷曼兄弟和通用汽车破产就是现实的案例，但这些百年老店的陨落，恰恰给创业者的崛起带来了机遇。其实，许多世界富豪都是抓住了危机所带来的机会，从而成就了自己的事业。人们耳熟能详的财富标杆人物巴菲特、李嘉诚的财富新起点都是在20世纪70年代的危机时代。正如巴菲特所言：买在"市场大众"害怕时，而不是"市场大众"大胆冒进时。2007年无疑正是"市场大众"大胆冒进的时候，人们可以看到巴菲特、李嘉诚及时理性地选择了撤退；而现在经济危机肆虐，已是"市场大众"害怕的时候，这也意味着创业者的机遇正在慢慢临近。

对于美国次贷危机引起的全球金融风暴，唐骏说过："这可能是我们

这代人所能经历的唯一的一次金融风暴,它可能会带来经济危机,但在危机发生之前它对我们来说是一个机会,是最好的投资时机。我最近也经常在做企业的兼并、收购,因为我看到了机会,未来市场有太多的投资机会。"

人们可能会说:"巴菲特、李嘉诚是创业者,但是普通人可能终生依赖工薪为生,这危机只有困难哪有良机可言?"巴菲特2008年10月16日投稿《纽约时报》,提醒投资者长期持有现金的风险,而且宣示要加码股票投资。巴菲特在金融危机的时候增持股票就与2007年减持股票一样广受非议,但是最终"姜还是老的辣",近20年来房利美和房地美一直是巴菲特下属哈撒韦公司重点持有的股票,但是在美国次级债危机爆发前的一年,巴菲特以看不清基本面为由清仓了,而2007年借国际油价攀高每桶90美元之际清仓中石油H股也可谓经典。人们必须看到在2007年之前全球资金流动性泛滥"市场大众"大胆冒进的两

如何化危为机
——经济危机中的投资取向

年,巴菲特始终在抛售股票囤积现金,至2008年上半年累计囤积超过400亿美元现金。但是现在当"市场大众"害怕时,巴菲特已至少将2/3的现金变成了股票型资产,巴菲特的理由是:"政府为缓解危机而实行的政策势必引发通胀,现金是注定会贬值的,这时投资才是最好的策略。"

诞生于日本明治时期的三菱公司,是世界上最伟大的企业之一,在他160多年的历史中,经历了七次大的经济危机,至今仍屹立不倒。每一次危机到来,无数企业鬼哭狼嚎,三菱人却在欢呼,因为:"我们的敌人死了!"

由此可见,所谓危机,既可以看成险境,也可以理解为危境中的机会。当股市陷入最低迷的时候,正是抄底的大好时机;当整个社会经济低落时,真正的英雄正可以大显身手。

三、敢于冒险——通货膨胀情况下的投资策略

通货膨胀风险，也就是货币购买力下降所造成的风险，它对投资的影响非常大，却往往被人们所忽视。现在，随着金融投资逐渐进入人们的生活，通货膨胀也慢慢成为经济的热点。我们谈到投资，就不得不提到通货膨胀——这个让人既害怕又喜欢的现象。

通货膨胀主要是指价格和工资的普遍上涨。工资的上涨虽然是人们所期望的，但是随着货币购买力的下降，相同数额的货币却不能再购买到相同的商品或者服务，可能会导致人们的生活水平下降。但反过来看，适度的通货膨胀会刺激经济的发展，从整体上提高市场活力，使每个人都收益。

但是，对于个人投资者来说，通货膨胀依然是一个不可小视的大问题，日常或波动性的股价改变虽然惊心动魄，但它的变动毕竟有限，这不是个人投资者最大的忧患。通货膨胀的侵蚀力量才是真的令人害怕。举例来看，以5%的通货膨胀率来说，你的钞票的购买力在不到15年内，就会减少一半，在随后的5年内，又会再减少一半；通货膨胀如果是7%，只要经过21年，也就是从61岁"提早"退休，到82岁为止，你的钞票购买力就会降到只有目前的1/4，这显然是一个需要我们高度重视的问题。有人认为把钱存到银行最保险，岂不知如果定期利率低于当时的通货膨胀率，那么实际上你的钱是在慢慢消失的。

如何应对通货膨胀对我们投资的影响呢？

首先，我们要注意，在通货膨胀时期要尽量避免投资现金产品和债券产品。这里所说的现金投资是指账户储蓄、各种期限的存款、各种期限的国债，在通货膨胀时期，货币贬值，现金的实际购买力随之下降。人们所期望的用这些投资的利息来弥补通货膨胀造成的损失是不现实的；债券投资的主要品种是政府或公司通过在市场上发行债券向公众筹集的贷款，到期后必须偿还，年收益率高于存款，虽然比股票安全，但收益仍远远不及通货膨胀造成的损失。通常，在通货膨胀的情况下，央行会上调利率，债券的价格就会下跌。因此，在通货膨胀时期，投资者应减少债券投资，或者缩短债券投资期限。

其次，通货膨胀时期所应选取的最佳投资品种是非金融资产等保值性

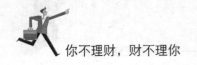

高的产品。

（1）黄金和以黄金为标的资产的衍生产品。当经济稳定增长时，各类理财产品收益很好，黄金投资往往默默无闻，一旦遇到艰难时期，黄金就会挺身而出。每当美元贬值时，黄金价格就会上涨，它是能够与上涨的物价保持同步的最好投资。比如1970年黄金的价格为每盎司40美元（1盎司等于31克），1977—1981年间的通货膨胀，金价由100多美元涨到最高的700美元左右，之后渐渐回落到2001年的250美元左右，然后又不断回升上涨，最高到2008年3月时，金价突破了1000美元。以前投资金条很不方便，如今有了黄金期货和一些针对黄金的理财产品，投资黄金的门槛也大大降低了。

（2）房地产。虽然，从2008年以来房地产一直是政策调控的重点，并且一线城市的房价已经出现松动，但内地中型城市的价格依旧偏低，特别是作为一种现实存在的资产，房地产无论是投资、自住还是保值都是很有价值的。

（3）石油及石油类金融资产。这里说到的石油股是指受益于石油价格上涨的勘测、开采的上游企业。同样，石油服务类公司的收益也会随着石油生产公司的收益同步上升，这类公司需要投资者深度挖掘。

四、巩固成果——通货紧缩情况下的投资策略

人们一般对通货膨胀了解的比较多，而对通货紧缩了解得比较少。尽管通货紧缩与通货膨胀是一组相对应的概念，但是两者还是存在一定的差别。

通货膨胀是指纸币的发行量超过了流通中所需要的数量，从而引起纸币贬值、物价上涨的经济现象。依据诺贝尔经济学奖得主萨缪尔森的定义："价格和成本正在普遍下降即是通货紧缩。"其实质是社会总需求小于社会总供给。通货膨胀最直接的表现就是纸币贬值，物价上涨，购买力降低。经济学者普遍认为，当消费者物价指数（CPI）连跌两季，即表示已出现通货紧缩。通货紧缩就是物价、工资、利率、粮食、能源等价格不能停顿地持续下跌，而且全部处于供过于求的状况。通货紧缩往往伴随着生产下降，市场萎缩，生产投资减少，企业利润率降低，以及失业增加、收入下降，经济增长乏力等现象。

第二章　你可以不懂经济学，但不能看不懂经济走势——投资与宏观经济的关系

下面，我们就通货紧缩再做三点说明。

第一，通货紧缩不是指个别商品价格的下降，而是指价格总体水平的下跌，其中包括商品价格和劳务价格。个别商品价格的下跌是正常的经济现象，这与通货紧缩是没有必然联系的。

第二，通货紧缩是价格一般水平的明显下降。轻微的价格下降很难说是通货紧缩。而一般物价水平到底要达到多大的降幅才能称为通货紧缩，这就取决于当时社会的整体环境和人们的心理状态。当人们感觉物价的下跌已经影响到他们的生活水平，特别是就业出现了困难时，基本上可以认为通货紧缩来了。

第三，通货紧缩不是指一次性或短期的价格下跌，而是一个持续下跌的过程。通货紧缩是一种趋势，且在短期内难以扭转价格下跌的局面。因而，我们不能把一般价格水平在高位向正常水平的短期调整称为通货紧缩。

虽然人们对通货紧缩了解得比较少，但它对经济以及投资的影响一点都不小。具体来说，通货紧缩对投资的影响主要通过投资倾向的变化、投资成本和投资收益而发生作用。

（1）通货紧缩对投资倾向的影响。从广义的投资来看，通货紧缩对投资决策影响较大。当出现严重通货紧缩时，投资者会提前偿还其债务并同时购买债券，因为通货紧缩条件下债务偿还成本有所增加，各种形式的债务利息负担会自动上升。随着金融创新的发展，投资会蕴含更大的风险。在通货紧缩情况下，资产价值可能因实际形成的内生紧缩政策而向下调整，股价看跌，债务实际负担有所加重需要提前偿还，同时股票资产出现缩水，这样对于股票投资来说通货紧缩与预期收益下降并存。

（2）通货紧缩对投资成本的影响。从投资方面来看，通货紧缩可以通过降低社会投资倾向对经济稳定发展产生较大的影响。在通货紧缩条件下，实际利率会有所提高，社会投资实际成本随之增加。这种实际成本的增加还使投资项目处于劣势，因为相关投资项目未来重置成本趋于下降，这就使当期投资决策不合算。这个影响对于许多新开工项目所产生的制约较大，这就迫使投资倾向下降。

（3）通货紧缩对投资收益的影响。通货紧缩可以使投资预期收益下降。投资预期收益主要由商品的未来市场性和价格趋势所决定，通货紧缩使远期市场供过于求的态势有所加剧，而且价格下降。在通货紧缩条件

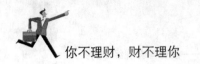

下，产品市场供过于求的矛盾比较突出，据此，理性的投资者的预期价格会进一步下降，公司的预期利润有所下降。因而投资者不仅会推迟新的投资项目实施，而且会努力缩减产量以减少投资项目亏损。

五、最不能忽视的变化——汇率变化对投资的影响

随着国际化进程的加快，外汇投资成为我国新的投资热点，个人外汇投资产品也是层出不穷。然而，市场上各种外汇投资产品的收益和风险高低不同，产品期限、结构和门槛也各不相同。如今，外汇投资理财的渠道越来越多，除了传统的外币存款外，还能进行外汇买卖或投资B股。近年来，市场上又出现了种类繁多的外币投资产品。与此同时，作为投资者应该清楚地看到外汇投资往往伴随着一定的汇率风险，所以必须讲究一定的投资策略，在投资前最好制订一个简单的投资计划，做到有的放矢，避免因盲目投资而造成不必要的损失。

汇率就是以一国货币表示另一国货币的价格。现代国家为了发展本国经济已经越来越多地介入和依赖国际商品市场和国际金融市场，从而不可避免地与其他国家发生着各种各样的货币关系，而汇率是这些关系的核心内容。汇率作为一项重要的经济杠杆，其变动能反作用于经济。投资作为经济的重要组成部分，当然也会受到汇率变化的影响。

举例来说，一件价值100元人民币的商品，如果美元对人民币汇率为8.25，则这件商品在国际市场上的价格就是12.12美元。如果美元对人民币汇率涨到8.50，也就是说美元升值，人民币贬值，用更少的美元可买此商品，所以该商品在国际市场上的价格会变低。商品价格降低，竞争力变强，肯定好卖，从而促进该商品的出口。反之，如果美元对人民币汇率跌到8.00，也就是说美元贬值，人民币升值，必将有利于美国出口商品。美元升值，人民币贬值就会有利于中国商品出口美国，反过来美元贬值而人民币升值会大大刺激美国商品出口中国。

一般来说，汇率对投资的调节作用是通过影响物价、进出口、资本流动等实现的。

1. 汇率通过物价影响投资

从进口消费品和原材料来看，汇率贬值会引起进口商品国内价格的上

涨，使国内生产的消费品和原材料需求上升，刺激国内投资；反之，汇率升值，则会起到抑制进口商品物价的作用，使国内投资相对减少。从出口商品看，汇率贬值有利于扩大出口，使出口商品在国内市场的供给小于需求，从而抬高国内市场价格，也同样会刺激投资的增加，而汇率升值使部分商品由出口转为内销，增大国内市场供给，使商品价格降低，抑制投资扩大。

2. 汇率通过进出口影响投资

一般来看，汇率贬值，能起到促进出口，抑制进口的作用。其影响过程大体是：一国货币对内购买力不变，对外汇率贬值时，该国出口商品所得的外汇收入，按新汇率折算将要比按原汇率折算获得更多的本国货币，出口商可以从汇率贬值中得到额外利润，出口需求增大，进而刺激投资的增加；对于进口来说，由于进口商品按新汇率所需支付的本国货币，要比按原汇率计算多，从而引起进口商品价格上涨，起到了抑制进口的作用。这种情况下，国内需求必须通过国内投资来满足，这也从另一方面刺激了国内投资的增加。相反，如果一国汇率升值，则会增加进口，抑制出口，引起国内投资的减少。

3. 汇率通过资本流动影响投资

由于国际经济一体化的不断加深，国内储蓄往往不能仅仅从一国的投资活动中得到满足，而必须依赖于国际资本的投入。汇率变动对长期资本的流动影响较小，因为长期资本流动主要以利润和风险为转移。在利润有保证和风险较小的情况下不致出现大的波动，从而对长期投资影响不大，但短期资本流动常常要受到汇率波动的影响。在汇率贬值的条件下，本国投资者和外国投资者就不愿持有以贬值国货币计价的各种金融资产，因而会发生资本外逃的现象。例如，2006年到2007年中国股市出现的前所未有的大牛市，其中一个重要的推动因素就是人民币的升值预期，吸引了大量的热钱流入中国的投资市场。

汇率能否充分发挥这些作用对投资产生相应的影响，在各国的不同经济体制、市场条件和市场运行机制下也有不同的效果。同时，一国的对外开放程度对汇率的影响作用也非常重要。一般来说，一国的市场调节机制发挥得越充分，与国际市场的联系就越密切，汇率的作用就越能有效地发挥。

第三章　打铁先要自身硬

——如何成为成功的投资者

没有人是天生的投资者。要成为一个成功的投资者，在市场上的摸爬滚打和一次次挫折的磨炼是少不了的。但是如何能少走弯路早日成为一名合格的成功投资者呢？无论做什么，没有欲望是不可能成功的。缺少欲望，你会在碰到一些小困难时就打退堂鼓。所以，我们每一位投资者在进入市场之初就应该抱定成为一名成功投资者的信念，这样才能经受住市场的考验，最终存活下来。以下介绍的知识并不难理解，甚至有些是市场上的普遍知识，但是成功与失败的投资者的差别不在于知识的差别，而在于你能否将这些知识坚持应用在投资的过程之中。

一、让自己拥有敏锐的目光——看清投资的风险

1. 什么是风险

投资和风险就像一对孪生兄弟，有投资就会有风险。在投资的过程中，风险是一个绝对不能忽视的重要因素。

所谓风险，是指遭受损失或损害的可能性。就证券投资而言，风险就是投资者的收益和本金遭受损失的可能性。简单地说，风险就是损失的不确定性，它总是伴随着投资的整个过程。风险包含两层意思：①风险是有可能导致损失的；②风险所造成的损失是不确定的。这种不确定表现为损失是否发生不确定，损失何时发生不确定，损失在何地发生不确定，损失的程度不确定。

风险是客观存在的，人们可以通过对风险的认识，来降低风险发生的次数和减少损失的程度，但是不可能完全消除风险；风险的存在与客观的环境有关，当客观条件改变时，风险也可能变化；风险伴随着人的行动的

开展而存在,所以各人面临的风险既有共性又有差异。

在多种情况下,投资者的收益和本金都有可能遭受损失。对于股票持有者来说,发行公司因经营管理不善而出现亏损时,或者没有取得预期的投资效果时,持有该公司股票的投资者,其分派收益就会减少,有时甚至无利润可分,投资者根本就得不到任何股息;投资者在购买了某一公司的股票以后,由于某种政治或经济因素的影响,大多数投资者对该公司的未来前景持悲观态度,此时,因大批量的抛售,该公司的股票价格直线下跌,投资者也不得不在低价位上脱手,这样,投资者高价买进、低价卖出,本金因此遭受损失。对于债券投资者来说,债券发行者在出售债券时已确定了债券的利息,并承诺到期还本付息,但是,并不是所有的债券发行者都能按规定的程序履行债务。一旦债务发行者陷入财务困境,或者经营不善,而不能按规定支付利息和偿还本金,甚至完全丧失清偿能力时,投资者的收益和本金就必然会遭受损失。

从风险与收益的关系来看,证券投资风险可分为市场风险(又称系统风险)和非市场风险(又称非系统风险)两种。市场风险是指整个市场变化的不确切,往往使经验不足的投资者造成亏损。以股市来说,市场的景气与否往往会使持有股票的价格随着波动,对投资者造成损失。经济、政治、利率、通货膨胀等都是导致市场风险的原因。市场风险包括购买力风险、市场价格风险等;非市场风险是指与整个市场波动无关的风险,它是某一企业或某一行业特有的那部分风险。例如,管理能力、劳工问题、消费者偏好变化等对证券收益的影响。

2. 风险与收益同在

世界上根本不存在100%安全的事情,即使是最科学的仪器也有出错的时候。风险与收益也是不可分割的一个统一体。一般说来,风险越小,收益越低;风险越大,收益越高。在理论上,风险与收益的关系可以用"预期收益率=无风险利率+风险补偿"来表示。所谓无风险利率,是指把资金投资于某项没有任何风险的投资对象而得到的利息率,实际上根本不存在无风险的利率。过去人们一直把银行定期存款当作无风险的利率,但是现在部分银行经过商业化改造已经成为企业或者公司,不再以国家信用来担保,因此,银行存款也是有风险的。相对说来,国家发行的债券尤其是短期的国库券,由于有国家信用和国家税收的担保,而且流动性好,

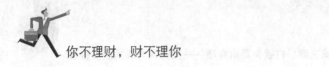

风险很低,因此现在一般把短期国库券的利率作为无风险利率。

想通过投资获得财富需要冒险,但冒险却不一定能致富。冒险也要适当选择对的风险,所谓对的风险,就是长期平均而言,具有高收益的风险。有些投资者投资失败,问题不在缺乏冒险精神,而是做了错误的判断,选择了不对的风险。他们不知道冒什么样的风险才能投资成功。投资获得高收益依靠的是复利作用,而复利作用只有在高报酬下才能发挥最大作用。因此,要冒正确的险,便是将钱投资在高的投资项目上,并勇于承担其所伴随的高风险。

天底下不存在高收益、零风险的投资机会。如果有人向你推荐一个高收益而无风险的投资机会,那么你根本不用考虑,这一定是个骗局。

我们总在说,风险与收益同在,但是还是有很多投资者漠视风险,甚至对其了解甚少。这不仅是一个态度问题,而且直接关系到我们的投资利益所得,所以广大投资者不但要从认识上懂得风险,在实践中也要尽量理性思考,避免不必要的风险。

3. 测测你的风险承受力

在投资之前,首先要了解自己的风险承受力,这是做出一个正确的投资判断的前提。不同的投资者由于财力、阅历、时机等因素的不同,其投资风险承受能力是不同的。按风险承受能力的不同,投资者一般可分为四种类型,即激进投资型、积极投资型、稳健投资型、保守投资型,其各自主要特点如下:

(1) 激进投资型。激进型投资者或者因为财务状况十分乐观,或者因为投资期限较长,导致风险承受能力很强。为了追求最大回报,愿意承受资产价格的短期大幅波动风险,甚至相对长时间的亏损。但承担较高的风险水平,在大多数情况下,也往往能够带来较高的收益回报。

(2) 积极投资型。积极型投资者在投资中注重获得丰厚的投资回报,但对风险难以控制的领域敬而远之。这类投资者的投资时间较长,投资品种风险偏高,因此,在投资期限内,最终获得的投资回报也往往较为可观。

(3) 稳健投资型。稳健型投资者对风险的关注要大于对收益的关注,希望在较低风险下获取稳健的收益。尽管投资时间较短,但风险较低,投资者的资产可能保持一个稳步上升的态势。

(4) 保守投资型。保守型投资者是典型的风险厌恶者,注重获得相对确定的投资回报,但不追求高额的回报,且忍受不了短期内的资产大幅波动。投资期限内,回报率的波动性较小。这种类型的投资者,能够在短期内克服风险,获得稳定收益,但从中长期来看,回报率较低。

我们可以参照以上所列的类型,对自己进行评估,正确认识自己的实际情况后才能找到适合的投资方向。

4. 组合分散风险

通过多样化组合投资是我们最常用的规避风险的方法。不同的投资项目风险不同,收益也不相同,在投资者的组合资产中的意义也不相同。因此,在投入资金比例方面也不能一模一样。应根据不同的投资投入不同比例的资金。

分散投资的好处在于能够分散非系统风险。要注意,系统风险也就是市场风险是无法被分散或者规避的。我们所能做的只能是尽量地减小非市场风险,也就是非系统风险。有一个很有名的例子,不要把所有鸡蛋放在同一个篮子里。为什么呢?因为若这篮子打翻了,所有鸡蛋都破了,但如果你预备了多个篮子,各个篮子放一些,就算不幸打翻一个篮子,跌破了几个鸡蛋,也不会损失太大,还有其他篮子的鸡蛋在手。分散投资还有另一个好处,就是可以把握更多的赚钱机会。只投资一个项目,若这个项目不赚钱,所有的资金和心血都会白费。分散投资则不同,尤其是分散资金在不同市场,每个市场提供的机会都较容易捕捉得到。

虽然道理并不难理解,但是现实中投资者往往喜欢把资金集中于某一个市场内而造成了不可挽回的损失。大多数投资者这样做主要基于以下两个原因:首先,投资者可能对某个市场比较熟悉,甚至可能在这个市场内获过利,所以充满信心。因此,他们对此市场情有独钟。例如,股票市场曾给他们带来丰厚的收益,所以他们便只投资股票,认为自己已经可以了解股票市场的运作本质了;其次,投资者一般是具有惰性的。每个投资市场,都有各自不同的特点,要熟悉并吃透一个市场,需要花上很多时间,投资者已经熟悉了其中一个市场,或者甚至已经从中赚到了钱,就不愿再去熟悉其他投资市场了。

但是,如果你拥有足够的资金投资多个市场,你却没有这样做,而是把资金放在同一个市场内,就属于过度集中一个市场,往往很容易导致失败。过度集中于一个市场，一旦这个市场出现大的波动时，便很容易造成不可挽回的损失。

5. 坚持学习，并在实践中不断总结、提高

市场是在不断变化的，没有永恒不变的真理，而应对多变的市场唯一不变的方法就是要与时俱进，坚持学习，并经常在实践中总结。

如何在投资活动中不断降低风险、规避风险呢？关键还是要不断学习、实践。学习就是要多阅读一些投资方面的书籍、报刊或向其他有经验的投资者讨教，不要盲目投资，人云亦云是很危险的。所以要坚持扎扎实实地学一些基本知识，多读别人的文章，多听别人的观点。但是，在博览群书的同时也应该有自己的理解和思考，切忌盲从。实际上，有些投资者对一些所谓的市场分析"大师"盲目崇拜，许多人趋之若鹜，这是不正常的。常言道，学无止境。只有树立了正确的学习观，才能在投资领域中得心应手，少犯错误。

实践也是投资的必经之路，因为最终投资还是要靠实际操作。在对某个投资品种认真学习、有所了解的基础上，要勇于实践，善于实践。对新的投资品种要敢于一试，早投资，早收益，你也会对这一市场多一分了解，从而及早规避风险。在实际操作中，见好就收的心态很重要。不要奢望利益最大化，否则风险就大了。同样，如果操作失误，也应该及时了结，切勿一条道走到黑。当大多数人认为是风险时，其实已蕴藏着机会；当大多数人认为是机会时，其实已充满了风险。这是公认的投资真理，但能做到的人却很少。投资实践是一所我们永远毕不了业的学校。

让自己拥有敏锐的目光
——看清投资的风险

当然，投资者的精力毕竟有限，对每个投资品种都进行学习和实践是不可能的。所以，一定要根据个人喜好、财力和精力，合适地选择并精通

几种投资品种，为自己的投资多增添一份保证。

二、投资一定要有铁的纪律——遵循投资规则

1. 确定适当的投资目标

实际生活中无论做什么事都需要有一个目标。就算还没有明确定下具体的目标，实际上在你的潜意识里，已经有模糊的目标存在了。如果你想掌控财富，首先必须确定这个实现财富的目标。这个目标一定要是你内心深处最真实意愿的表达，是你真正想要达到的目标。因为目标一旦确定就尽量不要再轻易改变它，除非发生重大事件彻底改变了你的投资基础。确立投资目标主要有以下三个原则。

（1）投资目标要具有可量度性。如果你的财富目标是："我要成为一个很富有的人""我要有很多很多的钱""我要成为第二个李嘉诚"……那么，你很难富起来，因为你的目标抽象并且空泛，而且这种目标极容易偏离。很富有的标准是什么呢？100万元还是1000万元？成为第二个李嘉诚，是像他一样去打拼，还是像他一样拥有几百亿元的家产？因此，首先要把你的财富目标写下来，然后仔细分析它是否具体，是否清晰，是否可以准确地度量。

可以度量的目标有利于目标的实现。你可以在设立总的目标后分别设立阶段性目标，可以一边检验自己的投资结果，一边调整自己的投资计划。最重要的是这个目标成功的概率有多大，如果没有50%的把握，应暂时把目标降低，力求它有一半的成功机会，在日后当它成功后可以再来调高。

（2）投资目标要具有时间性。要完成整个目标，需要多少个步骤，每个步骤完成分别需要多少时间，都要设定一个明确的期限。

（3）投资目标要具有可行性。成功（获得财富）不可能一帆风顺，当中必然会遇到许多障碍、困难和痛苦，使你远离或脱离目标路线，所以你必须确实了解你的目标，必须预测你在完成目标的过程中会遇到的各种困难，然后逐一把它们详尽记录下来，加以分析，评估风险，把它们依主次排列出来，仔细地分析投资目标设置的可行性。

人有了目标，就有了动力，就知道要花费多少精力，知道要如何掌控

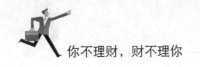

时间。投资也是一样，你必须要有目标，尽管目标可以随时调整，但不论进行哪种投资，目标是必需的。定下一个切实可行的计划，估计完成每一步骤需要的时间，把事件按重要性排列次序，按部就班，逐一完成，则成功指日可待。

有些投资者之所以失败，与他们目标不明确有着直接的关系。目标不明确，方法就会很混乱，项目和态度也会混淆。众多的投资专家都将投资目标分为四个层次，每个层次都有着不同的投资项目和投资态度。

第一个层次的投资目标是资金所占的比例最多。这个目标主要不是要赚大钱，而是为了保本。任何人如果不作适当的投资，财富就一定会因货币贬值、通货膨胀等因素而购买力下降。就算将钱收在床底下，也会贬值。因此，第一个层次是基本的投资目标层次，目标是不让财富贬值。以保本为目标的投资项目，包括银行存款、退休金计划、储蓄保险、人寿保险公积金计划、子女教育基金等。

第二个层次的投资目标是在第一个层次上进行的保守增值。不但防止财富缩水，还可在一定程度上增加财富，这个层次主要包括购买政府债券、综合性投资基金等。

第三个层次的投资目标也在于增值。但回报率要比第二个层次高得多，风险也相对第二个层次较高，主要包括投资基金、优先股等。

第四个层次是最高的层次，投资目标是赚大钱。回报可以极高，以倍数计，但风险亦非常高，包括炒黄金、炒外汇、期货等。

投资者知道自己的投资目标是什么之后，才能决定如何买卖。若目标不清楚，明明只是想保本，却投资高风险的项目，投资哪有不败之理？下面举个例子来分析。

假设你现在的月收入是5000元左右，手上有近10万元的资金可以投资，你会选择先买房还是购买汽车？或者自己创业？换句话说，你会怎样运用这10万元钱进行投资呢？

首先，遇到这样一个问题，我们需要先问自己一个问题，很简单，但同时也是最重要的，你的投资目标是什么？

如果你的目标是想在3年内拥有一套50万元的房子。50万元的房子首付资金需要10万元左右，这正好是你拥有的。但问题是你得考虑以后的按揭资金、生活消费、工作是否会有变动等等可能出现的问题。

投资目标直接决定了你的风险承受能力，也就是说一旦该笔资金出现亏损甚至血本无归,能给你带来的最坏的后果是什么。如果损失的后果非常严重,是你根本无法承受的,那么这个投资目标就是完全不可取的。

如果你很年轻,刚刚开始积累资金,除了单纯的资金升值,对该笔资金并没有特殊的计划,你很愿意用它来检验你的投资能力以得到获取最大收益的可能性,那么说明你的风险承受能力较强,或者说你属于风险偏好型的投资者,适合你的投资方式也是比较激进的,那就是高风险高回报的投资品种。当然,如果你对这笔资金有一定的计划,如为孩子准备的教育资金,或者为退休以后准备的养老金,那么你对资金的稳定性和增值能力都有一定要求,你便是典型的稳健型投资者,需要进行长期风险相对较低、回报稳定的投资,从而获得最佳、最安全的投资收益。

想获取投资收益是理所当然的,但不可太贪心,有时候,投资者的失败就是由于过分贪心造成的。有利都要,寸步不让,市场上这种贪心的投机人并不少见。不想控制,也不能够控制自己的贪欲。比如:期货市场中,买入期货后,期价上涨,不肯果断地抛出自己手中所持有的期货合约平仓,总是在心里算计,等最高点卖,不放弃有更多的盈利机会。这样往往就放弃了一次抛售期货的机会。每当期货价格下跌时,又迟迟不肯买进,总是盼望期价跌了再跌。这些投资人虽然与追涨、追跌的投资人相比,表现形式不同,但有一个共同之处,就是自己不能把握自己。这种无止境的欲望,反倒会使本来已经到手的获利一下子落空。他们只想到高风险中有高收益,而很少想到高收益中有高风险。因此,有如下格言可鉴:"空头、多头都能赚钱,唯有贪心不能赚。"所以,劝君莫贪心,不要总是羡慕他人的幸运,应相信分析,相信自己对经济形势以及大势的判断而果断行动。美国证券投资上也有名言:"多头和空头都可以在华尔街证券市场发大财,只有贪得无厌的人是例外。"

另外,你还应注意的一个问题是,你的投资期限,也就是你进行投资的这笔资金最长的闲置时间。一般情况下,这与你的投资目标有关,当然也可能由你生活中的特殊需要决定,它直接决定着你投资资金的流动性。

同样的 10 万元资金,投资 1 年与投资 10 年的意义显然不同,当然所获得的收益也会大大不同。假如你的资金在三五年内用不到,你希望用其投资而获得相对稳健的投资收益,则可以考虑短期国债等,但如果你的资金属于生活备用金,需要随时提取应付不时之需,你就应慎重对待你的投资计划,一些需要签订几年投资协议、放弃资金使用权的投资方式显然就

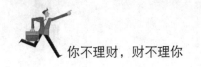

不适合你了，你宜考虑股票、基金等容易变现的投资品种。

投资期限与收益率存在一定的相关性。尤其是一些长期投资项目，如信托等，由于在较长的一段时间内放弃了资金的使用权，同时也放弃了利用这笔资金获得更大收益的权利，而且，你还需要承担长期内利率上升、通货膨胀等各种因素带来的实际收益率下降。因此，此类投资品种的收益率一般都要比同类短期投资品种高。

在确定目标后，最开始为了安全起见，最好不要选择成本太高的投资项目。很多投资者一心想从事高成本投资，以为那样可以获得高额的回报。但是，假如因为自己欠缺经验而导致亏损，将给自己带来不可估量的损失。

从小的投资项目开始，可以逐渐积累投资经验，等到自己的能力逐步提高以后，再从事高成本的投资也不迟。万丈高楼平地起，不要抬头只看到楼顶就大发感叹。一时糊涂，可能会重蹈空中楼阁的覆辙。巨额的财富也是逐渐积累起来的。所以不要过于贪婪，要踏踏实实一步一步走。

成功的投资者都会给自己准备几笔后备资金，这就好像踢足球一样。一支足球队有守门员、后卫、中锋、前锋。守门员接了球，传给后卫，后卫传给中锋，中锋再传给前锋。反过来，球在敌方脚上，己方的前锋拦截，截不到便由中锋拦截，若还没有截到便联同后卫，最后是守门员把守球门也是防守中最重要的一关。成功的投资者也要将资金像足球比赛中的球员那样分配，有前有后，分配成多笔资金。部分用来保本，做一些稳健低风险的投资，部分可用于稍高风险项目，少部分用作高风险项目。有进取的，有保本的，有攻有守，有前有后，形成一套完整的投资计划。

保本的投资安全性相对较高，回报较稳定，可作为高风险投资的后盾，一旦高风险项目出了问题，还有保本的资金支持。例如，炒股失手，损失了一笔，但还有后备金，可以在保本的资金里，拨出一些补充，继续再投资。反过来也一样，若高风险的投资顺利，赚了大钱，则可以把一部分拨到保本投资当中，巩固投资的成果。

2. 根据目标设置详尽的投资计划

从表面上看，投资根本不需要什么计划，那么劳神费力也没有什么用。但事实并非如此，没有计划的投资，即使一次两次可能成功，但长期来看一定是失败的投资。

投资的具体操作很简单,通常只需在投资机构开一个户头,看到什么好的投资项目便可通过投资机构入市,等待升值了,如果认为价值较低就可以进货,如果认为已经升到顶了,便可以出货,赚取其中的差额。而且有很多投资基金项目,投资者甚至不必去证券所,只要相信基金的管理,把资金交到他们手上,付给其一定数额的管理费,他们就会把资金集合起来,作全面性的投资,投资者赚取回报。

投资讲求以一个投资方针贯穿整个计划,各项投资相互联系,不能独立起来看,必须了解每一个投资项目在这个计划当中所扮演的角色,所占的地位,才能明白其中的意义。例如,在整个投资计划中,主要倾向于低风险。那么,大部分资金便都应该放在低风险而回报比较稳定的项目上,如国债等;部分可选择风险稍高的,比如前景看好的新兴创业板上市的科技股就足够。只有这样计划,投资者才能有效规避风险。

投资计划若采用高风险的策略,保本的投资比例便会比较小,资金大部分集中在高风险项目中。这些投资看准了便可以赚大钱,但看错可能全盘皆输。投资者应给自己留一些后路,譬如,在手中预留部分现金,可以随时调动。这也是一个投资计划,没有这个计划,投资血本无归时,后果是难以想象的。

投资计划也包括每一项行动中的细节,例如,止亏点的价位是多少,止盈点的价位是多少。什么时候应该买入,什么时候应该卖出,等等,都应该在入市之前有详尽的分析和结论。投资计划是帮助你增加投资胜算的。没有计划,投资就像航行在海上的船没有指南针一样,船最终漂到哪里,没有人能知道。有了计划,投资就像有了掌舵人,有了前进的方向,知道自己下一步将会怎样发展下去,还差多少达到目标,离成功还有多远,以及还需多少资源、多少努力才会成功,之后就可以按照需要逐步实现自己的目标。

3. 要遵循的投资基本策略

不同投资产品的特点不同,所需要的投资策略也会不同,但有一些最基本的原则是通用的,也是所有投资者进行投资时都必须要遵守的。同时,投资者也需要加强对自身的完善。

(1)熟悉市场,专业投资。如果你对某一事物本身就不熟悉,那么要想利用它达成你的目的是不太可能的,特别是对于多变的金融市场。对于

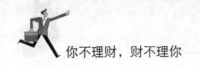

投资,直接与其相关联的就是市场,你要根据市场的变换,不断地调整自己,以适应市场的需要,实现比别人高的收益。

可以说,现在投资十分方便,你不一定要有投资知识,最要紧的是有资本。你可以选择把资金交给投资机构投资,不必知道实际怎样投资,只知道付钱,告诉别人你的投资想法,风险承受能力,然后就可以耐心等待收取回报,或是等待亏损的通知了。

但是,要想成为一个成功的投资者,就不能这样消极对待自己的资金。即使是把资金交给了代理机构,你也应该知道市场是如何运作的,才能保证自己选择到最好的代理,资金获得最好的利用,自己的想法得到最好的实现。譬如,以投资股票为例,股票市场是如何进行交易的,你应该知道。你想投资股票,在证券公司开了户头,进行股票买卖,你就需要先对各种股票有全面的认识,什么是蓝筹股,什么是二、三线实力股,什么是四、五线投机股。这些股票如何上市,要符合什么样的资格,交易所如何审批,政府如何监察,证监会扮演什么样的角色,有什么样的法规对上市公司的董事局和交易所的负责人进行规定,等等,你都要了解。这些对你的投资得失和投资决策都具有重要影响,可以说是必须知道的。

买某种股票,证券行经纪如何经报价机即时知道价位,如何自动对盘找卖家,如何成交,如何进行股票交收,中央结算公司扮演什么角色,这些你都要明白。否则,投资之后,你没有股票在手,连自己的股票到底去了哪里,甚至连证券代理有没有为你履行责任都不知道,这样的投资必然很难盈利。遇上某些品德低劣的证券经纪,他们违规操作,而你自己一直被蒙在鼓里,什么也不知道,就只有亏的结果了。

投资哪一个市场,你就一定要熟悉哪个市场的运作方式。要投资成功,没有别的选择,必须得花时间,深入了解每个市场的运作,如何买卖股票,如何买卖外汇,如何买卖债券,等等。如果缺少这些知识,必然无法获得投资的成功。

知识的更新也是非常重要的,我们也许不能成为投资技术发明家,但却不能回避学习新投资技巧,不断地学习,汲取他人的知识和经验,不故步自封,不自满,广泛阅读并和从事投资的朋友交流心得,这才可以不断改进自己的投资技术,为投资成功打下坚实的基础。

(2)长线、短线适当搭配。大多数投资者,都有一个不好的习惯,就是非常短视,只注意赚快钱,而不会理会长远利益。判断投资只顾眼前有没有钱进账，而不是看远期有多少收益，这是典型的"一鸟在手，胜百鸟在林"。所以，无论何种投资，短线是他们的最爱，他们不会拿着某种股票等升值。上午入市，下午觉得价位好，就赶紧出市，赚钱就行。

当然，这种投资的好处是周转快，资金不会被占压，哪里有投资发财的机会可以随时投入，不至于错失良机。但是，这也使投资者失去赚大钱的机会。另外，炒短线只是投资计划的一部分，还有中线和长线，短线只是求短期急升，但长线却可能有无限的增值机会。而且短线投资和长期相比更难以把握，更容易出现错误，并且操作过于频繁交易费用也相对较高。

不过，真正能赚大钱，一次看得中而能由小富变大富，需要多往前看几步，甚至多步。如何才能看远几步？这需要有较强的自信心，需要有胆识，需在目前的形势下预测较长远的以后会怎样发展，从而现在就作出部署。

以科技股投资为例，随着计算机及互联网服务越来越普及，多媒体取代旧式的媒体系统，科技股的前景巨大，因此，科技公司如雨后春笋般一家接一家涌现，有大企业大财团支持的，也有小本而创意新颖的高手，纷纷成立公司，纷纷争取上市，发行股票集资。许多短视的投资者，只见到科技股的一时声势，股价暴涨，没有任何盈利成绩可见，却只是炒概念，便已经令股价升上天顶，市盈率极高，每股的资产值和每股的价格相差甚远，不成比例。可是，人们却还是一窝蜂地争相入货，刚好大户等到时机开始出货，于是价格一下子暴跌，使得冲动投资者的资本所剩无几，这都是不成熟的投资心态。

因此，在做投资的时候，一定要适当搭配长线和短线，在长线保证稳定收益的同时用短线去博取短期高风险利润，这样才是稳妥的投资方式。

（3）合理规划自己的投资。投资想赚大钱必须有耐性，换句话说，预测股价会达到什么水准，往往比预测多久才会达到那个水准容易。另一件事是股票市场本质上具有欺骗投资人的特性，跟随其他人当时在做的事去做，或者自己内心不可抗拒的呐喊去做，事后往往证明是错的。

要学会超前把握形势，首先要合理规划自己的投资。找到适合自己的投资方式，制订合理的个人投资计划，以及对于投资风险的认识和把握要适当，并且要善于观察市场，寻找适合自己的机会。

（1）选择一种适合自己的投资方式。个人投资在个人生活中越来越显

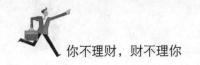

出其独特的魅力和重要性，很多人已经开始意识到投资并非富人的专利，一般收入的人更需要精打细算、科学筹划才能让有限的资金发挥最大的作用。有些人热衷于寻求富豪们投资发家的秘诀，实际上个人投资没有固定的模式，照搬他人经验未必能够成功，选择最适合自己的投资方式才是关键。

a. 正确认识自己。每一个人都有自己独特的性格。以证券投资为例，有些人生性好动，具有反应敏锐等优点，但同时也存在着耐性不足等缺点，这类性格的投资者涉足股市时，应以短线、中线操作为主，获利后及时"退场"为上策，不适宜长线操作。因为这类投资者受个人性格限制往往承受不了漫漫熊市的煎熬。有的投资者性格比较稳健保守，骨子里有一种咬定青山不放松的韧劲，但对市场的感觉敏锐性较差，这类投资者就比较适合做一些长线投资，选择股票、基金的价格底部进入后可以耐心持有。

b. 判断自己的风险承受能力。不同投资者的投资计划应该有所区别。稳健的投资者一般是厌恶风险的，要多注重资金的安全性，可选择国债等有固定收益的投资工具。而那些愿意承担较大风险的投资者一般是较偏好高风险高收益的，会以获得较多收益和增值为目的，可潜心选择普通股，尤其是具有成长潜力的普通股。处于上述两种类型之间的为温和型投资者，可选择综合上述投资工具优势的组合投资的方式。

c. 评估自己的实际经济状况。由于年轻人和一些较高收入家庭没有后顾之忧，可选择风险相对较高且回报较为丰厚的投资方式。相反，老年人和有子女读书的家庭由于需要一笔储备资金用于将来的支出，因此，应倾向于采取安全稳妥的投资方式。投资者因为"输不起"，所以更要注重投资资金的安全。

（2）制订合理的个人投资计划。人与人之间千差万别，情况各异，这就需要根据个人所从事的工作、固定收入与额外收入、经济环境状况等因素制订适合自己现实情况的投资计划，短期投资目标是什么，长期投资有何计划，为实现这些目标、计划应采取什么样的投资策略等，尤其要注意避免盲目性。要合理制订个人投资计划，首先要明确下列因素。

a. 关于知识和经验因素。投资者的知识结构对投资的收益起着关键性的作用。投资者对哪种投资方式更为了解和信赖，以及更为擅长哪种投资的操作，都会对其制订有效的投资计划有帮助。一般情况下，应该选择自己熟悉、了解的投资项目，充分利用已有的专业知识和成熟经验，往往能够确保投资者投资稳定成功、安全获益。比如股票投资，投资者选择熟悉、了解的某一行业的上市公司，运用自己十分娴熟且便于掌握的方法来决定操作手段，对成功获利大有裨益。

b. 关于资金因素。有一定数量、来源可靠而合法的资金，是投资者制订个人投资计划的前提。在做出个人投资计划前投资者先好好评估一下自己的资产状况，因为投入资金的多少将会影响投资的效益。投资之前，首先了解一下自己有多少钱财可用于投资，即有多少资产，有多少负债，资产扣除负债后，还剩多少资金。这些剩余的资金，用专门的术语来说，叫作净资产。它的价值，叫作净值。这些净值才是真正属于你个人的资产。

c. 关于时间、信息因素。在投资时投资者应该认真地考虑一下，自己到底可以有多少时间用在某项投资上，以及有哪些可以获得相关信息的渠道、手段和信息的时效性如何等问题。如果这些条件都不充分，那么选择价格波动较大的短线股票作为投资对象则是极不理智的。这时就应该以购买绩优股和成长股等较长线的股票为投资项目。

d. 关于是否对投资收益具有依赖性。是否对投资收益具有依赖性以及依赖程度如何，是投资者承担投资风险能力的一种标志和衡量标准。如果对投资收益具有很强的依赖性，投资者就应该选择债券、优先股等安全可靠、有稳定收益的证券投资项目；如果投资者对投资收益没有很强的依赖性或依赖性较小，则可以选择收益较大但风险程度也相对较高的股票进行投资。

e. 关于心理因素。在某些关键时刻，投资者的心理素质甚至比资金的多寡更为重要。如果投资者具有优柔寡断、多愁善感的性格，那么就应该避免风险较大、起伏跌宕的股票投资，而应选择一些相对收益稳定波动也较小的投资对象。

（3）积极面对投资风险。如果作为投资者不能够正确面对投资风险，就难以获得投资的风险报酬。一般认为，风险与报酬是成正比的，投资的风险越大，投资者希望能够获得的风险报酬就越高。避免风险在一定程度上具有消极逃避的含义，避免风险是很容易与积极进取的投资态度发生矛盾的。因此，投资者应树立的正确投资态度是通过对投资中的风险和风险可能产生的报酬进行衡量然后再做取舍。高风险常常伴随着高收益，投资者应理性地看待风险，并积极防范和化解风险，才能在投资中获得最大的

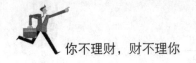

收益。

目前,随着人们收入的增加,个人投资正在逐步由单一的金融投资走向多元化的投资模式,可以做的选择也多了很多。如何防范和化解金融投资风险将成为增强个人投资者投资信心的一个重要方面。对投资者来说,在投资前能够科学地预测一下投资可能遭遇的风险,并做好应对风险的心理准备,不失为上上之策。

其实,无论是财富的累积还是投资经验的累积,都不是一朝一夕所能够完成的,投资者必须花时间去慢慢积累。然而,生活中常有一些人好高骛远、轻视小报酬,总希望能一鸣惊人,一次出击就想有惊天动地的结果产生。这种一朝致富的观念是极其幼稚与错误的。绝大多数富人的巨大财富都是经过较长时间逐渐累积起来的。

有这样一个故事:李嘉诚口袋里的一枚硬币滚落到一个角落里,他弯腰去拾,却没有拾到。一旁的门童为他拾起,恭敬地放到他手里。李嘉诚给了100元港币的小费作为酬谢。旁人问起,李嘉诚说:"硬币若不拾起,便没有用处;拾起,我还有用。100元港币对他来说也是有用的。钱的作用不在于聚敛,而在于使用。"一个人想成功、想致富,就应该学习鳄鱼的以静制动,以不变应万变的策略。还要学会理性处事,尊重市场规律,不应该去盲目追寻超过自己操作能力和风险承受能力的盈利目标。

虽然我们都明白财富都是由小钱经过较长时间逐渐累积起来的,但是在今天事事求快的"速食"文化时代,事事强调速度与效率,人们也随之变得越来越急功近利,没有耐性。这种心理表现在投资理财上,就是显得急躁而缺乏耐心,想要马上见到效果。也许在其他事务上求快,会获得较高的效率,而投资理财却快不得,因为时间是投资理财的必要条件,"欲速则不达"。宁可失去一次投资机会也不能做一次错误的投资,因为机会失去了只要资本还在可以再来,而做了一次错误的投资失去的资本就不能再回来了。

还是以李嘉诚为例,虽然他现在身价几十亿美元,名列全球华人富豪前十位之内,但他的致富生涯却是漫长而艰辛的。他当推销员时,每天工作16～20小时。1952年,李嘉诚开设塑胶厂,取名长江。"不要嫌弃细小河流,河水汇流,才可以成为长江。要不停吸收新知识,留意世界经济和政治形势,甚至要稍跑在社会之前。"20世纪50年代中国香港地区工业刚起步,又有大批廉价劳工,经营小本生意,最重要的是能吃苦耐劳。

"最辛苦是做穷生意。"创业时，资金不足，推销、设计，样样都要亲手做。投资地产，李嘉诚运用资金宁取稳健保守，从不向银行借贷。1967年香港社会不稳定，投资者失去信心，但李嘉诚有另一见解。"中国不会将香港变成一个烂摊子，对她没有好处，香港不会完。"人弃我取。李嘉诚低价买下其他地产商刚开始打桩而又放弃的地盘。20世纪70年代，人口由战后60万增至400多万，楼宇需求量大大增加。1972年，长江实业上市。成功后，李嘉诚早年漫长而艰辛的致富生涯也蒙上了传奇色彩。

因此，投资者是要掌握生存之道，生下来存活下去，然后制订一个长远的财富积累计划，加上正确的战略、超强的耐心和坚定不移的恒心，你就会走向成功。

三、善于捕捉投资的机会——运用投资的技巧

1. 遵循投资"三字诀"

很多成功的投资者在介绍自己的投资经验时都会不约而同地提到三个字："快、准、狠"，投资想成功，一定要做到"快、准、狠"。为何这短短的三个字，竟然可以成为投资市场的金科玉律呢？

"快、准、狠"是一种投资战略的经验总结，蕴含丰富的投资真理；是许多投资者在经历了股票市场、债券市场、外汇市场、黄金市场等不同的投资市场和繁荣、衰退、萧条、复苏等不同的经济环境之后，最终总结出的。无论在任何市势，无论你遇到的是单边市、牛市、熊市、反复市，亦无论现时是反弹、调整，总之在任何市场情况下，"快、准、狠"这三个字都派得上用场。许多投资者发现这三个字的确可以使自己赚到很多钱。因此，投资三字诀运用得宜可以增加利润，这是无数人从实践中得出来的结论。只要投资人能够真正地领悟这三字诀的奥秘，这三字诀可以变成一种投资的指针。

（1）投资为什么要讲求"快"。首先，因为机会转瞬即逝。拖延往往会给投资者带来不必要的损失。执行"快"字诀却可以让投资避免损失的增加，甚至有可能让投资者获得非常丰厚的回报。同时，"快"字诀的好处就是能够使你在遇到机会时，在第一时间把握，不会错失良机，许多时候投资市场的机会往往是转瞬即逝的。因此，掌握"快"字诀对于投资者

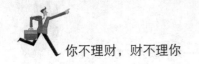

决胜市场非常重要,它可以使投资者遇到机会,尤其是遇到转瞬即逝的机会时能够紧紧地抓住,使投资者可以赚到大钱。市场的变化往往是出人意料的,如果不能即时做出决定,市场也许再也不会给你机会。所以对投资市场而言,"快"有时起着举足轻重的作用。

其次,要挽救你的损失。作为投资者,要理智地看待个人主观愿望与市场客观事实之间存在的巨大差别。当你的主观愿望和市场的客观事实相反时,说明你看错了市场行情,最佳的补救方法是立即离市,再朝正确的市场方向去做。但很多投资者不能当机立断,在应该做出投资决策时总是拖泥带水,根本原因就是他们总希望市场的走势会如他们所愿。但是,市场的走势却往往很少会和个人的主观愿望相符。有时当你投入大量资金入市,市场却未必会升;而在你刚刚"割肉"出来的时候,市场却偏偏就开始狂升。在投资市场,投资者判断失误、看错市势是常有的事,如果你发现自己判断有误、看错市场形势时最好趁早离市。

投资事与愿违的时候似乎总比天遂人愿的时候多。个人投资时的对手方是机构投资者,是更加专业的投资者,所以我们要做的不应该是和他们对着做,而是要仔细分析这些机构投资者的想法,和他们同进退,这样才能保证只赚不赔。如果重新将投资纳入市场的发展轨道,不能够顺应市场发展大势,那么始终都不会赚钱。投资的目的就是为了赚钱,但看错了市场行情,只要肯认错,及时纠正投资方向,赚钱的机会就在眼前。一些投资者蚀本,原因都是不肯低头认错,固执己见地以主观愿望去投资,不按市场规律行事,终究会败得一塌糊涂。

再次,"快"字诀的另一个要求是,进入市场之后,千万不要犹疑不决。但是很多投资者在做出投资决定确定投资对象时往往犹疑不决,对买哪一些投资工具举棋不定。譬如在股票市场,投资者们常常对买卖哪些股票,想完又想,买哪一只好,或是该买几只好,很久也做不出一个选择,结果错过了机会,这是投资失败原因之一。"快"字诀要求投资者,要在进行投资决策时当机立断,在多花一些时间,分析清楚市场行情的基础上,确定应该买卖什么投资工具,是股票,还是外币。在进行投资决策时,举棋不定拖延了时间,市场可能又起了很大的变化,机会也很可能会偷偷跑掉。

投资的关键是要按自己的意愿去做。"快"字诀的第一个重点就是如果你想入市,就即刻去入市。投资的目的是去博取利润,但入市是你博取利润的首要条件。

同时，"快"字诀亦要求投资者买卖要快。市场变化很快，绝对不会坐着等你，除了决定买卖什么投资工具之外，什么时候买，或是在价位到达什么情况之下你就会买入或卖出，这些是需要你提前做好计划的，而不是等到进入市场之后才慢慢研究的。"快"字诀要求你想做就做，当你想投资什么项目时，只要这个项目达到了你预期的标准，比如波动符合要求，收益率达到要求，那么就要马上行动，做出实施的具体规划。你无须多想，想前想后，想左想右。当然，预测一下投资中的风险并加以防范是必要的，但是想得太多，你将永远无法成就大事。

最后，也是最重要的一点，三字诀中的这个"快"字诀和一个普通的投资者胡乱买卖是有根本区别的，很多失败的投资者想买就买，事前对投资市场毫无分析。其区别就是投资三字诀是三个字一齐用，不可以单用一个"快"字。即"准""狠"和"快"字同样重要，盲目地快，投资必然会遭受失败。所以，这里所讲的"快"字，并非指的是乱买乱卖，细心思考，你会明白"快"和普通人盲目买卖的"快"所存在的本质差别。

（2）如何把握"快"字诀。在投资市场中的"快"字诀需要遵守以下五项准则。

a. 止亏要快。止亏，是投资中最重要的一点。投资的目的是收益，在没有获得收益的前提下更不能亏损。"让利润滚存，止亏要快"一直为那些成功投资者奉为圭臬，这也是任何想成为成功投资者的人都应该终生坚持的原则。

一般来说，投资者做了投资必然会时刻关注盈亏状况，之所以会反应慢主要是因为有一种侥幸心理，希望价格可以回升，自己能够返亏为盈。却不知只有尽快地止亏，才可以将你的实力保存，才能避免因为看错市场就泥足深陷的厄运，不会一次看错就蚀精光。如果止亏功夫做得不好，往往给投资者带来不必要的损失，无论投资者有多少投资天分，无论分析得如何透彻，无论其市场经验有多丰富，往往都是败于不肯止亏，或订下了止亏盘却没有遵守，又或者看到市场变化时犹豫不决，不能够下定决心去落盘止亏，结果当然是悲剧收场。

止亏不够快是许多投资者失败的重要原因，如果止亏能够做到"快"字诀的要求，至少可以保证不赔钱，这样投资成功就一定有望。

b. 看价格要快。如果在市场中，你看价的时间不能够快人一步，总是

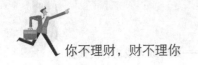

一直慢吞吞的,到你看得几次价位之后,市场的形势可能已经出现了很大变化。因此,"快"字诀第一步就是看价要快。每一笔投资都要准备全力拼搏,赚还是蚀,关键是你是否够快。不论任何情况,投资第一样要快的就是看盘,即是看价位的跳动。

如果入市究竟应该做买还是应该做卖,投资者要时刻提醒自己——投资市场瞬息万变。无论买或是卖,无论做股票或是外汇,或是期货、黄金买卖,也无论你是准备沽空或持仓,无论是大手买卖或是小注,只是买少许或是卖少许,更无论这市场的市况是上落市、反复市、单边市、调整市、反弹市,亦无论是采用什么投资战略,是均价入市法也好,蝴蝶双飞法也好,金字塔买卖法也好,总之作为投资者要做的就是以当时的价位作为买卖时决定的基础,究竟是应该入市还是不应该入市。

c. 决策要快。平庸的投资者与成功的投资者的最大区别就是不能够把握市场机会。在看价之后,投资者一般只有三种决策可供其选择:一是决定不买不卖,二是决定买入,三是决定卖出。但无论投资者怎样决定,投资三字诀的"快"字诀的第一个要求便是要求投资者做出决策。如果对于决定是买还是卖,始终犹疑不决、拖泥带水,那么就会错失良好的市场机会。市场是不会等你的,机会来临就一定要把握。

投资决定,无论选择哪一种决策都一样要快。把握市场一闪即过的盈利机会固然重要,然而尽快做出决断,尽快离开市场使损失减到最低限度同样十分关键。是买是卖,在短时间完成,这种迅速决策的作风,无论何时都是成功投资者所必须具备的一种素质。

有时,市场的走势扑朔迷离,人们一时很难判断是入市好还是不入市好。在这种情况之下,投资者常常会摇摆不定。这时,无论决定是入还是不入,有决定总比没有要好。这个时候决定亦应该要快。如果认定不适宜入市,就应该立即做出决定。决定了就不要让市场的波动影响自己。原先不想入市,但最后又改变了主意入市,在不明朗的市势下入市,结果很有可能是蚀多于赚的。如果当初决定不入市,而且坚守原则,则不会遭受不必要的损失。

d. 离市要快。"有疑问,持现金。"这是成功人士的经验之谈。既然不知道市场的走势怎样,看正确了固然可以赚大钱,但如果看错却会出现巨大损失。一笔交易结束或有利润在手,或蚀了少许,但仍然未到止亏位,原则上讲,投资者都可以观望一阵,看市场的走势如何。但如果市场发展趋势并不明朗，你此时就应该立即离开市场，而不要考虑目前是赚是赔。

投资并不等于赌大小，投资中的每一项决策都是要经过分析研究才可以得出正确结论的，遇到市场形势极不明朗时，最理智的做法是暂时离场。一日市场未明朗，一日都不应该入市搏杀。当市场出现一些令人疑惑的讯号时，意味着市场可能会出现巨大的波动，投资者继续留在市场可能会因此赚大钱，也可能会血本无归，但市场走向怎样暂时却十分之不明朗。投资市场是有风险的，为避免更大的风险，投资者应坚持投资以保本为上的大原则，遇到市场不明朗，即可能会有很大的风险时，投资者应该先行离市做进一步的观望，待市场的发展方向清晰时再重新准备入市。

总之，在形势不明朗时，还是采取保守策略，能退则不进。毕竟留得青山在不怕没柴烧，资本在手总有投资的机会。

（3）投资要看"准"市场。"准"的定义，包含很多含义。如果投资者做中长线投资，则无须理会每日或更短线的时间，大小形的波浪，无须理会这些短线的反复市、窄幅上落市、反弹市、调整市等。中长线投资者只需把握到中期或者是长期的升跌浪，顺势而做买卖，就一定可以赚到不俗的利润。但是你做的是短钱投资甚至做即日买卖，那么你就要随时了解市场变化趋势，并且要分析在某一段时间，市场是哪一种形态。必须把在不同的时期，市场是什么形态分析得清清楚楚，不可以含糊，投资分析的准确与否，与你腰包中的收入密切相关，所以一定要认真对待。

所谓投资做得准，首先要求投资者要做到会选择一个可以赚到利润的市场。虽然从理论上讲，任何一个金融市场都可以有机会赚到钱，但实际上却并不一定。所以首先一点就是投资者一定要会挑选投资市场，只有选择让你获利的市场，才算是准。为了选择正确的市场，你可以拣一些你有过投资经验的市场。虽然以往的经验并不理想，投资失败多过得益，但最重要的是你已经十分熟悉这个市场，知道这个市场的运作、制度，知道买卖的步骤方法和应该委托哪些中间人等信息，因为选择一个自己熟悉的市场总是要好过一个自己完全陌生的市场。

其次，选准了投资市场之后，下一步就是要了解目前这个市场的发展大势。所谓"准"就是要准确地掌握市场的大势。牛市还是熊市，是第几期，一点也不可以含糊，否则后果将不堪设想。

这其中最重要的一点就是要准确地找出升跌幅，你只有计算得到市势是升市，什么时候升到峰顶，市势是跌市，什么时候跌到谷底，才称得上

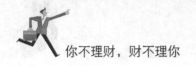

准确地预测市势。如果入市,你却不知道原来市场已经升到尽头,你的投资就会被套。相反,如果你在跌市时沽出或者去沽空,但却不知这时市场已经跌到尽头,你的沽空仓同样也可能带来不少损失。造成损失的原因是你对于市场的升跌幅度把握不准。要确定市场大势是牛市还是熊市;如果是牛市,是牛市第几期?如果是熊市,亦是熊市第几期?这一点一定要弄准确。如果当时的市场是熊市第二期之反弹市,反弹完之后,就是一个大幅度下挫的市势。但是如果你将其误认为这是熊市已完,牛市的第一期市势,没有预测到未来市场会大幅下跌,反而满仓进货,那么一旦市场出现下跌,你将会损失惨重;如果是升,你应明白现在是否已经升到尽头,还是仍有一大段升幅。如果是跌,你应该弄清楚现在是否已经跌到底,还是仍有一段跌幅,如果你能准确地计算出升跌幅度,那么你的投资成绩一定会远远超出他人。

再次,投资者要做出正确的投资决策,就要准确地判断市场大势之中不同阶段的不同形态,仅仅了解市场是牛市还是熊市,是牛市是第几期,是熊市又是第几期,这些还不够。除了以上各种形态之外,还必须了解其他的市场形态,包括上落市、单边市、反复市、反弹市、窄幅市、调整市等。

"准"的定义,也包括投资者入市之后,不论是做买家,还是做卖家,沽空也好,做开展也好,只要是决策进行投资,都一定要将市场或个别的投资工具的支持位和阻力位计算得一清二楚。对支持位、阻力位的判断失误将会使投资失去正确方向。明确股市的支持位和阻力位是决定离市、加注、平仓、追持、追沽、反手追做、均价入市等策略运用的前提条件。如果支持位和阻力位的概念不够明确,则一切交易和投资将会失去方向,投资者将无法确定什么时候才入市离市,什么时候是加注的最佳时机,什么时候止亏或止赚。而如果计算得不清楚,投资者的投资成绩便会大受影响,甚至一招棋走错,全盘皆输。

(4)投资下注要"狠"。投资狠就是要敢于做大注买卖。成功的投资者往往敢于做普通人所不敢尝试的大注买卖。而所谓大注,是相对于投资者的投资能力而言的,是相对的。

大户基金投资,比如在股票市场,动不动可以是十亿元、八亿元;普通投资者,尽管倾其所有一百几十万元或三几百万元投入股市,可能只是泥牛入海,不知所终。所谓大注小注都是相对每一个投资者自己的资金而言的。大注投资和小注投资的区别在于大注和小注的利润和风险都不同。通常情况下，投资额越大，风险会越大；投资额越小，风险亦会越小。但利润和风险往往是成正比的，风险越大，利润也会越大。投资者如果想赚大钱，就必须以大注投资达到目标。投资者对市场行情把握越准确，越敢于下大注投资，赚的钱越多。如果你投资的注码小，即使是将市场的脉搏摸得很准，也会因为你投资的注码较少而利润较低。所以下注"狠"是投资者赚大钱的原动力，下注要狠，敢于做大手笔，虽然有可能蚀大钱，但一样有机会赚大钱。

但是敢于下大注，并不是让投资者将自己的全副身家全部投入市场。投资者进入市场，当然要组成一个比例恰当的投资组合。首先应该包括长线投资工具，譬如投资者要保持适量的存款，再买入一些利润稳定的投资工具（如债券），长线投资工具中还应该包括有大蓝筹和大红筹等股票。当然投资组合中，短线投资工具也是必不可少的。投资者要学会准确地预测市场的走势，一旦有好机会，便应该大注落盘。当然，投资技巧亦需要时间磨炼，只有经过刻苦磨炼，做到眼明手快，善于大手落注，才可以获得丰厚的回报。

2. 选择合理的投资模式

一般来说，根据投资组合实施所依据的条件不同，投资组合可以分为两种方式：投资工具组合和投资时间组合。

（1）投资工具组合。投资工具组合即投资者并非把全部资金都用来进行一种投资，而应该将资金分成若干部分，分别选择不同的投资工具进行不同领域的投资。

一般来说，投资工具根据其使用目的可以分为以下三类。

a. 维持本金安全。保持资金的安全有两层含义，一是期望能够收回本金原来的货币数额，这是投资者最基本的投资目标；二是保持本金原来的价值，即保持购买力。

b. 稳定增长型。一些投资者迫切地希望投资能够给自己带来一笔稳定的收入，以补贴目前的生活所需。由于这类投资者自有资金较少，承受风险的能力又小，拥有一笔稳定、可靠的补贴收入对于他们的生活十分重要。因此，其所选择的投资对象多以安全、稳妥为首，如储蓄、债券投资等。

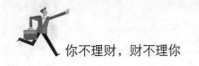

c. 高收益型。一些投资者由于具有冒险的精神、乐观的心态、雄厚的资金或熟练的技巧，他们将获取高收益作为投资目标，因此他们不满足于平均投资收益，敢于迎接高风险的挑战，放手搏击一番，能成功地实现目标，跌倒了爬起来继续往前冲。但是，大多数人不能够承受高风险高收益。

投资者经常使用的传统投资工具组合一般采用"投资三分法"，即将资金分成三部分，分别投资以上三种类型的金融产品，以使自己的投资保持一个稳定、正常的状态。

(2) 投资时间组合。投资者并不应该在任何时候都把全部资金用于投资，而是应该将资金分次分批，有计划地进行投资。一般情况下，不同投资工具在期限上应是长期、中期、短期相结合。

短线投机组合是参与高风险、高回报的短线买卖。投资者事先应客观认真衡量自己所能够承担的风险，判断自己是否能承受最坏的结果。如无后顾之忧，就应做出行动。高风险投资的特色是波动大、变化快、获利高。将资金放置在不同的投资组合之上，可以达到进可攻、退可守的目的。只要完成长期投资组合之后，就可以把资金用作投资组合的筹划。

长线投资组合中，资金可以分散在下面的不同投资工具上。

a. 储蓄。储蓄是最低风险的长线投资。由于利息回报有限，投资目的不是在那微薄的利息，而都是为了本金的安全。

b. 债券。债券可以提供固定的利息收益，在任何情况之下，债券发行机构都必须偿付到期的利息与本金。在百业萧条之时，企业的业绩下降，银行的业务活动也会减弱，利率普遍下降，债券反而会有升值机会，所以即使股票投资有损失也可以债券来弥补。

c. 股票。在经济增长和通胀增高之时，股票投资会有最佳的回报。除了股价会上扬之外，也会有股息和红利派发给股东。所以做股票长线投资最要紧的是做真正的股东。一些有实力的企业不但会一年派发多次股息，即便在经济不景气时，由于企业的业务有较好的基础，可以在生意普遍难做之时，也有稳定的业绩和派息。

d. 黄金。黄金在局势混乱之时是防身保命的资源性财富。黄金并无利息收益，但它可以跨越任何地域去通用，而且易保存。当通胀持续时，金价也会随物价指数上升。

3. 逆向思维也许才是出路

有这样一个例子：曾经有一位从事书画投资近五年的大学教授，人们都叫他"反派王"。为什么会有这种称呼呢？原来，他专门收集反派人物的书画作品。他说："我喜欢收集反派人物的作品，是因为它们都属于冷门。"以前，这位老教授也像很多人那样热衷于热门的名家书画，但是，后来他发现投资热门的收益还不如投资冷门。这是为什么呢？

他是这样解释的：首先，热门投资的成本非常大，动辄就是几十万元。而且，因为太热门，有时候就算你投入很多，也很难买到很好的；其次，热门人物的作品赝品多。因为赝品多，如果没有特别强的鉴别能力，往往花了冤枉钱却得不到回报。所以，一味地跟踪热门却不能获得丰厚的利润，而且还很容易陷入圈套。不论他的投资结果最终如何，他的思考方式是值得我们思考和学习的。

反潮流投资，就是用与大众相反的思维去思考投资策略。比尔·盖茨是美国的亿万富翁，也是著名的投资高手，他投资致富的秘诀非常简单，在别人卖出的时候买进，等到别人都在买进的时候卖出。对于股票投资来说，大多数人都是采取这种方法获得丰厚利润的。在别人买进的时候卖出，在别人卖出的时候买进，

善于捕捉投资的机会
——运用投资的技巧

事实上就是一种反潮流投资方式。也就是说采用一种逆向思维去考虑投资策略。

这种逆向的思维方式，其实并不需要特别的培训和系统的学习，只要投资者具备了独立思考的能力和足够的勇气，就可以开始尝试使用这种反潮流操作的赚钱方法。心理学家分析认为，这是"阻挡逆向思维的人们的从众心理"造成的。所谓从众心理，就是很多投资者看到别人在某个项目中赚钱，就一窝蜂地跟进；同时，看到大家都在亏本，也就一窝蜂地退出。这样的投资者基本上都不会赚钱，即使有时候可能会赚一些，但数量都非常小。就拿股票投资来说，反潮流的投资者往往是抢先一步买入，抢

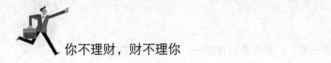

先一步卖出，轻轻松松赚大钱。当然，这需要不凡的勇气以及对经济大势和上市企业的了解。

这种反潮流的方式，是我们的一个独门技巧，在市场上机会很少的时候可以尝试，也许就是我们的一个突破点。

第四章 既要会存钱，又要会借钱
——银行，投资者的后盾

储蓄未必能成富翁，但不储蓄一定成不了富翁。许多人因为收益较低而忽视了合理储蓄在投资中的重要性，错误地认为只要做好投资，储蓄与否并不重要。其实，储蓄是投资之本，要想成功投资，就必须学会合理地储蓄。

一、中国的高储蓄——国人为何爱储蓄

1. 居民收入的提高使得居民储蓄额相应增加

居民储蓄存款来源于居民收入，自改革开放以来，我国经济保持了持续快速增长的势头，经济快速增长为居民收入水平提高奠定了基础。与此同时，国民收入分配也逐渐向个人倾斜。并且城乡居民收入增长速度慢于储蓄存款增速，这表明储蓄增量不仅来自于居民增收，还有相当一部分来自居民的"超储蓄"。能够说明"超储蓄"的是居民储蓄意愿的增强，即居民愿意减少当前的消费和投资而更多地进行储蓄，以及居民在进行资产选择时，更愿意选择银行存款的方式。

2. 人均储蓄额不高和结构不平衡导致高储蓄行为

尽管我国居民的总储蓄额相对较高，但很多学者都强调这样一个事实：我国人均储蓄额并不高，不仅与发达国家有很大差距，跟同水平的发展中国家相比水平也并不高。人数最多的中小储户存款并不多，占储蓄账户总数20%的高收入阶层，存款总额占总储蓄额的60%以上。由于高收入群体消费已达到一定水平，消费意愿不高，而低收入者由于预防性储蓄需求迫切，不得不进行超储蓄，从而加剧了高储蓄行为。

3. 对未来没有明确的预期使居民预防性存款增加

所谓好的投资机会,从经济学的概念来说取决于新的发现、新的产品、新的资源、较多的生产与收入等。我国正处于经济体制转轨和经济结构调整时期,就业矛盾以及与之相关的社会保障体制改革是社会面临的重大问题。

首先,随着经济结构的调整,国企改革深化,为减员增效而进行的下岗分流使人们产生"危机感",宁愿压缩即期消费,而为未来存储一笔抵御风险的资金。

其次,我国住房、医疗、养老等社会福利体制改革正在不断深入,总的趋势是许多由单位负担的支出将转由个人承担,与此同时,我国的社会保障体系尚未健全。虽然我国目前初步建立起了以城镇职工基本养老保险、基本医疗保险、失业保险和城市居民最低生活保险四项内容为重点的社会保障制度,但在社保资金筹集方面还面临不小的挑战,资金积累规模与资金实际需求之间存在矛盾,有些保障措施还难以落到实处。

中国的高储蓄
——国人为何爱储蓄

最后,我国目前还没有全国性的、统一的社会保障法律对社会保障基金的交纳、使用、发放进行严格的约束和规范,而且社会保障基金的监督管理和服务水平也跟不上社会保障的社会化需求。与城镇居民相比,广大农民享有的社会保障程度更低。面对这样的社保体系,居民不得不在考虑收入支配时,有较强的防患意识。

另外,近年来,我国开始推行教育产业化,教育费用加大也使居民的支出增加,使得居民为子女教育进行储蓄的倾向也随之增强。

二、风险偏好者 VS 风险厌恶者——谁更适合储蓄

不同的行为者对风险的态度是存在差异的,一部分人可能喜欢大得大

失的刺激,另一部分人则可能更愿意"求稳"。根据投资体对风险的偏好将其分为风险回避者、风险追求者和风险中立者。

1. 风险回避者

风险回避者选择资产的态度是:当预期收益率相同时,偏好于具有低风险的资产;而对于具有同样风险的资产,则钟情于具有高预期收益率的资产。

2. 风险追求者

与风险回避者恰恰相反,风险追求者通常主动追求风险,喜欢收益的动荡胜于喜欢收益的稳定。他们选择资产的原则是:当预期收益相同时,选择风险大的,因为这会给他们带来更大的效用。

3. 风险中立者

风险中立者通常既不回避风险,也不主动追求风险。他们选择资产的唯一标准是预期收益的大小,而不管风险状况如何。

投资者应明了风险偏好并不等同于风险承受能力,风险承受能力才是个人理财规划当中一个重要的依据。投资者愿意承受更多的风险只能说明他的风险偏好,但这绝不等同于他实际上具有较高的风险承受能力。如果一个投资者在高收益的诱惑之下,根本不考虑自己的风险承受能力,投资一些完全不符合自身收益风险特征的理财产品,一旦出现风险损失,那将会带来不良后果。

三、钱是如何生出钱的——货币的时间价值

货币的时间价值是货币在使用过程中,随着时间的变化产生的增值,也称资金的时间价值。在商品经济条件下,即使不存在通货膨胀,等量货币在不同时点上,其价值也是不相等的。简单地说,时间价值就是指今天的1元钱要比将来的1元钱具有更大的经济价值。通常情况下,它相当于没有风险和通货膨胀情况下社会平均的利润率。

在实务中,通常以国债一年的利率作为参照。很多人往往看不上存款那一点点的利息,多半只是随用随取,图个方便快捷。其实,利息也不是

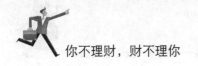

那么好挣的，处理不好，很容易就造成隐性损失。下面介绍三种可以让利息最大化的存款方法。

1. 约定转存

如今，银行有一种"约定转存"业务，只要你和银行事先约定好备用金额，超过部分就会自动转存为定期存款。千万别小看这项业务，只要利用好了，不但不会影响日常生活，而且还能在不知不觉中为你带来利润。

以一家银行的约定转存为例，如果你现在有11000元的储蓄存款，全部以活期存在银行，一年应得利息为：$11000 \times 0.36\% = 39.60$（元）；如果你选择约定转存，由于该银行此项业务的办理起点为1000元，那么你可以与银行约定好，1000元存活期，超过部分存一年定期。那么，这11000元在无形中就被分成了1000元的活期和10000元的一年定期。

一年下来，你应得利息为：$1000 \times 0.36\% + 10000 \times 2.52\% = 3.60 + 252 = 255.60$（元）。

两者相比，后者应得利息是前者的6.45倍。

这种"约定转存"业务最大的好处是，在不影响客户使用资金的前提下，让效益最大化。如果你的备用金额减少了，约定转存的资金会根据"后进先出"的原则自动填补过来。

2. 阶梯存储法和四分存储法

这两种方法是共同使用区分对待一笔大额资金的方法。下面举例来看：

假设持有9万元，可分别用3万元存1～3年期的定期储蓄各一份。1年后，用到期的3万元，本息合计再开一张3年期的存单，以此类推，3年后持有的存单则全部为3年期，只是到期的时间不同，依次相差1年。这种储蓄方式可使年度储蓄到期额保持等量平衡，既能应对储蓄利率的调整，又可获取3年期存款较高的利息。这是一种中长期投资，适宜于筹备教育基金与婚嫁资金等。这就是阶梯存储法。

如持有10万元，则可分存成4张定期存单，每张存单的资金额呈梯形状，以适应急需时不同的需求，如将10万元分别存1万元、2万元、3万元、4万元4张一年期定期存单。假如在一年内需要动用1.5万元，就只需支取2万元的存单。这样就可避免10万元全部存在一起，需取小数额却不得不动用"大"存单的弊端,也就减少了不必要的利息损失。这就是四分存储法。

3. 通知存款

与约定转存不同,通知存款是一种期间较短,存取比较方便的存款方式,通常分为"1 天通知存款"和"7 天通知存款"。

众所周知,活期存款在支取上最方便,并且金额不限。而通知存款不同,客户必须与银行提前约定好取款日期,起存额为 5 万元。比如,你选择的"1 天通知存款",那么你在支取这笔存款时就要提前 1 天向银行申请,否则就只能按照活期利率计息。

话说回来,只是多预约一次,多打一个电话,利息收入就能高出 2～3 倍,何乐而不为呢?

四、新生事物,层出不穷——了解存款的种类

1. 活期储蓄

活期储蓄适用于广大客户临时闲置不用的资金的存储。

(1) 1 元起存,由储蓄机构发给存折。存折记名,可以预留密码。存折遗失可以挂失。

(2) 开户后凭存折可以随时存取,可在联网的电脑储蓄所通存通兑。

(3) 利息按结息日(6 月 30 日)挂牌的活期储蓄存款利率计付。全部支取存款时,按支取日挂牌活期储蓄存款利率计付利息。

2. 个人通知存款

该储种适合于手上持有现金,一时又无法确定存期的储户。具有集活期之便,得定期之利的特点。

(1) 起存金额为 1000 元,多存不限,千元以上部分须为百元整倍数。

(2) 存期分为 1 个月、2 个月、3 个月、4 个月、5 个月、6 个月、7 个月、8 个月、9 个月、10 个月、11 个月、1 年、2 年、3 年 14 个档次,存入时不必约定存期,本金一次存入。

(3) 可凭存单一次或部分支取,部分支取时,未取部分按原存入日起

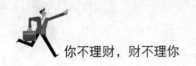
你不理财，财不理你

息，如取款金额较大，需提前通知储蓄所，以便为您做好付款准备。

（4）利息按实际存期并按同档次利率计付，实际存期不满1个月或超过3年部分的，按支取日挂牌公告的活期存款利率计付利息。该储蓄为记名式，可以挂失，但不得转让。

3. 整存整取定期储蓄

该储种适合广大群众生活待用款，存储既安全又可获利。

（1）起存金额一般为50元。存期分3个月、半年、1年、2年、3年、5年。

（2）本金一次存入，由银行开具存单。存单记名，可留密码，可挂失。

（3）利息按存单开户日挂牌公告的相应定期储蓄存款利率计付，提前支取按支取日挂牌公告的活期储蓄存款利率计付利息。提前支取，须凭存单和存款人的身份证明办理。

4. 零存整取定期储蓄

零存整取定期储蓄简称零整储蓄，是分次存入，到期一次提取本息的定期储蓄。该储种适合广大职工、居民每月节余款项存储，以达到计划开支的目的。其存款利率分别高于活期和定活两便储蓄。

（1）存期分1年、2年、5年3种。每月固定存额，5元起开户，多存不限。

（2）开户时银行开具存折，存折记名，可留密码，可挂失，可凭本人身份证件办理提前支取。

（3）到期支取以存入日零整储蓄挂牌利率日积数计付利息。提前支取及逾期部分按活期利率计付利息。

5. 定活两便储蓄

定活两便储蓄既有定期之利，又有活期之便，安全方便，适合广大群众一时投资渠道举棋不定时存储。

（1）起存金额一般为50元。

（2）存单分记名不记名两种。

（3）存期不满3个月的，按天数计付活期利息；存期3个月以上（含

第四章 既要会存钱，又要会借钱——银行，投资者的后盾

3个月），不满半年的，整个存期按支取日定期整存整取3个月存款利率的六折计息；存期半年以上（含半年），不满1年的，整个存期按支取日定期整存整取半年期存款利率的六折计息；存期在1年以上（含1年），无论存期多长，整个存期一律按支取日定期整存整取1年期存款利率的六折计息。上述各档次均不分段计息。

6. 存本取息定期储蓄

该储种适合持较大数额现金的储蓄投资者。

（1）一次存入本金，起存金额一般为5000元，多存不限。

（2）存期分为1年、3年、5年3种。

（3）存折记名，可留印鉴或密码，可挂失。

（4）利息凭存折分期支取，可以一个月或几个月取息一次，由储户与储蓄机构协商确定。如果储户需要提前支取本金，可凭本人身份证件，按定期存款提前支取的规定计算存期内利息，并扣回多支付的利息。

新生事物层出不穷
——了解存款的种类

五、储蓄也会有风险——如何避免储蓄风险

把钱存入银行应该是最安全的，但安全不等于就没有风险，只不过储蓄风险和其他的投资风险有所不同。通常而言，投资风险是指不能获得预期的投资报酬以及投资的资本发生损失的可能性。而储蓄风险是指由于通货膨胀而引起的储蓄本金的损失或不能获得预期的储蓄利息收入。

1. 存款本金的损失

主要是在通货膨胀严重的情况下，如存款利率低于通货膨胀率，即会出现负利率，存款的实际收益是小于零的。为了防范储蓄风险，你需要对存款方式进行正确的组合以获得最大的利息收入，从而减小通货膨胀的影响。在通货膨胀率特别高的时期，则应积极进行投资，将部分资金投资于

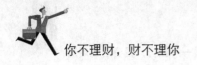

收益相对较高的品种。

2. 利息损失

(1) 存款提前支取。根据目前的储蓄条例规定，存款若提前支取，利息只能按支取日挂牌的活期存款利率支付。这样，存款人若提前支取未到期的定期存款，就会损失一笔利息收入。存款额愈大，离到期日近，提前支取存款所导致的利息损失也就愈大。

(2) 存款种类选错导致存款利息减少。储户在选择存款种类时应根据自己的具体情况做出正确的抉择。如选择不当，也会引起不必要的损失。

3. 如何避免储蓄损失

不论是哪种情况的储蓄风险，我们都应该根据自己的实际情况分别采用不同措施，以减轻损失。

(1) 对于已到期的定期存款，应对利率水平及利率走势、存款的利息收益率与其他投资方式收益率进行比较，结合每个人的实际情况进行重新选择。

(2) 在市场利率水平较低，或者利率有可能调高的情况下，对于已经到期的存款，可选择其他收益率较高的方式进行投资，也可选择期限较短的储蓄品种继续转存，以等待更好的投资机会，或等存款利率上调后，再将到期的短期定期存款改为期限较长的储蓄品种；在利率水平较高或当期利率水平可能高于未来利率水平，即利率水平可能下调的情况下，对于不具备灵活投资时间的人来说，继续转存定期储蓄是较为理想的。

六、跟上市场发展——如何选择银行理财产品

银监会出台的《商业银行个人理财业务管理暂行办法》对于"个人理财业务"的界定是，"商业银行为个人客户提供的财务分析、财务规划、投资顾问、资产管理等专业化服务活动"。商业银行个人理财业务按照管理运作方式的不同，分为理财顾问服务和综合理财服务。我们一般所说的"银行理财产品"，其实是指其中的综合理财服务。

银行理财产品按照标准的解释，应该是商业银行在对潜在目标客户群分析研究的基础上，针对特定目标客户群开发设计并销售的资金投资和管

理计划。在理财产品这种投资方式中，银行只是接受客户的授权管理资金，投资收益与风险由客户或客户与银行按照约定方式承担。

银行理财产品的分类方法很多，本文只介绍投资者在选择时最常用的两种基本分类，即按标价货币分类和按收益类型分类。

1. 按标价货币分类

银行理财产品的标价货币，即允许用于购买相应银行理财产品或支付收益的货币类型。如外币理财产品只能用美元、港币等外币购买，人民币理财产品只能用人民币购买，而双币理财产品则会同时涉及人民币和外币。

（1）人民币理财产品。伴随近年来银行理财市场的蓬勃创新，在基础性创新方面，各家银行将投资品种从国债、金融债和央行票据，延伸至企业短期融资券、贷款信托计划乃至新股申购等方面；在差异性创新方面，流动性长短不一而足，风险性则由保最低收益到保本再到不保本。

（2）外币理财产品。外币理财产品的出现其实早于人民币理财产品，结构多样，创新能力很强。外资银行凭借自身强大的海外投资能力，在这一领域表现极其活跃，并提供了多种投资主题，帮助投资者在风险相对较低的情况下，把握资本市场的投资热点。

2. 按收益类型分类

银行理财产品的收益类型，即相应银行理财产品是否保证或承诺收益，这对产品的风险收益影响很大。

保证收益类。保证收益类理财产品是比较传统的产品类型，按照收益的保证形式，可分为以下两类：①收益率固定型，银行按照约定条件，承诺支付固定收益，银行承担由此产生的投资风险。若客户提前终止和约，则无投资收益；若银行提前终止和约，收益率按照约定的固定收益计算，但投资者将面临一定的再投资风险。②收益率递增型，银行按照约定条件，承诺支付最低收益并承担相关风险，其他投资收益由银行和客户共同承担。若银行提前终止和约，客户只能获得较低收益，且面临高于固定收益类产品的再投资风险。

一般来说，银行理财产品的风险很小，但风险很小也不是没有损失的可能性。即使保本产品，也可能有利息和其他机会成本的损失。而对于不

57

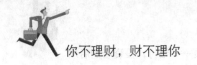

保本的产品,如果投资于波动较大的资产则产生较大收益和损失的可能性则更大。投资者要选择理财产品首先应该清楚自己对风险的承受能力和收益目标,这样就能够有的放矢。

那么,具体来说,投资者该如何选择适合自己的理财产品呢?

"事实上,没有最好的理财产品,只有最适合的理财产品。"选择银行理财产品需要掌握一些基本知识,并仔细阅读产品合约和风险揭示,以便选择适合的产品,获得一个比较满意的预期收益。在购买理财产品时要注意产品是不是适合自己。

首先,要根据自己的具体情况选择。如果你是一个保守型的人,不愿意要不确定的收益或希望本金安全性高,就选择一些预期收益比较固定的理财产品。

其次,选择一个自己比较信任的银行。银行在市场上的信誉和历史业绩是关键。比如看该银行是否以理财产品为主要经营重点,创新理财产品的推出和升级是否每次都在第一时间,是否获得市场一致好评,推出的每期理财产品是否按照其预期的收益率实现回报。

最后,要充分了解自己所购买的产品。购买前一定要看看产品说明,自己有一个判断,比如各家银行推出的打新股产品,产品说明上是委托谁运作的,是网上还是网下申购,收益大概多少。目前的银行打新股产品只要国家政策不发生大的变化,其收益应该比固定收益型的理财产品更高,高多少要看各家银行的运作水平。

七、不要超过自己的承受能力——正确使用银行信贷

刚参加工作不久的小李向银行申请个人消费贷款时遭到了拒绝。后来,他在一个朋友的指点下,将贷款期限由3年改为5年,才通过了银行的审查,如愿获得了贷款。原来,小李的工资性收入一年还不到1万。他要贷款3万元,起初将期限定为3年。如此一算,他就是不吃不喝将每月的工资收入全部拿来还贷款,也不够还本的。这种情况下银行当然会认为小李没有足够的还款能力而拒绝发放贷款了。对于个人来说,如果所贷额度超出自己的还款能力,则会背上沉重的负担。以房贷为例,如果每月房贷占自己月收入(大部分人是工资收入)的30%以上,就很危险了。

随着金融政策的放宽和消费观念的转变,人们通过信贷来改变生活的

第四章 既要会存钱，又要会借钱——银行，投资者的后盾

方式越来越多，其中最为主要的是消费贷款和投资贷款。不管是用于消费，还是用于投资，都应该合理地预计自己创造收入的能力，综合评估自己增收的潜力。

除住房贷款外，还有汽车贷款、个人消费品贷款、国家助学贷款等。其思路和房贷大体相当，要量入而出，不可盲目求多。所有的收益和风险都是并存的，借贷投资可以带来巨大的利润，同时也可能使投资者破产。所以为用于投资而贷款时更应把握好自己，充分考虑风险的存在、量力而行。

另外，信用卡已经成为现代生活的重要组成部分，许多人手里都有一张至数张信用卡。信用卡的出现的确给我们的生活带来了很多方便，更是充分享受到了现代生活方式中寅吃卯粮的乐趣，如果刷卡积分到一定分数还能意外收获一些小礼物，这样的好事谁不想呢？但是信用卡的使用其实是有很多技巧的，只有平时多留意这些注意事项，合理地使用，才能做到省钱又省心。

1. 无力还款时，慎选最低还款额

我们可以在每个月的账单上看到一个最低还款额，那是为那些无力全额还款的人准备的，一旦选择按照最低还款额还款时，就动用了信用卡的循环信用，就等于默认了向银行借的钱，而这部分钱是要收取利息的，银行将针对所有欠款从记账日起征收利息，而不是仅收取未还部分的利息。

2. 要注意超限费的问题

储蓄卡余额不足就不可以再刷，而大多数信用卡支持超信用额度刷卡，称为超限。但是如果在账单日之前不把超限部分还上，就会有超限部分5%的超限费。信用卡毕竟不是存折，用户不能随时看到明细，往往不知道信用额度还剩多少，就这样稀里糊涂被收取了超限费。

3. 透支取现没有免息期

信用卡的免息期，指的是刷卡消费额的免息，而对于直接支取的现金不免息。从取款当天开始，只要有隔夜，就会产生每天万分之五的利息，并且每月计算复利，年化利率接近20%，远远高于贷款利率，没有钱消费真不如去办贷款划算。而且，如果你在最后还款日没有还上最低还款额

59

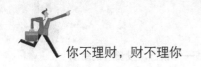

（10%），不但有万分之五的利息等着你，而且还有5%的滞纳金。

4. 慎选自动关联还款

很多人为了防止忘记还款，常常会把储蓄卡与信用卡绑定自动关联还款，以为这样就万无一失了。但是这样仍有个问题：关联交易至晚必须在最后还款日两天前完成，因为关联功能验证成功最长需要两天，这两天内是不能还款的，如果你的最后还款日刚好在这两天以内，就会还款失败，哪怕储蓄卡里有足够余额。在这里，还要注意重复还款的问题。有些人在设置了自动关联还款后还手工还款，觉得这样是双保险，万一手工还款记错了金额，还有自动还款补救。其实，系统在自动还款的前一天生成扣款文件，如果你手工还款是在最后还款日，且在自动还款之前，那么仍会产生重复的自动还款，并且这样往往会产生溢缴款，而取回溢缴款又要收费。

5. 不要忽视年费问题

信用卡首年一般是免年费的，次年就要收取年费了。年费具体每个银行不一样。好多银行规定，只要在规定的时间刷卡够一定次数就可以免年费。需要持卡人注意的是，有的信用卡没有激活也同样收取年费。

总之，银行的信贷是一种方便大众的措施，只要我们稍加留心，学会正确使用，是会对我们的资产配置大有裨益的。

八、不用再排队，足不出户玩转银行——网上银行

网上银行又称网络银行、在线银行，是指银行利用Internet技术，通过Internet向客户提供各项传统服务项目，使客户可以足不出户就能够安全便捷地管理活期和定期存款、支票、信用卡及个人投资等。可以说，网上银行是在Internet上的虚拟银行柜台。各家银行斥巨资开发的网上银行，经过多年的发展，功能已变得十分强大：缴费、买基金、债券、炒股、炒黄金、炒外汇、转账、管理账户、订购飞机票、预订酒店、网上购物、查询账户余额，甚至连买彩票、手机充值等日常生活中的琐碎小事，都可在家里轻松搞定了，而且这些服务，几乎都是免费的。

第四章 既要会存钱，又要会借钱——银行，投资者的后盾

1. 网上银行业务介绍

（1）基本网上银行业务。商业银行提供的基本网上银行服务包括：在线查询账户余额、交易记录，下载数据，转账和网上支付等。

（2）网上投资。由于金融服务市场发达，可以投资的金融产品种类众多，国外的网上银行一般提供包括股票、期权、共同基金投资和CDs买卖等多种金融产品服务。

（3）网上购物。商业银行的网上银行设立的网上购物协助服务，大大方便了客户网上购物，为客户在相同的服务品种上提供了优质的金融服务或相关的信息服务，加强了商业银行在传统竞争领域的竞争优势。

（4）个人理财助理。个人理财助理是国外网上银行重点发展的一个服务品种。各大银行将传统银行业务中的理财助理转移到网上进行，通过网络为客户提供理财的各种解决方案，提供咨询建议，或者提供金融服务技术的援助，从而极大地扩大了商业银行的服务范围，并降低了相关的服务成本。

（5）其他金融服务除了银行服务外，大商业银行的网上银行均通过自身或与其他金融服务网站联合的方式，为客户提供多种金融服务产品，如保险、抵押和按揭等，以扩大网上银行的服务范围。

2. 网上银行交易系统的安全性

网上银行在向客户提供方便实用的同时也提高了操作风险，所以我们在开始使用网上银行业务的时候一定要注意保障自己账户的安全性。

（1）使用前核对网址。从搜索引擎上面搜索银行网站，要先核对所登录的网址与网络银行协议书中的法定网址是否相符。建议直接键入地址，而不是通过搜索的方式，而且要仔细核对网址，对一些来历不明的链接网站不要轻易访问。

（2）为自己的银行账户申请手机银行服务，实时掌握账户资金的情况。首先，各家银行的服务热线一般都提

不用再排队，足不出户玩转银行
——网上银行

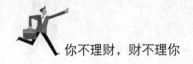

供 24 小时服务，对来历不明的短信和电话要高度警惕，不要拨打短信中的联系电话，若有疑问应拨打各家银行的服务热线；其次，在任何情况下都不要向陌生人透露自己的银行卡账号、密码及身份证号码等信息；最后，在柜台办理电子银行签约时，设置的网上银行密码尽量与银行卡密码不同，并不告知任何人，且必须亲自下载网银证书，妥善保存。

（3）不要在公共场所如网吧使用网络银行，这是最重要的一点。公共场所由于计算机公用，在系统还原、系统配置、防火墙、杀毒软件等方面没有任何保证，不要随意下载或打开不明邮件或程序，不要上一些不太了解的网站，不要执行从网上下载从未经过杀毒处理的软件，不要打开 MSN 或者 QQ 上传送过来的不明文件，经常更新自己计算机的防火墙就可以让病毒无机可乘。使用电话银行的时候要尽量选择家里的电话。

（4）妥善选择和保管密码。不要选用身份证号码、出生日期、电话号码、车牌号等与个人信息有关的数字作为密码，也不要选择和自己的邮箱、MSN 等相同的密码。建议选用字母、数字混合的方式。同时，网络银行的密码不要与自己的取款密码相同。密码应牢记在心，如果怕忘记，千万不要随手记在纸上、名片上，然后放在钱包里，或者记在电脑未加密的文档中，要专门记在家庭理财的账本或软件中，加以妥善保管。

（5）做好交易记录。在使用网络银行的时候，应对各笔交易做好记录，有条件的打印对账单和凭条，如发现异常交易或账务差错，应立即与银行联系，避免损失。

第五章　给你一个成功的梦想
——股票投资

股票在所有的投资工具中是一种高回报、高风险的投资工具。股市风云变幻、危机四伏，进入股票市场的投资者需要具备极高的心理承受和超常的逻辑思维判断能力，股票市场是投资高手的摇篮，只有少数投资者能成为在股市中兴风作浪的巨龙。

一、股票是什么——股票的概念与种类

股票是一种有价证券，是股份有限公司在筹集资本时向出资人公开发行的、用以证明出资人的股本身份和权利，并根据股票持有人所持有的股份数享有权益和承担义务的可转让的书面凭证。股票代表其持有人（即股东）对股份公司的所有权，每一股股票所代表的公司所有权是相等的，即我们通常所说的"同股同权"。

中国的上市公司是一个比较特殊的主体，与国外的上市公司有所不同，它的股份可分国有股、法人股和社会公众股。不同的上市公司有不同的组成，有的上市公司没有法人股和国有股，只有公众股，如方正科技、兴业房产、飞乐音响等，这些股票也叫三无概念股。国有股是指有权代表国家的投资部门和投资机构以及国有资产向公司投资所形成的股份。国有股在公司的股权中占有较大的比例；法人股是指企业法人或具有法人资格的事业单位和社会团体所持有的股份。在我国上市公司的股权中，法人股平均占20%左右。目前中国的国有股和法人股还不能上市交易。国家股本和法人股本的股东要转让股权，可以在法律允许的范围内，经证券主管部门批准，与合格的机构投资者签订转让协议书，经批准后才能转让；社会公众股是指中国境内的个人和机构在股票市场上合法投资所持有的股票。《公司法》规定，单个自然人所持有的公司股票不能超过该公司股份的

0.5%。除少量的职工股外，绝大部分社会公众股可以在市场上交易和流通。

根据股票的上市地点和面对投资者的不同，中国上市公司的股票可以分为A股、B股、H股、N股和S股等。

A股的正式名称是人民币普通股票。它是由我国境内的公司发行，供境内机构、组织或个人（不含台、港、澳地区投资者）以人民币认购和交易的普通股股票，我国A股股票市场经过几年快速发展，已经初具规模。

B股的正式名称是人民币特种股票，它是以人民币标明面值，以外币认购和买卖，在境内（上海、深圳）证券交易所上市交易的。它的投资人限于外国的自然人、法人和其他组织，中国香港、澳门、台湾地区的自然人、法人和其他组织，定居在国外的中国公民、中国证监会规定的其他投资人。现阶段B股的投资人，主要是上述几类中的机构投资者。B股公司的注册地和上市地都在境内。只不过投资者在境外或在中国香港、澳门及台湾地区。

股票是什么
——股票的概念与种类

H股即注册地在内地、上市地在香港的外资股。香港的英文名是HongKong，取其字首，在香港上市外资股就叫作H股。

N股指上市公司注册在中国内地，在美国纽约上市的股。N是纽约（New York）的第一个英文字母。

S股指上市公司注册在中国内地，在新加坡上市的是S股。S是新加坡（Singapore）的第一个英文字母。

二、如何炒股票——股市交易基本规则

尽管部分投资者在股市上小有收获，但客观地说，一般投资者对于如何炒股并不怎么了解。炒股需要大量的相关知识和技能，并且要将股市交易规则烂熟于心。但一般投资者懂的很少，并且投资观念相对保守，不知如何正确在股市中进行操作，在还没有开始操作的时候已经输给别人了。

1. 交易时间

每日9：15可以开始参与交易，11：30～13：00为中午休息时间，下午13：00再开始，15：00交易结束。具体交易时间为：沪深证交所市场交易时间为每周一至周五。上午为前市，9：15～9：25为集合竞价时间，9：30～11：30为连续竞价时间；下午为后市，13：00～15：00为连续竞价的时间。周六、周日和上证所公告的休市日（一般为"五一"、"十一"、春节、元旦、清明、端午等国家法定节假日）不交易。

2. 竞价成交

（1）竞价原则：价格优先、时间优先。价格较高的买进委托优先于价格较低的买进委托，价格较低的卖出委托优先于较高的卖出委托；同价位委托，则按时间顺序优先。

（2）竞价方式：上午9：15～9：25进行集合竞价（集中一次处理全部有效委托）；上午9：30～11：30、下午1：00～3：00进行连续竞价（对有效委托逐笔处理）。

3. 交易单位

（1）股票的交易单位为"股"，100股＝1手，委托买入数量必须为100股或其整数倍。

（2）基金的交易单位为"份"，100份＝1手，委托买入数量必须为100份或其整数倍。

（3）国债现券和可转换债券的交易单位为"手"，1000元面额＝1手，委托买入数量必须为1手或其整数倍。

（4）当委托数量不能全部成交或分红送股时可能出现零股（不足1手的为零股），零股只能委托卖出，不能委托买入。

4. 报价单位

股票以"股"为报价单位；基金以"份"为报价单位；债券以"手"为报价单位。例：行情显示"深发展A"30元，即"深发展A"股现价30元每股。

交易委托价格最小变动单位：A股、基金、债券为人民币0.01元，深B

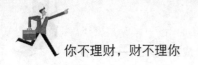

为港币0.01元，沪B为美元0.001元，上海债券回购为人民币0.005元。

5. 涨跌幅限制

在一个交易日内，除首日上市证券外，每只证券的交易价格相对上一个交易日收市价的涨跌幅度不得超过10%，超过涨跌限价的委托为无效委托。

6. "ST"股票

在股票名称前冠以"ST"字样的股票表示该上市公司最近两年连续亏损或亏损一年，但净资产跌破面值、公司经营过程中出现重大违法行为等情况之一，交易所对该公司股票交易进行特别处理。股票交易日涨跌幅限制5%。

7. 委托撤单

在委托未成交之前，投资者可以撤销委托。

8. "T+1"交收

"T"表示交易当天，"T+1"表示交易日当天的第二天。"T+1"交易制度指投资者当天买入的证券不能在当天卖出，需待第二天进行自动交割过户后方可卖出。（债券当天允许"T+0"回转交易）资金使用上，当天卖出股票的资金回到投资者账户上可以用来买入股票，但不能当天提取，必须到交收后才能提款。（A股为T+1交收，B股为T+3交收）

9. 新股申购

目前，深圳证券交易所和上海证券交易所发行新股的方式主要有两种：上网公开发行和向二级市场投资者配售。

（1）网上公开发行。

a. 投资者认购新股前应充分了解招股说明书和发行公告。

b. 申购前须在资金账户中存入足额资金用以申购。每个证券账户申购下限是1000股，认购必须是1000股或其整数倍。

c. 每个账户只能申购一次，每1000股给一个配号。多次申购的只有第一次委托有效，其余委托申购无效，无效申购不给配号。

d. 委托合同号不是中签配号，只是投资者在证券部下单委托的电脑序列号。投资者可在申购日后的第三个工作日通过电话系统或自助系统查询新股配号。申购日后的第四个工作日可根据报纸公布的中签号与自己的申购配号核对是否中签。

e. 申购新股不收取手续费。申购未中签的资金在申购日后的第四个工作日自动返还到资金账户上。

f. 新股申购不能撤单。新股委托申购时间为9：30～15：00；上午9：30前下单委托无效。

（2）向二级市场投资者配售。

a. 投资者必须在股票发行公告确定的登记日持有上市流通A股才有配售新股的权利。

b. 持有深、沪两市流通A股市值的投资者可分别用深圳、上海证券账户同时参加在上海证券交易所发行的新股申购配售，同一新股申购配售，深、沪两交易所分别使用各自的申购代码。

c. 每持有10000元上市流通A股市值可申购配售1000股，申购数量必须为1000股或其整数倍，市值不足10000元的，不计入可申购市值。

d. 深市投资者同一证券账户在不同营业部托管的上市流通A股市值合并计算。

e. 申购配售新股时，投资者按申购上限委托买入，每个证券账户只能申购一次，超额申购和重复申购部分，均为无效申购，申购一经确认，不得撤销。

f. 投资者在申购配售后的第一个工作日（T+1日），以有效方式查询配号，并于T+2日核对中签号码，如中签，须于T+3日14：00前存入足额中签股款。

10. 分红派息及配股

（1）分红派息。分红派息是指上市公司向其股东派发红利和股息。现时深圳证券交易所和上海证券交易所上市公司分红派息的方式有送红股、派现金息、转增红股。投资者应清楚了解上市公司在证监会指定报纸上刊登的分红派息公告书。投资者领取深沪上市公司红股、股息无须到证券部办理任何手续，只要股权登记日当日收市时仍持有该种股票，都享有分红派息的权利。送红股、转增红股和现金派息都会自动转入投资者的证券账

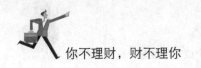

户。所分红股在红股上市日到达投资者账户；所派股息需上市公司划款到账后方可自动转入投资者资金账户内。

(2) 配股缴款。投资者须清楚了解上市公司的配股说明书。投资者在配股股权登记日收市时持有该种股票，则自动享有配股权利，无须办理登记手续。但在配股缴款期间，投资者必须办理缴款手续，否则缴款期满后配股权自动作废。投资者可通过电话、小键盘、热自助、网上交易等系统进行认购，委托方式与委托买卖股票相同，配股款从资金账户中扣除。

a. 深市配股操作方式：买入配股代码080＊＊＊（即将原股票代码第二位数字改成"8"）。

b. 沪市配股操作方式：卖出配股代码700＊＊＊（即将原股票代码第一位数字改成"7"）。

配股认购委托下单后一定要查询是否成交及资金是否扣除以确认缴款是否成功。配股股票须在配股流通上市日方自动划入证券账户。

(3) 除权除息。股权登记日是确定投资者享有某种股票分红派息及配股权利的日期。投资者在股权登记日后的第一天购入的股票不再享有此次分红派息及配股的权利。但投资者在股权登记日当天购入股票，第二天抛出股票，仍然享有分红派息及配股的权利。在沪市行情显示中，某股票在除权当天，在证券名称前记上"XR"表示该股除权，记上"XD"表示除息，记上"DR"表示除权除息。

三、炒股需要精打细算——炒股交易成本大比拼

自从印花税改成单边征收后，操作成本的降低，加上股市单边下跌，不少股民开始了频繁的波段操作，但短线交易时佣金成本也凸显出来了。假如股民有10万元本金，每天进出一次，就产生20万元交易量。作为短线高手，每月操作10次是很平常的。这样下来，每个月就产生交易量200万元，一年就是2400万元。如果佣金是千分之三，那一年的交易佣金为7.2万元。如果佣金是千分之一，一年的佣金仅为2.4万元。也就是说，同样是10万元，同样的价格买卖，千分之一的佣金要比千分之三的佣金少花4.8万元。

股票的佣金是按照不同的交易方式收取的。如大部分证券公司对现场交易的普通散户收取成交金额的千分之三的佣金。而采用电话委托方式，

部分证券公司按千分之三收取,也有部分证券公司为鼓励电话委托交易,将佣金降到了千分之二点五,网上交易最节省,有些证券公司已将佣金降到了千分之二,若能降到千分之一,则只需花2.4万元。

目前,除了采用网上交易方式可降低成本外,资金实力强或交易量大的股民,可单独要到低佣金待遇。如果股民资产很大或者总资产虽然不大但交易很活跃,可以考虑优惠。但具体优惠多少,要视股民的具体情况而论。据了解,一般资金在50万元以上就能成为部分证券公司的"大客户",有资格谈佣金价格。当前由于股市深度下跌,有些证券公司的门槛也有所下降,投资者不妨根据情况找证券公司试一试。一般情况下,"优质客户"的佣金降到千分之一没问题,相当于最高时的三分之一。但是股民不能仅看低价,也要综合考虑券商的服务、实力。

四、做长线,就要看价值——基本分析方法简介

股票基本面指对宏观经济、行业和公司基本情况的分析,包括公司经营理念策略、公司报表等的分析。长线投资一般用基本面分析。基本面包括宏观经济运行态势和上市公司基本情况。宏观经济运行态势反映出上市公司整体经营业绩,也为上市公司的进一步发展确定了背景,因此宏观经济与上市公司及相应的股票价格有密切的关系。上市公司的基本面包括财务状况、盈利状况、市场占有率、经营管理体制、人才构成等各个方面,最常用的方法是财务报表分析。

1. 宏观经济分析

国家的财政状况,金融环境,国际收支状况,行业经济地位的变化,国家汇率的调整,都将影响股价的沉浮。经济周期是由经济运行内在矛盾引发的经济波动,是一种不以人们意志为转移的客观规律。股市直接受经济状况的影响,必然也会呈现一种周期性的波动。经济衰退时,股市行情必然随之疲软下跌;经济复苏繁荣时,股价也会上升或呈现坚挺的上涨走势。根据以往的经验,股票市场往往也是经济状况的晴雨表;国家的财政状况出现较大的通货膨胀时,股价就会下挫,而财政支出增加时,股价就会上扬;金融环境放松,市场资金充足,利率下降,存款准备金率下调,很多游资会从银行转向股市,股价往往会出现升势;国家收紧银根,市场

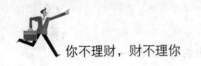

资金紧缺，利率上调，股价通常会下跌。

国家宏观经济调整阶段即将结束而新一轮快速发展有迹象开始时为入市的最佳时机，这时政策与市场的要求和利益趋向一致，证券市场必定会有较好的表现。这个时期的表征可以从传媒中观察到，如国内政局平稳，社会安定，通货膨胀率较低，经济增长率保持在良性范围内，物价稳定，进出口贸易稳步增长，贸易顺差增大，外汇储备增高；在金融方面，利率、银行存款准备金率调低，国家重大经济建设和重点发展项目实施等。从中可以观察分析出一轮新的经济增长是否已经开始。

2. 市场因素分析

投资者的动向，大户的意向和操纵，公司间的合作或相互持股，信用交易和期货交易的增减，投机者的套利行为，公司的增资方式和增资额度等，均可能对股价形成较大影响。

3. 所处行业分析

影响相关股票的价格因素有很多，例如，国民经济地位的变更，行业的发展前景和发展潜力，新兴行业引来的冲击等，以及上市公司在行业中所处的位置、经营业绩、经营状况、资金组合的改变及领导层人事变动等都会影响相关股票的价格。

4. 公司财务分析

这是为了解一个企业经营业绩和财务状况的真实面目，从晦涩的会计程序中将会计数据背后的经济含义挖掘出来，可以为投资者和债权人提供决策基础。

上市公司的财务报表是公司的财务状况、经营业绩和发展趋势的综合反映，也是投资者了解公司、决定投资行为的最全面、最翔实的，往往也是最可靠的第一手资料。因此，要想成为一个优秀的投资者，在证券市场上长期稳定获利，就必须学会分析公司的财务报表。一般来说，财务分析的方法主要有以下四种。

（1）比较分析。即为了说明财务信息之间的数量关系与数量差异，为进一步的分析指明方向。这种比较可以是将实际与计划相比，可以是本期与上期相比，也可以是与同行业的其他企业相比。

(2) 趋势分析。即为了揭示财务状况和经营成果的变化及其原因、性质，帮助预测未来。用于进行趋势分析的数据既可以是绝对值，也可以是比率或百分比数据。

(3) 因素分析。即为了分析几个相关因素对某一财务指标的影响程度，一般要借助于差异分析的方法。

(4) 比率分析。即通过对财务比率的分析，了解企业的财务状况和经营成果，它往往要借助于比较分析和趋势分析方法。

上述各方法有一定程度的重合。在实际工作当中，比率分析方法应用最广。财务比率分析最主要的好处就是可以消除规模的影响，用来比较不同企业的收益与风险，从而帮助投资者和债权人做出理智的决策。它可以评价某项投资在各年之间收益的变化，也可以在某一时点比较某一行业的不同企业。由于不同的决策者信息需求不同，所以使用的分析技术也不同。一般来说，用三个方面的比率来衡量风险和收益的关系。

(1) 偿债能力。

a. 短期偿债能力。短期偿债能力是指企业偿还短期债务的能力。短期偿债能力不足，不仅会影响企业的资信，增加今后筹集资金的成本与难度，还可能使企业陷入财务危机，甚至破产。

$$流动比率 = 流动资产/流动负债$$
$$速动比率 = （流动资产 - 存货 - 待摊费用）/流动负债$$
$$现金比率 = （现金 + 有价证券）/流动负债$$

流动资产既可以用于偿还流动负债，也可以用于支付日常经营所需要的资金。因此，流动比率高，一般表明企业短期偿债能力较强，但如果过高，则会影响企业资金的使用效率和获利能力。但究竟多少合适没有定律，因为不同行业的企业具有不同的经营特点，这使得其流动性也各不相同；另外，这还与流动资产中现金、应收账款和存货等项目各自所占的比例有关，因为它们的变现能力不同。为此，可以用速动比率（剔除了存货和待摊费用）和现金比率（剔除了存货、应收款、预付账款和待摊费用）辅助进行分析。一般认为，流动比率为2，速动比率为1比较安全，过高有效率低之嫌，过低则有管理不善的可能。但是，由于企业所处行业和经营特点的不同，应结合实际情况具体分析。

b. 长期偿债能力。长期偿债能力是指企业偿还长期利息与本金的能力。一般来说，企业借长期负债主要是用于长期投资，因而最好是用投资

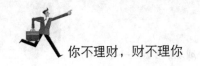

产生的收益偿还利息与本金。通常以负债比率和利息收入倍数两项指标衡量企业的长期偿债能力。

$$负债比率 = 负债总额 / 资产总额$$

$$利息收入倍数 = 经营净利润 / 利息费用$$

$$= (净利润 + 所得税 + 利息费用) / 利息费用$$

负债比率又称财务杠杆，由于所有者权益不需偿还，所以财务杠杆越高，债权人所受的保障就越低。但这并不是说财务杠杆越低越好，因为一定的负债表明企业的管理者能够有效地运用股东的资金，帮助股东用较少的资金进行较大规模的经营，所以财务杠杆过低说明企业没有很好地利用其资金。

利息收入倍数考察企业的营业利润是否足以支付当年的利息费用，它从企业经营活动的获利能力方面分析其长期偿债能力。一般来说，这个比率越大，企业长期偿债能力越强。

(2) 营运能力。营运能力是以企业各项资产的周转速度来衡量企业资产的利用效率。周转速度越快，表明企业的各项资产进入生产、销售等经营环节的速度越快，那么其形成收入和利润的周期就越短，经营效率自然就越高。一般来说，包括以下五个指标：

$$应收账款周转率 = 赊销收入净额 / 应收账款平均余额$$

$$存货周转率 = 销售成本 / 存货平均余额$$

$$流动资产周转率 = 销售收入净额 / 流动资产平均余额$$

$$固定资产周转率 = 销售收入净额 / 固定资产平均净值$$

$$总资产周转率 = 销售收入净额 / 总资产平均值$$

由于上述周转率指标的分子、分母分别来自资产负债表和损益表，而资产负债表数据是某一时点的静态数据，损益表数据则是整个报告期的动态数据，所以为了使分子、分母在时间上具有一致性，就必须将取自资产负债表上的数据折算成整个报告期的平均额。通常来讲，上述指标越高，说明企业的经营效率越高。

(3) 盈利能力。盈利能力是各方面关心的核心，也是企业成败的关键，只有长期盈利，企业才能真正做到持续经营。因此，无论是投资者还是债权人，都对反映企业盈利能力的比率非常重视。一般用下面几个指标衡量企业的盈利能力：

$$毛利率 = (销售收入 - 成本) / 销售收入$$

第五章 给你一个成功的梦想——股票投资

$$营业利润率 = 营业利润／销售收入 =$$
$$（净利润 + 所得税 + 利息费用）／销售收入$$
$$净利润率 = 净利润／销售收入$$
$$总资产报酬率 = 净利润／总资产平均值$$
$$权益报酬率 = 净利润／权益平均值$$
$$每股利润 = 净利润／流通股总股份$$

上述指标中，毛利率、营业利润率和净利润率分别说明企业生产（或销售）过程、经营活动和企业整体的盈利能力，它们越高则获利能力越强；资产报酬率反映股东和债权人共同投入资金的盈利能力；权益报酬率则反映股东投入资金的盈利状况。权益报酬率是股东最为关心的内容，它与财务杠杆有关，如果资产的报酬率相同，则财务杠杆越高的企业权益报酬率也越高，因为股东用较少的资金实现了同等的收益能力。每股利润只是将净利润分配到每一份股份，目的是为了更简洁地表示权益资本的盈利情况。衡量上述盈利指标是高还是低，一般要通过与同行业其他企业的水平相比较才能得出结论。

5. 现金流分析

现金流量表是反映企业在一定时期内现金流入、流出及其净额的报表，它主要说明公司本期现金来自何处、用往何方以及现金余额如何构成。投资者在分析现金流量表时应注意以下两个方面。

a. 现金流量的分析。有些公司会通过往来资金操纵现金流量表。上市公司与其大股东之间通过往来资金来改善原本不被看好的经营现金流量。本来关联企业的往来资金往往带有融资性质，但是借款方并不作为短期借款或者长期借款，而是放在其他应付款中核算，贷款方不作为债权记账，而是在其他应收款中核算。这样其他应付、应收款变动额在编制现金流量表时就作为经营活动产生的现金流量，而实质上这些变动反映的是筹资、投资活动业务。这样，当其他应付、应收款的变动是增加现金流量时，经营活动所产生的现金流量净额就有可能被夸大。

b. "每股现金流量"这一指标反映的问题。每股现金流量和每股税后利润应该是相辅相成的，有的上市公司有较好的税后利润指标，但现金流量较不充分，这就是典型的关联交易所导致的。另外，有的上市公司在年度内变卖资产而出现现金流大幅增加，这也不一定是好事。那么，现金流

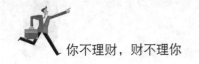

量多大才算正常呢?

作为一家抓牢主业并靠主业盈利的上市公司,其每股经营活动产生的现金流量净额,不应低于其同期的每股收益。道理其实非常简单,如果其获得的利润没有通过现金流进公司账户,那这种利润极有可能是通过做账"做"出来的。投资者最好选择每股税后利润和每股现金流量净额双高的股票作为中线投资品种。

五、做短线,学会技术分析——看懂小蜡烛K线

股票市场上的技术分析是对上市公司在二级市场上的股价以及成交量的走势分析。一般是通过对某一只个股的股价在连续的一段时间的K线走势以及成交量变化情况进行分析,从而得出投资建议。

首先,我们找到该日或某一周期的最高和最低价,垂直地连成一条直线;然后再找出当日或某一周期的开市和收市价,把这两个价位连接成一条狭长的长方柱体。假如当日或某一周期的收市价较开市价为高(即低开高收),便以红色表示,或是在柱体上留白,这种柱体称为"阳线"。如果当日或某一周期的收市价较开市价为低(即高开低收),则以绿色表示,又或是在柱上涂黑色,这柱体就是"阴线"了。K线可以分为日K线、周K线、月K线,在动态股票分析软件中还常用到分钟线和小时线。

K线图有直观、立体感强、携带信息量大的特点,能充分显示股价趋势的强弱、买卖双方力量平衡的变化,预测后市走向较准确,是各类传播媒介、电脑实时分析系统应用较多的技术分析手段。能看懂K线图是证券投资的基本功。所谓K线图,就是将各种股票每日、每周、每月的开盘价、收盘价、最高价、最低价等涨跌变化状况,用图形的方式表现出来。如果不能看懂K线图,也就不能对所投资的股票作最基本的分析,也就不能做出相应的判断。

K线最上方的一条细线称为上影线,中间的一条粗线为实体,下面的一条细线为下影线。当收盘价高于开盘价,也就是股价走势呈上升趋势时,我们称这种情况下的K线为阳线,中部的实体以空白或红色表示。这时,上影线的长度表示最高价和收盘价之间的价差,实体的长短代表收盘价与开盘价之间的价差,下影线的长度则代表开盘价和最低价之间的差距。

当收盘价低于开盘价,也就是股价走势呈下降趋势时,我们称这种情况下的 K 线为阴线。中部的实体为黑色。此时,上影线的长度表示最高价和开盘价之间的价差,实体的长短代表开盘价比收盘价高出的幅度,下影线的长度则由收盘价和最低价之间的价差大小所决定。

K 线有时是阳线,有时是阴线,有时带上影线,有时带下影线,有时是十字星。不同形态的 K 线代表着不同的意义,反映出多空双方争斗的结果,是多方打败空方,或空方打败多方,还是多空双方势均力敌,都可以在 K 线形态中得到表现。一般而言,阳线表示买盘较强,卖盘较弱,这时,由于股票供不应求,会导致股价的上扬。阴线表示卖盘较强,买盘较弱。此时,由于股票的持有者急于抛出股票,致使股价下挫。同时,上影线越长,表示上档的卖压越强,即意味着股价上升时,会遇到较大的抛压;下影线越长,表示下档承接的力道越强,意味着股价下跌时,会有较多的投资者利用这一机会购进股票。具体来说,不同的 K 线形态代表着不同的含义。

(1)光头光脚小阳线。此形态表示最低价与开盘价相同,最高价与收盘价相同,上下价位窄幅波动,表示买方力量逐步增加,买卖双方多方力量暂时略占优势。此形态常在上涨初期、回调结束或盘整的时候出现。

(2)光头光脚小阴线。此形态表示开盘价就是最高价,收盘价就是最低价,价格波动幅度有限,表示卖方力量有所增加,买卖双方空方力量暂时略占优势。此形态常在下跌初期、横盘整理或反弹结束时出现。

(3)光头光脚长阳线。没有上下影线,表示多方走势强劲,买方占绝对优势,空方毫无抵抗。经常出现在脱离底部的初期,回调结束后的再次上涨,及高位的拉升阶段,有时也在严重超跌后的大力度反弹中出现。

(4)光头光脚长阴线。没有上下影线,表示空方走势强劲,卖方占绝对优势,多方毫无抵抗。经常出现在头部开始下跌的初期、反弹结束后或最后的打压过程中。

(5)带上影线的阳线。这是上升抵抗型,表示多方在上攻途中遇到了阻力,此形态常出现在上涨途中、上涨末期或股价从底位启动遇到密集成交区,上影线和实体的比例可以反映多方遇阻的程度。上影线越长,表示压力越大,阳实体的长度越长,表示多方的力量越强。

(6)带下影线的阳线。这是先跌后涨型,反映股价在低位获得买方支撑,卖方受挫,常出现在市场底部或市场调整完毕。

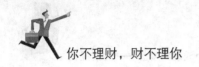

（7）带上影线的阴线。表示股价先涨后跌，庄家拉高出货常会出现此种形态。黑色实体越长，表示卖方实力越强。上影线实体小的形态，常出现在阶段性的头部或震仓洗盘中。

（8）带下影线的阴线。这是下跌抵抗型，表示空方力量强大，但在下跌途中一定程度上受到了买方的抵抗，常出现在下跌途中、市场顶部或振荡行情中。

（9）带上下影线的阳线。表示下有支撑，上有压力，总体买方占优，常出现在市场的底部、上升途中。上影线长，说明上方压力大；下影线长，说明下档支撑强；实体越长，说明多方实力强。

（10）带上下影线的阴线。表示上有压力，下有支撑，总体空方占优，阴线实体越长，表明空方做空的力量越大。常出现在市场顶部或下跌途中。

（11）十字星图形。表示开盘价和收盘价相同，多空力量暂时处于平衡。

（12）"T"字形。表示开盘价和收盘价相同，下影线表示下方有一定支撑。"T"字形常出现在市场的底部或顶部。

（13）"⊥"字形。表示开盘价和收盘价相同，上影线表示上方有一定的压力，常出现在市场的顶部或横盘整理中。

（14）"－"字形。此种形态常出现在股价涨停板或跌停板的时候，表示多方或空方绝对占优，被封至涨停或跌停的位置。

投资者通过K线的形态可以分析出股票的具体情况。然而，K线图往往受到多种因素的影响，用其预测股价涨跌并非能做到百分之百的准确。另外，对于同一种图形，许多人也会有不同的理解，做出不同的解释。因此，在运用K线图时，一定要与其他多种因素以及其他技术指标结合起来，进行综合分析和判断。

买股票主要是买未来，希望买到的股票未来会涨。炒股有几个重要因素——量、价、时，时即为介入的时间，这是最为重要的。介入的时间选得好，就算股票选得差一些，也会有赚，但介入时机不好，即便选对了股也不会涨，而且还会被套牢。所谓好的开始即成功了一半，选择"买卖"点非常重要，在好的买进点介入，不仅不会套牢，而且可坐享被抬轿之乐。而如果在错误的时机买入股票，一定会惨遭损失。

掌握K线后，投资者应该如何根据其把握股票的最佳买入点呢？具体来说，可以根据以下四个方面。

1. 根据趋势线判断短线买入时机

中期上升趋势中，股价回调不破上升趋势线又止跌回升时是买入时机；股价向上突破下降趋势线后回调至该趋势线上是买入时机；股价向上突破上升通道的上轨线是买入时机；股价向上突破水平趋势线时是买入时机。

（1）上升趋势中股价回档不破10日均线是短线买入时机。上升趋势中，股价回档至10日均线附近时成交量应明显萎缩，而再度上涨时成交量应放大，这样后市上涨的空间才会更大。

（2）股价有效突破60日平均线时是中线买入时机。当股价突破60日均线前，该股下跌的幅度越大、时间越长越好，一旦突破之后其反转的可能性也将越大；当股价突破60日均线后，需满足其均线拐头上行的条件才可买入。若该股突破均线后其60日均线未能拐头上行，而是继续走下行趋势时，则表明此次突破只是反弹行情，投资者不宜买入；如果换手率高，30日均线就是股价中期强弱的分界线。

2. 根据成交量判断短线买入时机

（1）股价上升且成交量稳步放大时。底部量增，价格稳步盘升，主力吸足筹码后，配合大势稍加拉抬，投资者即会加入追涨行列，放量突破后即是一段飙涨期，所以第一根巨量长阳宜大胆买进，可有收获。

（2）缩量整理时。久跌后价稳量缩。在空头市场，媒体上都非常看坏后市，但一旦价格企稳，量也缩小时，可买入。

3. 根据日K线形态确定买入时机

（1）底部明显突破时为买入时机。比如：W底、头肩底等，在股价突破颈线点，为买点；在相对高位的时候，无论什么形态，也要小心；另外，当确定为弧形底，形成10%的突破，就应该大胆买入。

（2）低价区小十字星连续出现时。底部连续出现了小十字星就表示股价已经止跌企稳，有主力介入痕迹，若有较长的下影线更好，说明多头位居有利地位，是买入的较好时机。重要的是：价格波动要趋于收敛，形态必须面临向上突破的形势。

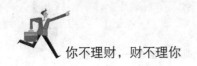

4. 周线与日线的共振、二次金叉等现象

（1）周线与日线共振。日线 KDJ 是一个敏感指标，变化快，随机性强，经常发生虚假的买卖信号，使投资者无所适从。运用周线 KDJ 与日线 KDJ 共同金叉（从而出现"共振"），就可以过滤掉虚假的买入信号，找到高质量的买入信号。周线反映的是股价的中期趋势，而日线反映的是股价的日常波动，若周线指标与日线指标同时发出买入信号，信号的可靠性便会大增。如周线 KDJ 与日线 KDJ 共振，常是一个较佳的买入点。

不过，在实际操作时往往会碰到这样的问题：由于日线 KDJ 的变化速度比周线 KDJ 快，当周线 KDJ 金叉时，日线 KDJ 已提前金叉几天，股价也上升了一段，买入成本已抬高。为此，激进型的投资者可在周线 K、J 两线勾头、将要形成金叉时提前买入，以降低成本。

（2）周线二次金叉。当股价（周线）经历了一段下跌后反弹起来突破 30 周线位时，我们称为"周线一次金叉"。不过，此时往往只是庄家在建仓，还不是进入的最好时机。当股价（周线图）再次突破 30 周线时，我们称为"周线二次金叉"，这意味着庄家洗盘结束，即将进入拉升期，后市将有较大的升幅。此时可密切注意该股的动向，一旦其日线系统发出买入信号，即可大胆跟进。

六、给你一双慧眼——如何选择黑马股

我国沪深股市发展至今已有上千只 A 股，经过十年的风风雨雨，投资者已日渐成熟，从早期个股的普涨普跌发展到现在，已经彻底告别了齐涨齐跌时代。从近两年的行情分析，每次上扬行情中涨升的个股所占比例不过 1/2 左右，而走势超过大盘的个股更是稀少，很多人即使判断对了大势，却由于选股的偏差，仍然无法获取盈利，可见选股对于投资者的重要。

如何正确地选择股票，100 多年来人们创造出各种方法，多得使人感觉目不暇接，但是不论有多少变化，可以归纳为以下四种基本投资策略。

1. 价值发现

这是华尔街最传统的投资方法，近几年来也被我国投资者所认同，价值发现方法的基本思路，是运用市盈率、市净率等一些基本指标来发现价

值被低估的个股。该方法由于要求分析人具有相当的专业知识，对于非专业投资者具有一定的困难。该方法的理论基础是价格总会向价值回归。

2. 选择高成长股

该方法近年来在国内外越来越流行。它关注的是公司未来利润的高增长，而市盈率等传统价值判断标准则显得不那么重要了。采用这一价值取向选股，人们最倾心的是高科技股。

3. 技术分析选股

以技术分析方法进行选股，通常一般不必过多关注公司的经营、财务状况等基本面情况，而是运用技术分析理论或技术分析指标，通过对图表的分析来进行选股。该方法的基础是股票的价格波动性，即不管股票的价值是多少，股票价格总是存在周期性的波动，技术分析选股就是从中寻找超跌个股，捕捉获利机会。

4. 立足于大盘指数的投资组合（指数基金）

随着股票家数的增加，许多人发现，也许可以准确判断大势，但是要选对股票可就太困难了，要想获取超过平均的收益也越来越困难，往往花费大量的人力物力，取得的效果也就和大盘差不多，甚至还不如大盘，与其这样，不如不分析选股，而是完全参照指数的构成做一个投资组合，至少可以取得和大盘同步的投资收益。如果有一个与大盘一致的指数基金，投资者就不需要选股，只需在看好股市的时候买入该基金，在看空股市的时候卖出。由于我国还没有出现指数基金，投资者无法按此策略投资，但是对该方法的思想可以有借鉴作用。

上述策略，主要是以两大证券投资基本分析方法为基础，即基本分析和技术分析。由上述的基本选股策略，可以衍生出各种选股方法，另外随着市场走势和市场热点不同，在股市发展的不同阶段，也会有不同的选股策略和方法。此外，不同的人也会创造出各人独特的选股方法和选股技巧。

那么，在具体操作中，投资者应该如何进行呢？一般来说，投资者可通过以下三个方面去选择好股票。

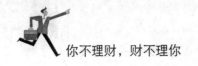
你不理财，财不理你

1. 要看行业周期

选择股票，首先要对整个国民经济做判断，然后对行业的基本属性进行判断。这主要是指判断所投资的股票所属的行业是处在上升周期还是下降周期，是朝阳产业还是夕阳产业。

例如，中集集团（000039），这是一家做海外集装箱的集团，1985年以400万美金起步，主要是中国人管理。从行业周期上讲，集装箱行业最早是在丹麦、北欧等国家生产，后来转移到日本，又转移到韩国，再后来又转移到中国。在其他国家可能属于夕阳行业，但现在其最大生产国就在中国了，所以集装箱行业在中国还是朝阳产业。还比如，20世纪90年代的四川长虹，当时我国刚刚开始普及彩电，彩电行业是朝阳行业，但是，这个行业是竞争激烈的行业，周期比较短。很快，等康佳、TCL等企业都加入进来后，彩电行业就陷入了过度竞争，导致行业发展形势逐渐恶劣。

所以，选择股票，首先要判断公司处于哪个阶段，不在好的行业周期，那么大的形势就会很不乐观。

2. 要看企业的竞争优势

市场经济的规律是优胜劣汰，无竞争优势的企业，注定要随着时间的推移逐渐萎缩及至消亡，只有确立了竞争优势，并且不断地通过技术更新、开发新产品等各种措施来保持这种优势，公司才能长期存在，公司的股票才具有长期投资价值。

决定一家公司竞争地位的首要因素是公司的技术水平，其次是公司的管理水平，另外，市场开拓能力和市场占有率、规模效益和项目储备及新产品开发能力也是决定公司竞争能力的重要方面。对公司的竞争地位进行分析，可以使我们对公司的未来发展情况有一个感性的认识。

除此之外，我们还要对公司的经营管理情况进行分析，主要从以下几个方面入手：管理人员素质和能力、企业经营效率、内部管理制度、人才的合理使用等。通过对公司竞争地位和经营管理情况的分析，我们可以对公司基本素质有比较深入的了解，这一切对投资者的投资决策很有帮助。

3. 发现公司已存在或潜在的重大问题

在选股时，除对公司其他各方面情况进行详细分析外，我们还必须通

第五章 给你一个成功的梦想——股票投资

过对公司年报、中报以及其他各类披露信息的分析,发现公司存在的或潜在的重大问题,及时调整投资策略,回避风险。由于各家公司所处行业、发展周期、经营环境、地域等各不相同,存在的问题也会各不相同,我们必须针对每家的情况作具体的分析,没有一个固定的分析模式,但是一般发生的重大问题容易出现在以下四个方面。

(1) 公司生产经营存在极大问题,持续经营都难以维持,甚至资不抵债,濒临破产和倒闭的边缘。

(2) 投资项目失败,公司遭受重大损失。公司运用募股资金或债务资金进行项目投资,由于事先估计不足,或投资环境发生重大变化,或产品销路发生变化,或技术上难以实现等各种原因,使得投资项目失败,公司遭受重大损失,对公司未来的盈利预测发生重大改变。

(3) 从财务指标中发现重大问题。从一些财务指标中可以发现公司存在的重大问题。

a. 应收账款绝对值和增幅巨大,应收账款周转率过低,说明公司在账款回收上可能出现了较大问题。

b. 存货巨额增加、存货周转率下降,很可能公司产品销售发生问题,产品积压,这时最好再进一步分析是原材料增加还是产成品大幅增加。

c. 利润虚假,对此问题一般投资者很难发现,但是可以发现一些蛛丝马迹,例如净利润主要来源于非主营利润,或公司的经营环境未发生重大改变,某年的净利润却突然大幅增长等,随着我国证券法的实施及监管措施的愈加完善,这一困扰投资者的问题有望呈逐渐好转趋势。

d. 关联交易数额巨大,或者上市公司的母公司占用上市公司巨额资金,或者上市公司的销售额大部分来源于母公司,利润可能存在虚假,但是对待关联交易需认真分析,也许一切交易都是正常合法的。

(4) 公司发生重大诉讼案件。由于债务或担保连带责任等,公司发生重大诉讼案件,涉及金额巨大,一旦债务成立并限期偿还,将严重影响公司利润,对生产经营将产生重大影响,对公司信誉也可能造成很大损害。更为严重的是,公司还可能面临破产危险。

例如:琼民源(0508),1996 年公司业绩发生突变,净利润由 1995 年的 38 万元跃升至 4.85 亿元,每股收益高达 0.87 元。该股是 1996 年和 1997 年年初的明星股,一年多时间里股价翻几番,以火箭般的速度一跃成为高价绩优股,一时该股跟风者众多,许多股民以持有琼民源为时尚。然

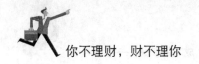

而细心的投资者会发现一些重大的可疑之处,该公司1996年的主营业务利润仅39万元,而其他业务利润却高达4.41亿元,投资收益也有3015万元,这样一种收益结构不能不让人对该公司打上一个大问号。果然由于虚假利润等问题,该股自1997年3月1日开始停牌,共计长达两年多的时间。该股的投资者所遭受的资金损失和心灵上的伤痛无疑是巨大的,而假如当初投资者将该公司列入问题公司行列,敬而远之,则结果将不会这般惨痛。总之,投资者对选择问题公司的股票必须持慎之又慎的态度,最好是敬而远之,回避问题股应是运用基本分析方法所坚持的基本原则。

七、学会丢车保帅——适时止损

卖股票是最难的事,从某种程度上讲,何时卖股票甚至比何时买股票、买何种股票更难,而且更重要。投资者的目的如果是既定的利润率,在市场给予的利润率达到一定的程度,而这个利润率在短期内进一步上升的可能性较小时,就应该是投资者卖出股票的时机。

2006年的夏天,王丽抱着对股市的良好愿望,提着自己的全部积蓄5万元开了户。初拿到股东卡和资金卡,王丽非常兴奋:"通行证拿到了,我也是股市的一员了,一定要在股海中闯出一片天地来。"

王丽是学财经出身,具备一定的证券市场知识,同时也从事证券信息编辑工作,接触股市的机会也较多,因此自信满满。刚开始尝试着买几只股票,借着当时牛市东风,其股票也是水涨船高,股票涨停有时也变成可能的事情。这让王丽开始沾沾自喜,原来买股票如此简单。

然而,之后购买一只股票的经历让王丽懂得了及时获利了结是多么重要。王丽在周围朋友的大力推荐下于2007年5月15日以19元的价格买入"大唐发电"(601991),之后大唐发电一路走高,最高2007年6月20达到45.24元。在这期间,有好几次朋友对她说该出局了。可王丽认为基于良好的分红预期,"大唐发电"还将继续往上涨,她要等到最高点再卖出股票。然而,她的预想落空了,之后"大唐发电"一路走低。虽然后来"大唐发电"在分红之前又一次达到39元的高点。但王丽还梦想着它能涨到原来的40多元,并没有趁着这次反弹卖出,结果到9月15日时,她实在受不了它的不断阴跌,20元清仓了结。王丽感觉自己好像坐了一趟过山车,从哪来又回到了哪儿。

第五章　给你一个成功的梦想——股票投资

王丽抓住了飙升的大黑马,可是她并没有获得相应的回报,其原因就在于她没有把握住卖出股票的时机。其实,在新股民中犯这种错误的人不在少数,他们没有经过熊市的洗礼,风险意识淡薄,对股票的期望值太高,总想短期内在一只股票上大赚特赚。结果到嘴的肥肉没有吃到,只喝到了一点汤,甚至亏了本。

做投资一定要稳健,先不要亏钱,才谈得上赚钱。就像体育比赛,最后夺冠者肯定不是进攻力最强而是缺陷最小的。有一个人问一位著名的医生:"学医最重要的是学什么?"这位医生说:"学习怎样不把人医死。"这个回答很奇特,他的理由是:只要不把人医死,就有机会把人医好。同样的,股票投资者,最先要学的,不是怎样赚钱,而是怎样不亏钱。

要做到不亏钱,首先要学会止损。成功的投资者都有一个有用且简单的交易法则就是"鳄鱼原则"。该法则源于鳄鱼的吞噬方式:猎物越试图挣扎,鳄鱼的收获越多。假定一只鳄鱼咬住你的脚,如果你用手臂试图挣脱脚,则它的嘴巴便会同时咬你的脚和手臂。你越挣扎,便陷得越深。所以,万一鳄鱼咬住你的脚,务必记住:你唯一的生存机会便是牺牲一只脚。若以股票市场的语言表达,这项原则就是:当你知道自己犯了错误时,立即了结出场!不可再找借口或有所期待,要赶紧离场!

明白止损的意义固然重要,然而,这并非最终的结果。事实上,每次交易我们都无法确定是正确状态还是错误状态,即便盈利了,我们也难以决定是立即出场还是持有观望,更何况是处于被套状态下。

那么对投资者来说,该如何找到卖出股票的关键时机呢?

1. 股价大幅上扬后,成交量大幅放大,是卖出股票的时候

当股价大幅上扬之后,持股者普遍获利,一旦某天该股大幅上扬过程中出现卖单很大、很多,特别是主动性抛盘很大,反映主力、大户纷纷抛售,这是卖出的强烈信号。尽管此时买入的投资者仍多,迷惑了不少看盘经验差的投资者,有时甚至做出换庄的误判,其实主力是把筹码集中抛出,没有大主力愿在高价区来收集筹码,来实现少数投资者期盼的"换庄"目的。成交量创下近数个月甚至数年的最大值,是主力卖出的有力信号,是持股者卖出的关键,没有主力拉抬的股票难以上扬,仅靠广大中小散户很难推高股价。

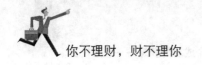

2. 股价大幅上扬后，除权日前后是卖股票的关键时机

上市公司年终或中期实施送配方案，股价大幅上扬后，股权登记日前后或除权日前后，往往形成冲高出货的行情，一旦该日抛售股票连续出现十几万股的市况，应果断卖出，反映主力出货，不宜久持该股。

3. 上升较大空间后，日 K 线出现十字星或长上影线的倒锤形阳线或阴线时，是卖出股票的时机

上升一段时间后，日 K 线出现十字星，反映买方与卖方力量相当，局面将由买方市场转为卖方市场，高位出现十字星犹如开车遇到十字路口的红灯，反映市场将发生转折。股价大幅上升后，出现带长上影线的倒锤形阴线，反映当日抛售者多，若当日成交量很大，更是见顶信号。许多个股形成高位十字星或倒锤形长上影阴线时，80%～90% 的机会形成大头部，此时应果断卖出股票。

另外，卖出时点，也就是止损点的设立也要有一定的技巧。我们可以用移动止损点来卖股票。移动止损点是较为有效的止损技术之一，同时由于它使用简单，所以更适合普通投资者和新手。一般而言，移动止损点通常用于短线投机交易。

移动止损点的方法如下：在你建仓后，你根据市场的活跃性、你的资金损失承受能力或价格的阻力/支持位情况，设立你的原始止损位。原始止损位离开你的建仓价格根据情况不同可能会有 5%～8% 或 1 个价格点位的差别。当价格向你期望的方向移动后，你尽快将你的止损位移至你的建仓价格，这是你的盈亏平衡位置，即平衡点止损位。在这个时候，你有效地建立了一个"零风险"的情况，或一个"免费交易"。你可以在任何时候套现你的部分盈利或全部盈利；当你止损出场时，你没有损失，最多在交易佣金和价格滑动方面有些微小损失。

移动止损点建立好以后，你的下一个目的是套现平仓。如何套现平仓具有很强的技术性，而且每个人根据自身的情况和市场的情况不同会采用不同的平仓方法。但是不管你采用什么样的平仓技术，随着股票价格的上升，你必须相应地调节你的止损位置，以适应价格的变化。

下面是一个例子来说明移动止损点的运用：你在 10 元的地方买入一只股票，你的原始止损位设立在 9.20 元，而移动止损设定为 1 元。这时股票

价格可能会发生几种变化，股票价格自你买入后从来没有上扬，一路下跌，于是你在9.20元止损出场。股票价格上扬至11元，于是根据设定的移动止损1元，此时止损位变为10元，股票随后下跌，跌破你的止损位，你在该点清仓出场。你做了一笔正确的交易，股票开始朝你期望的方向越走越远。你必须要有平常的心态看待市场的波动，并调整你的止损位。按照上述例子，当股票价格上升至12元，止损位为11元；或价格升至13元，止损位为12元。

如何调整止损位取决于几个因素：市场的波动性（活跃性），你的交易时间段（线路越长，止损越宽），支持位情况（如果该价格附近有重要支持位存在，可以考虑在支持位下面一点点的地方止损），然后寻找合适的目标价格，套现平仓。

总之，作为投资者一定要记住，世界上没有万能的理论，没有万能的技术分析方法，没有万能的分析师，任何高明的理论、精密的方法、高超的分析师都有错的时候，只有及时地止损可以救你，让你免受更重大的损失。

八、不要把鸡蛋放在同一个篮子里——学会建立自己的股票池

投资，到底要分散一点好呢？还是将鸡蛋放在同一个篮子里好呢？让我们来看一个例子：

1985年至2002年间，如果将钱全部投资在美国S&P股票上，以及把投资组合改为股债6∶4的方式，那么结果会如何？答案是，两者的报酬率只差3%，而后者却使风险降低了40%。

所以，投资的第一件事是分散，而不是重押。无论市场有多火爆，你都要保持一份清醒。

我们总是认为"高风险高报酬"是一件再正常不过的事情，其实，如果能够达到"中报酬、低风险"。长期积累的净收入将会非常惊人。更何况，一旦让高风险造成高损失时，想要翻本所要花的力气和时间是超额的。

分散投资并不是多买几只股票那么简单。有的投资者手中甚至拥有十几只股票，原因是套住了他就又去买新的，这样盲目的投资毫无意义。真

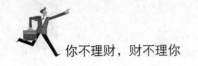

正有益的分散投资应当遵循下列规则:

(1) 不要集中购买某一只股票,即使该企业业绩优良也要提防意外。

(2) 避免全部资金投入同一行业的股票,以免碰上行业性不景气。

(3) 切忌在同一时间购买各种股票,因为按照惯例,派息前股价往往会骤然升高,同时银行利率、物价等因素也会导致股市在某一时间发生动荡。只有将资金分散于不同股票、不同行业、不同地区、不同时间进行投资,才能收到好的效果。

不要把鸡蛋放在同一个篮子里
——学会建立自己的股票池

需要特别指出的是,充分地分散投资风险后,虽不太可能会遇上最坏的情况,但也不可能遇上最好的情况,而最有可能发生的情形就是不好也不坏,投资回报率非常接近平均数值,这就印证了这样一条规律:分散风险固然可以减少糟糕局面的出现,但是出现最好局面的可能性也被一同抹杀了。

不可否认,大多数成功投资人士都是采取了集中投资的原则,因为很少有人既是股票投资专家,又是房地产投资专家。所以,假如你对某项投资相当得心应手,完全可以集中投资。假如你对大部分投资对象都没有把握,那么还是采取分散投资吧,毕竟你所获得的投资回报率将会非常接近平均回报率。

第六章 拥有自己的投资顾问团队
——基金投资

作为现代社会一种重要的投资方式，基金投资已逐渐被国内的投资者所接受，尤其是在股市低迷时期，相对运作更专业，风险相对较小的基金受到了许多人的青睐。然而，面对花样繁多的基金品种，如何才能实现低风险、高回报，投资者应掌握一定的技巧。本章将向投资者介绍相关内容。

一、学会养"基"赚钱——基金的概念、特点与种类

假设某人有一笔钱想进行投资，但是个人投资者既无精力也无专业知识，而且资金也不多，就想到与其他10个人合伙出资，雇一个投资高手，操作大家合出的资产进行投资增值。然后推举其中一个最懂行的牵头，定期从大伙合出的资产中按一定比例提成给他，由他代为付给高手劳务费报酬。当然，由于这个人牵头出力张罗大大小小的事，不可白忙，提成中的钱也有他的劳务费，这种方式叫作合伙投资。

这种民间私下合伙投资的活动如果在出资人间建立了完备的契约合同，就是私募基金（在我国还未得到国家金融行业监管有关法规的认可）；如果这种合伙投资的活动经过中国证券监督管理委员会审批，允许这项活动的牵头操作人向社会公开募集吸收投资者加入合伙出资，就是发行公募基金，也就是大家现在所常见的基金。

通俗地说，基金就是通过汇集众多投资者资金，交给银行托管，由专业的基金管理公司负责投资于股票和债券等证券，以实现保值增值目的的一种投资工具。基金增值部分，也就是基金投资的收益归持有基金的投资者所有，专业的托管、管理机构收取一定比例的管理费用。基金是以"基金单位"作单位的，在基金初次发行时，将其基金总额划分为若干等额的

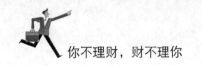

整数份，每一份就是一个基金单位。例如，某只基金发行时的基金总额共计50亿元，将其等分为50亿份，一个基金单位是一份，代表投资者1元的投资额。

基金的分类主要以招募说明书中基金所确定的资产配置比例、业绩比较基准以及投资目标为基础。招募说明书中基金所确定的资产配置比例、业绩比较基准以及投资目标代表了基金对投资者的承诺，构成了对基金经理未来投资行为的基本约束。以此为依据进行基金分类，可以保证分类的稳定性与公平性。

1. 收入型基金、成长型基金和平衡型基金

按照投资风险与收益目标划分，基金可分为收入型基金、成长型基金和平衡型基金。

收入型基金以追求为投资者带来高水平的当期收入为目的，投资于各种可带来收入的有价证券。它可分为固定收入型基金和股票收入型基金。一般来说，收入型基金非常受较保守的投资者及退休者欢迎。这些人的主要投资目标是最大可能的当期收入，并希望能够保住本金。

成长型基金以追求资本的长期成长为投资目的，主要投资于成长型公司的股票，这种股票的价格预期上涨速度快于一般公司的股票。它又可分为稳定成长型基金和积极成长型基金。

平衡型基金是指以支付当期收入和追求资本的长期成长作为共同目的的投资基金。平衡型基金在以取得收入为目的的债券及优先股（一般比例在25%～50%）和以资本增值为目的的普通股之间进行权衡，这种基金稳定性较好，股利和股息都较高，但成长潜力不大。

2. 开放式基金和封闭式基金

根据基金单位是否能够赎回，投资基金可以分为开放式基金和封闭式基金。开放式基金是一种发行额可变，基金份额（单位）总数可随时增减，投资者可按基金的报价在基金管理人指定的营业场所申购或赎回的基金。封闭式基金事先确定发行总额，在封闭期内基金份额总数不变，发行结束后可以上市交易，投资者可通过证券商买卖基金份额。

投资封闭型基金类似于普通股票交易，基金凭证的价格由市场供需状况决定，并不一定反映基金的资产净值，在投资期间投资者中途不得抽回

资金,基金公司所筹资金不以现金资产形式存放,可完全投资于其他证券,因而,投资收益往往高于开放式基金。由于封闭式基金资产稳定性强、便于交易、流动性好以及低运作成本,因此它仍然具有一定的市场空间。

开放式基金,是指基金规模不是固定不变的,而是可以随时根据市场供求情况发行新份额或被投资人赎回的投资基金。封闭式基金,是相对于开放式基金而言的,是指基金规模在发行前已确定,在发行完毕后和规定的期限内,基金规模固定不变的投资基金。

3. 特殊种类的基金

除了上面介绍的一些分类方法,还有一些比较特殊的种类基金类型,较常见的有以下几种。

(1)指数型基金。根据市场指数的采样成分股及比重,来决定基金投资组合中个股的成分和比重。目标是基金净值紧贴指数表现,完全不必考虑投资策略。只要指数成分股变更,基金经理人就跟随变更持股比重。由于做法简单,投资人接受度也高,目前指数化投资是投资者比较青睐的投资方式。

(2)可转换公司债基金。投资于可转换公司债券,股市低迷时可享有债券的固定利息收入。股市前景较好时,则可依当初约定的转换条件,转换成股票,具备"进可攻、退可守"的特点。

(3)基金中的基金。顾名思义,这类基金的投资标的就是基金,而非股票、债券等,因此又被称为组合基金。基金公司集合客户资金后,再投资自己旗下或别家基金公司目前最有增值潜力的基金,搭配成投资组合。

(4)伞型基金。伞型基金的组成,是基金下有一群投资于不同标的的子基金,且各子基金的管理工作均独立进行。只要投资于任何一个子基金,即可任意转换到另一个子基金,不需额外负担费用。

(5)对冲基金。对冲基金采用各

学会养"基"赚钱——
基金的概念、特点与种类

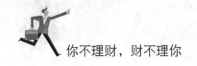
你不理财，财不理你

种交易手段（如卖空、杠杆操作、程序交易、互换交易、套利交易、衍生品种等）进行对冲、换位、套头、套期来赚取巨额利润。例如，比较著名的对冲基金有乔治·索罗斯的量子基金、朱里安·罗伯林的老虎基金等。早期的对冲基金可以说是一种基于避险保值的保守投资策略的基金管理形式。这类基金给予基金经理人充分授权和资金运用的自由度，基金的表现全赖基金经理的操盘功力，以及对有获利潜能标的物的先知灼见。只要是基金经理认为"有利可图"的投资策略皆可运用，如套取长短期利率之间的利差；利用选择权和期货指数在汇市、债市、股市上套利。

二、谁在帮我赚钱——基金的运作原理

基金是一种间接的证券投资方式。基金管理公司通过发行基金单位，集中投资者的资金，由基金托管人（即具有资格的银行）托管，由基金管理人管理和运用资金，从事股票、债券等金融工具投资，然后共担投资风险、分享收益。

基金组织，在公司型基金中是一个有形的机构，通常设有基金持有人大会、基金公司董事会及其他办事机构。其中，基金持有人会议是基金公司最高权力机构，董事会负责对日常重大事项做出决策。在契约型基金中，基金组织是一个无形机构。虽然有关法律法规规定，基金持有人大会是证券投资基金的最高权力机构，但在契约型基金中，基金持有人难以集中开会，也就难以落实各项法定权力，所以在实践中，许多人认为，基金组织在相当多场合只是一种名义上的存在。

所谓基金管理人，是指凭借专门的知识与经验，运用所管理基金的资产，根据法律、法规及基金章程或基金契约的规定，按照科学的投资组合原理进行投资决策，谋求所管理的基金资产不断增值，并使基金持有人获取尽可能多收益的机构。

基金托管人是负责基金发起设立与经营管理的专业性机构，通常由证券公司、信托投资公司或其他机构等发起成立，具有独立法人地位。

基金托管人是投资人权益的代表，是基金资产的名义持有人或管理机构。为了保证基金资产的安全，基金应按照资产管理和保管分开的原则进行运作，并由专门的基金托管人保管基金资产。目前我国只有中国工商银行、中国农业银行、中国银行、中国建设银行、交通银行五家商业银行符

合托管人的资格条件。

在证券投资基金组织体系中,基金组织是信托关系中的委托人(在公司型基金中,基金公司是委托人;在契约型基金中,投资者一旦购买了基金证券,也就具有了委托人的身份);基金管理人是信托关系中的受托人;基金托管人是信托关系中的基金资产监护人。由于在信托关系中,委托人一旦与受托人达成协议,将财产转移给受托人管理,在法律上,就视这些财产为受托人所有,委托人不能超越信托协议的规定干预受托人对财产的运作、管理和处分,所以,在现实中,一旦将基金资产转移给基金管理人管理运作,基金公司就没有多少日常经营事务了,由此,基金公司的存在及其运行费用,有多少经济意义值得怀疑。这是导致公司型基金减少而契约型基金快速增加的一个基本原因。同时,基金持有人或基金公司,为了保障自身的利益,促使基金管理人信守职责,防止资产损失和收益损失,又委托基金保管机构,从维护基金持有人的权益出发,负责保管基金资产,并监督基金管理人对基金资产的投资运作。这种运用资产托管机制来制约信托资产运作的关系,在一般的信托关系中,是不存在的,因此,它构成了投资基金信托关系中的一个基本特点。

三、不求最贵,但求最好——选择基金的策略

市场上的基金有很多类型,不同的类型基金会有不同的投资风格,即使是同类型基金中的各只基金也会有不同的投资对象、投资策略等方面的特点。因此,投资者在选择基金品种时,就需要进行各方面的考察和权衡。具体来说,投资者可根据以下三点确定适合自己的投资目标。

1. 确定投资种类

这一步主要是根据自己的年龄特点选择基金品种。一般而言,处于青年时期的年轻人事业处于起步阶段,虽然经济能力不会太强,但家庭或子女的负担较轻,收入大于支出,风险承受能力较高,投资期限应该相应交叉,股票型基金或者股票投资比重较高的平衡型基金都是很好的选择;中年的家庭生活和收入相对比较稳定,已经成为开放式基金的投资主力军,但由于中年人家庭责任大,负担重,风险承受能力处于中等,投资时应该在考虑投资回报率的同时坚持稳健的原则。可以结合自己的偏好和经济基

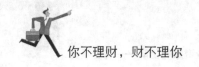

础进行合理的选择,最好把风险分散化,尝试多种基金组合;而老年人一般没有额外的收入来源,主要依靠养老金及前期投资收益生活,风险承受能力比较小,而且投资期限不会很长。这一阶段的投资以稳健、安全、保值为目的,通常比较适合平衡型基金或债券型基金这些安全性较高的产品。

2. 根据投资期限选择基金品种

短期投资是指投资期限在 2 年以内的投资,其重点就在债券型基金、货币市场基金这类低风险、收益稳定的基金产品上。特别是货币基金流动性几乎等同于活期存款,又因其不收取申购、赎回费用,投资者在用款的时候可以随时赎回变现,在有闲置资金的时候又可以随时申购,可以首选短期投资;中期投资是投资期限 2~5 年的投资,除了股票类基金等风险高的基金产品,还要加入一些收益比较稳定的债权型或平衡型基金,以获得比较稳定的现金流入。但是,由于买进卖出环节都必须交纳手续费,所以一定要事先算好收益成本;长期投资是投资期限在 5 年以上的投资,可以投资于股票型基金这类风险系数比较大的产品。这样既可以抵御一些投资价值短期波动的风险,又可获得长期增值的机会,预期收益率会比较高。

3. 根据风险和收益选择基金品种

从风险的角度看,不同基金给投资者带来的风险是不同的,其中,股票基金的风险最高,货币市场基金和保本基金的风险最小,债券基金的风险居中。

对于风险承受能力低、投资在收入中所占比重较大的投资者来说,货币市场基金是一个不错的选择,可以作为储蓄的替代品种供投资者选择;对于风险承受能力稍强的投资者来说,则可以选择债券基金;而对于承受风险能力比较强,且希望有更高收益的投资者来说,选择指数增强型基金则比较合适;对于风险承受能力很强的投资者来说,选择偏股型基金会更理想。

四、从哪些渠道可以买到基金——基金的销售渠道

基金的购买渠道一般有三种,各自都拥有不同的优缺点,投资者应根据自身的具体情况选择适合自己的基金购买渠道。

1. 银行柜台交易

银行是最传统的代销渠道,基金公司一般会将该只基金的托管行作为主代销行。

银行在人们心目中的信誉非常好,直到现在,仍有投资者认为去银行购买基金踏实、放心。对于投资者而言,银行最大的优点在于其服务网点众多,购买十分方便。

但是银行代销的基金种类有限,不同银行代销的基金种类也不同。投资者如果要购买多只基金,往往很难在一家银行办理妥当。并且银行通常并不代销一家基金公司旗下的所有基金,这就给以后可能需要的基金转换等业务带来麻烦,另外,投资者通过银行购买基金,通常不能获得申购费的优惠,股票型基金需要缴纳1.5%的申购费。

2. 证券公司代销

证券公司也是一个传统的基金代销渠道。

大型券商,如银河证券、国泰君安等代销的基金种类非常齐全,投资者可以通过券商的网上交易系统,在统一的操作界面下进行基金买卖,十分方便。对拥有股票账户的投资者来说,通过证券公司,可以在二级市场上买卖LOF基金,并且通过券商购买基金还可以获得一定的申购费率优惠。

而券商代销渠道的主要缺点在于网点比较少,由于办理开户手续只能在股市开盘期间(上午9:30至11:30,下午1:00至3:00),对很多上班族来说,比较不方便。

3. 基金公司直销

基金公司直销有两种:柜台直销和网上直销。

柜台直销是一个传统的销售渠道,以服务VIP客户为主,有专业的服

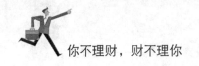

务人员提供咨询服务，而且还可以获得费率上的优惠和折扣。缺点是网点很少，而且门槛也比较高，不适合中小投资者。

随着网络的普及，网上直销逐渐成为一种新兴的交易渠道，大部分基金公司均已开设网上直销服务。大部分基金公司的网上直销提供了费率优惠，很多基金公司的股票型基金网上直销申购费仅为0.6%，不受地域限制，而且提供24小时服务，十分方便，并且由于节省了基金公司和代销渠道之间划转资金的时间，赎回基金后资金可以更快到账。

但是，不同基金公司往往要求的结算卡不同，比如用广发卡可购买广发旗下的基金，但不能购买上投摩根的基金，用建行卡可购买华夏旗下的基金，却不能购买广发的基金，所以，如果购买多只基金，往往需要为该基金组合办理不同的银行卡；当投资者购买的基金比较多且涉及多家基金公司时，相对证券公司的交易系统，操作还是相对比较费时的。

五、基金投资也会赔本——基金投资的风险和误区

如今已经有越来越多的人开始投资基金，但常常有一些投资者由于对基金的认识不够，陷入投资的误区。

市场有风险，投资须谨慎。无论基金的经营者多么注意风险的控制防范和采用科学的组合投资来分散非系统性的风险，但是任何人和任何措施都无法彻底地消除系统性风险，因而基金的投资风险大小主要取决于整个组合的系统性风险。当投资对象的系统性风险较高，必然不利于基金分散投资这一优势的发挥。尽管基金公司在制度上已经做好了风险控制的措施，但仍然避免不了市场的系统性风险，这就是为什么在股指暴跌的时候，基金也难以幸免。而基金经理的选股和市场判断能力，可能存在的道德风险，也会对资金的安全度带来直接影响。

根据类型不同，各类基金的风险收益基本是：股票型基金＞平衡型基金＞债券型基金＞货币市场基金。如果遇到像2007年2月27日那样的股市暴跌，净值受挫到8%以上的股票型基金就会遍地皆是，平衡型基金受伤略轻，而债券型基金更次之，货币市场基金就基本是毫发无损了。

通常来说，投资者购买基金的风险主要有以下三个方面。

1. 流动性风险

投资者在需要卖出基金时，可能面临变现困难和不能在适当价格变现的困难。由于基金管理人在正常情况下必须以基金资产净值为基准承担赎回义务，投资者不存在通常意义上的流动性风险，但当基金面临巨额赎回或暂停赎回的极端情况下，基金投资者可能无法以当日单位基金净值全额赎回，如选择延迟赎回则要承担后续赎回日单位基金资产净值下跌的风险。

2. 基金投资风险

不同投资目标的基金，有不同的投资风险。收益型基金投资风险最低，成长型基金投资风险最高，平衡型基金居中。投资者可以根据自己的风险承受能力，选择适合自己财务状况和投资目标的基金品种。

3. 机构运作风险

开放式基金除面临系统风险外，还会面临管理风险、经营风险等。其实，资金风险更多来自基金管理人的风控和投资能力。目前，国内基金公司都建立有一套完整的风险控制机制和风险管理制度，并在基金合同和招募说明书中予以明确规定：包括设立风险控制委员会，严格按照法定比例和范围进行投资，内部进行检查稽核控制等。

个别投资者寄希望于投资新基金而使自己一夜暴富，这里要特别明确这一点，这样的想法是不可能的。由于新基金盘子大，因此基金的管理者注重对投资组合的风险控制。一般基金的管理者都将资金分散于多个行业，并加强了对投资组合的流动性管理，使风险控制有了很大的保障。同时，管理层对新基金的运作进行了严格监管，目的就是防范投资者违反规范操作而获得超额利润。

六、能进能退，乃真正法器——如何规避基金投资风险

任何投资行为都会有风险，既然了解了基金投资的风险，我们就要想办法防范这种风险，避免给自己造成投资的损失。对于投资者来说，可以运用下列几种方法来规避基金投资的风险。

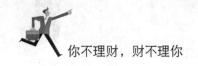

当我们谈市场时机选择的问题时,因为是回头看,所以我们看得清市场的波动,也因此可以讲,应该在这个时点买进,那个时点卖出。而在具体的投资操作时,我们面对的是未来的市场,对于上涨和下跌很难准确把握,事实上经常出现的情况是买入不久后股市下跌了,或者急急忙忙地赎回了,股市却一路疯涨。投资基金不必像投资股票一样,对时机问题那么敏感。基金净值虽然会随着股市波动起伏,但基金有专业的研究团队,基金经理自然会根据市场波动去调整,放宽时间段来看,只要选择了优质的基金,还是可以获得不错的收益的。而且,基金本身也不是短线投资的产品,从各类投资工具比较来看,基金是一个中间产品,收益和风险都处于中等水平,适合于中长期投资者。

那么,对于刚刚入市的投资者应该如何操作呢?

降低风险是最有效同时也是最广泛地被采用的方法,就是分散投资,即马克·吐温所说的"不要将所有的鸡蛋放在同一个篮子里"。这种方法具有降低风险的效果。所以,投资者首先应该根据风险接受程度进行选择。如较积极或风险承受力较高,以偏股型为佳,反之则以混合型为好;选择2～3家基金公司的3～5只基金,以分散投资风险;选出好公司中表现优秀的基金。如果过去3～12个月的基金业绩表现比指数好,应该不会太差。但不论资金多寡,同时追踪的基金不应超过5个,否则就不易深入了解每只基金。何况基金本身持股就很分散,已在很大程度上降低了风险;买基金后还要坚持做功课,关注基金的涨跌,并与指数变动作比较,由此提高对基金业绩的研判能力。此外,还可登录基金公司网站,收集基金持股资料及基金经理的观点,提升对基金业的认识,几个月后你对投资基金就会有一定的了解了。

另外,基金定投也是降低投资风险的有效方法。目前,很多基金都开通了基金定投业务。投资者只需选择一只基金,向代销该基金的银行或券商提出申请,选择设定每月投资金额和扣款时间以及投资期限,办理完相关手续后就可高枕无忧,坐等基金公司自动划账了。目前,好多基金都可以通过网上银行和基金公司的网上直销系统设置基金定投,投资者足不出户,轻点鼠标,就可以完成所有操作。

基金定投的最主要优点是起点低,成本平摊,风险降低。不少基金一次性申购的起点金额为5000元,如果做基金定投,每月只需几百元。中国工商银行的基金定投业务的每月最低申购额仅为200元人民币,投资金额级差为100元人民币。招商银行的最低门槛也只有500元。长期坚持会积少成多，使小钱变大钱，以应付未来对大额资金的需求。而且长期的获利将远超过定存利息所得。并且投资期间愈长，相应的风险就越低。一项统计显示，定期定额只要投资超过10年，亏损的概率则接近零。

需要注意的是，投资者必须要指定一个资金账户作为每月固定扣款账户，并且这个账户是进行基金交易时的指定资金账户。如果到了扣款日因投资者账户内资金余额不足则会导致该月扣款不成功，因此投资者需要在每月扣款日前在账户内按约定存足资金。

相对于股票来说，基金买卖的手续费比较高。所以，如果每次市场行情下跌时，投资者都选择赎回基金、等市场行情上涨的时候再申购的方式，这无疑会增大投资成本。其实，完全没必要这样操作，现在很多基金公司都为投资者提供了基金转换业务，即在同一家基金公司旗下的不同基金之间进行转换，一般的做法是在高风险的股票型基金与低风险的债券型基金、货币市场基金之间进行相互转换。

投资者利用基金转换业务，可以用比较低的投资成本，规避股市波动带来的风险。通常来说，当股市行情不好时，将手中持有的股票型基金等风险高的投资品种，转换为货币市场基金等风险低的品种，避免因股市下跌造成的损失；当市场行情转好时，再将手中持有的货币市场基金等低风险低收益品种转换成股票型基金或配置型基金，以便充分享受市场上扬带来的收益。所以，投资者在最初选择基金时，也应该考虑该基金公司旗下的产品线是否齐全，是否可供市场波动时进行基金转换。

七、减少一切不必要的费用——建立基金投资组合

基金组合是降低风险、稳定收益的有效方法。掌握了基金组合的技巧，投资者就不会出现较大的损失，在安全的前提下赚钱。

在基金投资组合建立的过程中，一定要重视核心组合的建立。核心组合是投资者持有投资组合中，用以实现其投资目的的主要部分，它是整个投资组合的坚实基础。如果将构建基金组合比作盖房子，构建核心组合则是打地基。地基是否牢固直接决定了房子以后的稳固，因此构建核心组合也对投资者最终投资目标的实现起着决定性的作用。

核心基金应该是业绩稳定、长期波动性不大的基金。这就要排除那些

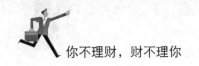

回报波动非常大的基金。业绩稳定的基金虽然往往不是那些最抢眼的基金，但却起着组合稳定器的功能，在组合中其他基金回报大幅下降的时候，可以减少整个组合回报的下降幅度。

投资者在基金组合的过程中，往往会出现一些错误，从而使自己的基金组合出现问题，不能达到自己的预期收益。因此，建立基金投资组合的时候还应避免犯以下错误。

（1）缺乏一个明确的投资目标。股票型基金通常是为了实现资本增值，而投资于债券型基金或者货币型基金往往是为了获得稳定的收益。对投资者来说，应根据其扮演的角色来确定合理的投资收益预期。

（2）同类基金选择失当。投资者可以时常检查自己持有的基金风格，是否持有过多同类风格的基金。投资者可将持有的基金按风格分类，并科学地确定各类风格基金的比例。某类基金的数目过多时，应考虑选择同类业绩排名中较好者，卖出业绩较差者。

（3）费用过高。如果两只基金在风格、业绩等方面都相似，投资者不妨选择费用较低的基金。从较长时期看，运作费率为1%和2%的基金在收益上会有非常大的差别。

（4）非核心投资过多。核心组合外的非核心投资可增加组合的收益，但同时也具有较高的风险。如果投资者投资过多的非核心部分，就会削弱核心组合的投资收益，在不知不觉中承担了过高的风险，会阻碍投资目标的实现。

八、如何评价自己的投资业绩——有效监控基金投资组合

有些投资者在购买了基金投资之后，往往就当起了"甩手掌柜"，置之不理，放任自流。这是投资的一大忌。要使自己的基金组合获得收益最大化，就必须养成定期检查、调整投资组合的良好习惯。具体来说，投资者可从以下三个方面操作。

1. 监控业绩表现

投资基金就是为了赚钱，因此业绩表现往往是监控的重点。投资者定期检查业绩表现时，可选择不同的范围来考察收益情况，并将长期收益率与设定的业绩预期目标进行比较。当然，基金组合的收益不可能在每次检

查时都与期望的收益相同。因此，如果基金投资组合在选定的期限内未能达到预期收益，不必惊慌；如果收益水平大大超出预期，也无需过度高兴。但如果损失超出了自己的承受范围，则意味着投资组合的风险超过了预期，这时，就有必要对其进行重新评估和调整了。

2. 监控基金组合特性

基金投资组合的业绩固然重要，但其特性也同样非常重要。通过观察基金组合的资产配置、风格分散程度、股票行业分布、股票类型、股票基本面、前十大重仓股等因素，投资者可了解组合特性的变动程度，以及变动是否影响实现投资目的。

基金组合中的每项投资是随着市场的波动而不断变化的，此外，基金经理也会买入卖出证券进行调整，因此，组合内各项投资的比例关系多少会不断变化，组合的特性也可能发生变化。如果忽视特性的变动，可能会使投资者在不知不觉中承受了预期外的风险，甚至影响自己投资目标的实现，投资者可根据具体情况调整自己的基金组合。

3. 监控基本面

基金基本面对基金业绩的影响很大，因此投资者要随时关注投资组合内各基金基本面的变化。如果某只基金的多项特征已不再符合自己当初投资的筛选标准，就应考虑对其重新评估。

例如，三年前投资者购进一只基金充当小盘成长型的角色，当时的选择标准是：基金的评级在四星级以上，两年和三年的总回报率在同类基金中位居前二分之一。然而，现在该基金却已演变成中盘成长型，评级为二星级，总回报率在同类基金排名中位于后三分之一。那么，该基金的基本面就已发生根本的变化，投资者需要考虑寻找更适合自己投资组合的基金将其替换掉。

第七章 把握投资者的最爱
——把握债券投资

债券的利息要普遍高于银行存款利息，而且相对于股票和期货来说，投资债券所需承担的风险要小得多。因此，对于想获得高于银行利息的回报而又不愿承担风险的投资者来说，债券无疑是一种良好的投资品种。

一、债券的概念与特征

案例：

《郑州晚报》报道：从2009年3月16日到25日，中国财政部发行了2009年凭证式（一期）国债300亿元，其中3年期210亿元，票面年利率3.73%；5年期90亿元，票面年利率4%。在郑州，2009年凭证式（一期）国债发行的第一天，被市场人士称作"金边债券"的国债，开门不长时间即告售罄，多数银行网点都是在20分钟之内卖完了承销额度。

东风路上的一家中信银行的工作人员说："早上10点之前就卖完了。"据介绍，其实该银行网点也只是卖出去了一笔，有十几万元。但是，总体的额度太少了，郑州地区的中信银行也只有300万元。

据了解，各个银行网点的承销额度有限，一般只有十几万元到几十万元，所以很快就告售罄。不仅郑州如此，外省也出现了客户排长队购买2009年凭证式国债的情况。在客户之中，一些老年人尤其偏爱国债。

为什么债券受到如此多的投资者的青睐，这还得从债券的概念和特点说起。债券是投资者向政府、公司或金融机构提供资金的债权债务合同，该合同规定发行者在指定日期支付利息并在到期日偿还本金。与投资于银行存款相比，投资于债券具有较高的收益率；与投资于股票、期货相比，投资于债券的风险较低。因此。对于想获得高于银行利息的回报而又不愿承担过高风险的投资者来说,债券是一种良好的投资品种。

随着经济日益发展,为了更好地吸引投资者,扩大融资,债券的品种越来越多,但总的来说,债券具有以下四个特征。

1. 收益性

投资债券主要是通过获取利息而获得收入,由于债券的风险要大于银行存款,从而利率也比较高,可见,如果债券发行者的信用良好,能按时支付利息和本金,投资债券就可以获得稳定的且高于银行存款利率的利息收入。投资者还可以在证券市场上通过较低价买进、较高价卖出获得债券的价差收入。

2. 期限性

债券是有期限的,到期日必须偿还本金,且每半年或一年支付一次利息,而股票一般都是永久性的。但历史上也存在无期公债,或永久性公债,即不规定到期时间,债券持有者只能按期取得利息。

3. 安全性

债券在市场上能抵御价格下降的性能,有些债券虽然流动性不高,但其安全性较好,因为它们经过较长一段时间后就可以收取现金或不受损失地出售。虽然如此,债券也有可能遭受市场风险和违约风险。市场风险是指债券的市场价格随资本市场的利率上涨而下跌,因为债券的价格是与市场利率呈反方向变动的。当利率下跌时,债券的市场价格便上涨;而当利率上升时,债券的市场价格就下跌。而债券距离到期日越远,其价格受利率变动的影响越大。而违约风险则是指债券的发行人不能充分和按时支付利息或偿付本金的风险,这种风险主要决定于发行者的资信程度。一般来说,政府的资信程度最高,其次为金融公司和企业。

4. 流动性

债券的流动性要弱于股票的流动性,但随着债券市场的开放,几乎所有的证券营业部或银行部门都开设有债券买卖业务,且收取的费用都比较低。债券的发行者的信用等级较高,发行量较大,流动性就越大。另外,债券持有人还可到银行等金融机构进行抵押,以取得相应数额的抵押贷款。

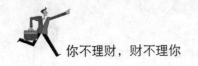
你不理财,财不理你

二、债券的基本要素

债券的基本要素是投资者必须了解的内容。一般来说,债券主要由面值、期限、价格、利息率和收益率以及偿还方式等组成。

1. 面值

面值,就是指债券的面额,我国发行的债券面额一般都是 100 元。比如说,你要用 10000 元买国债,在平价发行的情况下,就可以买 100 张债券(溢价发行和折价发行另当别论)。而这 10000 元则可以称为本金,即我们常说的本钱。如果没有特别说明,这里的钱币单位一般是人民币。

2. 期限

顾名思义,期限就是从债券的发行日到债券的偿还日。可别看它只是一个时间段,这个时间段的长或短,将决定投资者收回本钱的迟或早,在利息率不变的情况下,期限越长,利息越多;期限越短,利息越少。但是,期限越长,收回本钱和利息的不确定性也越大,从而风险越大,所以一般期限越长,利率越高,用于风险补偿。期限和利息率一起决定了投资者应得到利息的多和少。

3. 价格

债券价格包括债券的发行价格和转让价格。债券第一次公开发行时,存在平价发行、溢价发行和折价发行三种情况,也就是说它的卖价就不一定是它的面值 100 元,不管它是卖 100 元以上,还是 100 元以下,只要是市场上第一次发售的价格,我们就认为它是这种债券的发行价格。

债券是可以在市场上流通的金融工具,投资者因为某些原因不愿再持有该债券,则可以将买来的债券又转手卖出去,投资者经手的这个再一次卖出的价格,可以看作该债券的一个转让价格,如果这个债券无休止地转让下去,那么,这个债券将有很多个转让价格。

可见,债券的价格,从理论上讲是由面值收益和供求等因素来共同决定的。

4. 利息率和收益率

利息率就是利息占本金的百分比,它一般就写在债券的票面上,它能在本金的基础上衡量投资者应该得多少利息。利息的支付有多种形式,有到期一次性支付、按年支付、半年支付一次和按季付息等,而且不同债券的支付形式不同,这些都应在债券的票面上表明。收益率,则是投资者投资债券可以获得的收益与其投入的本金的比值,因为投资债券,投资者获得的并不仅只有利息,还可能会有债券价差,可以是债券发行价格同面值之间的差额(溢价发行的情况就要在收益里扣除溢价部分),也可以是债券转让(即卖出)价格与投资者买入价格之差,同时,债券的收益还包括将前期得到的利息再投资而获得的收益。

所以,投资收益不等于投资利息收入,利息率当然就不等于收益率。

5. 偿还方式

当债券到期时,债券的发行人就需向投资者支付本金,即为债券的偿还。由于债券可能在流通中不断地转手易人,所以这里的购买人就不一定是当初第一次发售时的购买人,但债券到期偿还时,只还给它的最终持有人。债券的票面上不仅要写清楚偿还的日期,还要写明偿还的方式,偿还方式主要有到期日之前偿还、到期一次性偿还和延期偿还。

三、A、AA、AAA——债券的信用评级

如前所述,债券主要面临的是违约风险,即债券发行人未履行规定的支付本金和利息的义务,而给投资者带来损失的可能性。债券的信用评级是反映债券违约风险的重要指标。对企业来说,信用评级非常重要,特别是世界著名的评级机构,它们的信用评价会对企业的债券价格、投资者的预期等产生很大影响。美国是目前世界上债券市场最发达的国家,所拥有的债券评级机构也最多。

进行债券信用评级主要是方便投资者进行债券投资决策。因为债券的信用风险因发行者偿还能力不同而有所差异,只有对发行人的资产负债状况、收益情况、经营前景等方面进行全面评估,才能确定该债券发行者的偿还能力。但对广大投资者尤其是中小投资者来说,由于受时间、知识和

信息的限制，无法对众多债券进行分析和选择，因此需要专业机构对准备发行债券的还本付息可靠程度进行客观、公正和权威的评定，也就是进行债券信用评级，以方便投资者决策。

目前国际上公认的最具权威性的信用评级机构，主要有美国标准·普尔公司、穆迪投资服务公司和惠誉国际评级公司。尽管这几家公司的债券评级分类有所不同，但基本上可以归为投资型和投机型两大类。具体分类如下：

标准·普尔公司信用等级标准从高到低可划分为：AAA级、AA级、A级、BBB级、BB级、B级、CCC级、CC级、C级和D级。

穆迪投资服务公司信用等级标准从高到低可划分为：Aaa级、Aa级、A级、Baa级、Ba级、B级、Caa级、Ca级和C级。

惠誉国际评级公司的等级标准和标准·普尔公司一样，从高到低可划分为：AAA级、AA级、A级、BBB级、BB级、B级、CCC级、CC级、C级和D级。

一般来说，前四个级别债券信誉高，履约风险小，属于"投资级债券"，第五级开始的债券信誉低，是"投机级债券"。

A、AA、AAA——债券的信用评级

我国债券评级工作1987年才开始，而且发展相对缓慢。目前，按中国人民银行的有关规定，凡是向社会公开发行的债券，需要由中国人民银行指定的资信评估机构进行评估。我国证券交易规则规定，企业信用必须A级以上，才有资格向社会公开发行债券。

四、中国现有的债券

要在债券市场上投资赚钱，就要了解清楚中国现有的债券品种。现在，中国的债券主要有国债、金融债券、公司债券和可转换公司债券。

第七章 把握投资者的最爱——把握债券投资

1. 国债

国债是由财政部代表中央政府发行的债券,以国家信用作为偿还的保证,因此国债在所有债券品种中信用等级最高,因而通常不需要抵押品,基本上可以认为是无风险债券,从而票面利率最低,而且按照我国法律规定,投资人购买国债的利息收入免征个人所得税。

(1) 我国国债的种类。我国的国债主要分为储蓄式国债和记账式国债。

a. 储蓄式国债。储蓄式国债分为凭证式国债和电子式储蓄国债。

凭证式国债以现金购买,以"凭证式国债收款凭证"记录债权,到期凭"凭证"一次兑付本息。而电子式储蓄国债通过银行账户购买,以"电子记账"的方式记录债权,可以每年支付利息,到期自动转为活期存款。

储蓄式国债是面向个人投资者发行,不允许机构投资者投资。储蓄式国债自购买之日起计息。储蓄式国债可记名、挂失,不能上市流通,但可以提前兑付,按照实际持有时间和相应利率档次计息。

储蓄式国债主要通过银行系统发行。其利率是由财政部和中国人民银行参照同期银行存款利率及市场供求状况等因素确定。

b. 记账式国债。记账式国债以电脑方式记录债权,通过无纸化方式发行和交易。与储蓄式国债不同,记账式国债主要面向机构投资者发行。

记账式国债自发行之日起计息,每年付息一次。可以记名、挂失,而且可以上市流通。所以记账式国债的利率由国债承销团成员投标确定。

购买记账式国债须开设账户,可以通过证券公司在证券交易所开设账户,也可以在银行开设国债托管账户。记账式国债的交易可以通过银行柜台,也可通过证券交易所进行。银行柜台交易时投资者直接与银行进行交易,价格是银行根据市场情况确定的,交易成本表现为买卖差价,幅度在1%之内;而在证券交易所进行交易,则是不同投资人进行买卖,由买卖双方的报价共同确定均衡价格,交易成本则是交易所收取的手续费,比例为0.1%。

(2) 国债的交易方式。国债的交易实行净价交易制度。所谓净价交易是指以除去前一次利息支付到售出这段时间内的应计利息的价格进行报价并成交的交易方式。例如,国债一年支付一次利息,假设每年12月支付当年利息,如果债券持有人决定9月将这份债券卖出,他就无法获得12月时

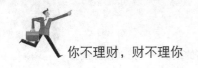

支付的利息,但当年他毕竟已经持有了9个月,所以应将这9个月的利息(应计利息额)与交易价格一起支付给出售者(即全价结算)。公式如下:

全价 = 债券交易价格 + 应计利息额

(3)投资国债的风险和收益。投资储蓄国债只能获得利息收入,不可能亏本,因此,老年人最好购买储蓄式国债。投资凭证式国债除了利息收入,还有买卖差价收入。投资者如果持有到期就不会亏本,如果"中途"由于某些原因卖出就有可能发生亏损。因为国债的价格很大程度上取决于利率的高低。而利率与国债价格之间是反向变化关系,加息会使国债价格下跌,降息会使国债价格上升。个人投资者最好购买中短期国债(10年以内),这样利率风险会小一些。

2. 金融债券

金融债券是由银行和非银行金融机构(保险公司、证券公司等)发行的债券。金融债券面向机构投资者发行,在银行间债券市场交易,个人投资者无法购买和交易。金融债券票面利率通常高于国债,但低于公司债券。

3. 公司债券

公司债券是指由非金融公司发行的债券。公司债券的违约风险最大,一旦发债公司经营不善,不能按照当初的承诺兑付本息,就会导致债券价格的大幅下跌,投资者就会蒙受损失,因而其票面利率高于国债和金融债券。部分公司债券面向社会公开发行,在证券交易所上市交易,个人投资者可以购买和交易。

4. 可转换公司债券(可转债)

可转换公司债券是由上市公司发行的,在规定时期内,债券持有人有权按照票面规定的转换价格将其转换为发行人普通股票的债务性证券。可转换公司债券在没有转换为股票前,与其他公司债券一样,具有公司债券的一般特征,同样面临着投资公司债券的风险。但其特殊性在于:持有人在一定期限内,在一定条件下,可将持有的债券转换成一定数量的普通股股份,它是一种介乎于股票和债券二者之间的混合型金融工具。可以说,可转换公司债券是一种"攻守兼备"的投资品种,如果股票市价高于转股价，投资人可以将持有的债券转换成股票，然后抛出股票获利；如果股票市价低于转股价，投资人可以选择到期兑付持有的债券。由于可转换公司债券的特殊性，相当于赋予投资者一种权利，因而其利率水平要低于一般公司债券。

五、如何提高债券的收益率

很多人认为投资债券不需要技巧，买了之后放在那，每年领取利息就可以了，其实这种想法是不对的，投资者应通过选择合理的投资策略以进一步提高债券的收益率。由于国债信誉高、收益稳定、安全，且个人投资国债的利息收入免交利息税，越来越受到众多投资者的青睐，所以这里我们以投资国债为例。

1. 选择合适的投资品种

首先投资者在投资之前，应根据自身情况，例如预期的收益率、风险容忍度，以及一些日常的流动性需求等，选择合适的投资品种。

（1）投资者如有短期的闲置资金，可购买记账式国库券或无记名国债（可以到就近的证券公司网点购买）。记账式国债、无记名国债都是可上市流通的券种，其交易价格随行就市，在持有期间可随时通过交易场所卖出（变现）。即流动性风险较小，投资人在急需用钱时可以及时将债券变现。

（2）若投资者有三年以上或更长一段时间的闲置资金，这时可以考虑购买中、长期国债。由于国债的期限越长，利息越高，进而可获得更多的收益。

（3）当投资者想采取最稳妥的保管手段时，可以购买凭证式国债或记账式国债，在购买时投资者将自己的有效身份证件在发售柜台备案，便可记名挂失。其形式如同银行的储蓄存款，但国债的利率比银行同期储蓄存款利率略高。当投资者因保管不慎等原因发生债券丢失，只要及时到经办柜台办理挂失手续，便可避免损失。

（4）当投资者能经常、方便地看到国债市场行情，并且有兴趣有条件关注国债交易行情时，则可以购买记账式国债或无记名国债，并且可主动参与"债市交易"。由于国债的固定收益是以国家信誉担保，到期时由国家还本付息，因此，国债相对股票及各类企业债券而言，具有"风险小、收益稳"的优势。

2. 选择合适的投资策略

总体来说，投资策略分为消极和积极两类，消极的投资策略，是指投资者在合适的价位买入国债后，始终持有，在国家规定的国债兑换期间不做买卖操作，这主要适合于那些不太熟悉国债交易的投资者，主要以稳健保值为投资目的。而积极的投资策略，是指根据市场利率及其他因素的变化，判断国债价格走势，低价买进、高价卖出，从中赚取买卖差价。积极的投资策略还要密切关注与国债市场有关的社会环境的变化，以决定投资国债的出入点。比如，与国债市场有着密切关系的股票市场的变化。经验证明，股票与国债之间存在一种"跷跷板"效应。即当股市下跌时，国债价格会有一定幅度的上扬；当股市上涨时，国债则会相对应地下跌。投资国债采用哪一种投资策略，关键在于个人的条件。

3. 适当地运用多种投资技巧

（1）利用时间差提高资金利用率。通常债券的发行都有一个发行期，如半个月的时间。如果发行方规定在此段时期内都可买进时，则最好在最后一天购买；同样，在到期兑付时也有一个相当长的兑付期，投资者则最好在兑付的第一天去兑现。这样，可减少资金占用的时间，相对提高债券投资的收益率。

（2）卖旧换新。当了解到新国债即将发行时，投资者提前卖出旧国债，然后再连本带利买入新国债。这样所得收益可能比旧国债到期才兑付的收益高。实施这种方式的时候有个前提条件，必须比较卖出前后的利率高低，估算是否合算。

（3）利用市场差和地域差赚取差价。例如，投资者通过上海证券交易所和深圳证券交易所进行交易的同品种国债，它们之间是有价差的。如果人们能够利用两个市场之间的市场差，就有可能赚取差价。同时，可利用各地区之间的地域差，进行贩买贩卖，也可能赚取差价。

（4）关注国债指数，把握债券变动的基本趋势。国债指数也是一个非常重要的投资参考，它是采用"市值加权平均的方法"计算出来的，反映国债市场整体变动状况和价格总体走势的指标体系。个人投资者既可以通过对国债指数走势图的技术分析，预测未来债券市场整体运行方向和价格变化趋势，又可以将国债指数当作尺子，用它来衡量自己的投资收益水平。调查表明，大多数投资者的长期投资收益低于市场平均收益率，如果运用得当，投资者可以用国债指数图指导自己的操作，提高收益。从历史数据看，国债指数的走势和 GDP 的走势趋于一致，所以关注国家经济发展和宏观调控政策，是投资国债时应该注重的。

4. 在计算国债收益率基础上做出投资决策

想要购买凭证式国债，投资者应该学会计算国债的收益率，明确了收益率，才可以综合比较它和其他理财方式在回报率、安全性、资金流动性方面的优势和劣势，合理地配置国债在自己的投资组合中占有的比例。对于已经购买储蓄国债的投资者，这点尤其重要，如果银行存贷款利率上调，是否应该"以旧换新"，将手里的债券提前兑付，转而买入利率较高的新一期国债呢？这就需要比较两者的收益率后做出判断。

例如，2006 年 9 月 1 日，财政部发行 2006 年第四期储蓄式国债时，恰逢央行上调金融机构人民币存贷款基准利率，因此财政部将新发行的 3 年、5 年期国债利率分别调整到 3.39% 和 3.81%，高于当年前三期国债利率 3.14% 和 3.49%。从票面利率看，"以旧换新"可以提高收益率，而实际上并非如此。我们以 10000 元投资为例来做计算：如果购买的是 2006 年 6 月 1 日发行的第三期国债，那么到期收益应该为 $10000 \times 3.14\% \times 3 = 942$（元）。假如到 9 月 1 日时提前兑付，持有时间为 90 天，根据"持有时间不满半年不计付利息，提前兑付要缴纳千分之一的手续费"的规定，不但要损失利息 $= 10000 \times 3.14\% \times 90 \div 365 = 77.42$（元），而且还需另付 $10000 \div 1000 = 10$（元）的手续费，共损失 87.42 元。将 10000 元换购成新的第四期国债，到期收益为 $10000 \times 3.39\% \times 3 = 1017$（元），比前三期收益仅多了 $1017 - 942 = 75$（元），减去 87.42 元损失，结果是亏损的，所以，"以旧换新"是不划算的。

但是，如果当时买的是 2006 年第一期国债，因为已经超过半年，可以付一部分利息，如果按同样的方法计算，"以旧换新"是划得来的。

因此，投资者要根据自己的实际情况，在计算收益率的前提下做出正确的决策。

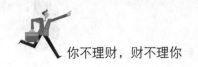

5. 学会观察国债收益率曲线

这主要是针对投资记账式国债的投资者，利率、时间和买进价格是记账式国债投资的三要素，交易所上市的新旧国债有几十只，价格、利率、年期各不相同，怎样投资才能获益更多呢？这就需要在交易中熟练运用收益率曲线、国债指数等分析工具准确把握投资国债的时机，以提高收益率。

国债收益率曲线，作为主要的投资分析工具之一，是指在直角坐标系中，以国债剩余期限为横坐标、国债收益率为纵坐标，将剩余期限和收益率变化的交点连接而绘成的曲线。它较精确地描述了在不同时间段，国债收益率与剩余期限之间的关系变化及未来趋势。分为以下三种情况。

（1）当国债收益率曲线为正向时，也就是通常情况下，期限越长，收益率越高，市场表现为长期利率高于短期利率，投资长期债券收益率好于投资短期债券。

（2）当国债收益率曲线为反向时，期限越长则收益率越低，市场表现为长期债券收益率走低，短期债券由于流动性好，利率风险小于长期债券，因此抗跌性好于长期债券。

（3）如果收益率曲线呈波动状态，投资者可选择波段操作。

六、债券投资的风险与规避

任何投资都是有风险的，债券投资也不例外，尽管和股票相比，债券的利率一般是固定的，但人们进行债券投资和其他投资一样，仍然是有风险的。风险不仅表现为价格的变化，与股票不同，债券还将面临发行人的信用风险，这也在债券总体风险占据主要位置。因此，正确评估债券投资风险，明确未来可能遭受的损失，是投资者在投资决策之前必须要做好的工作。具体来说，投资债券存在以下五方面的风险。

1. 违约风险

违约风险，是指发行债券的人不能按时支付债券利息或偿还本金，给债券投资者带来损失的风险。由于有国家作担保，国债不可能出现违约现象，所以一般财政部发行的国债，被市场认为是金边债券，违约风险最

第七章 把握投资者的最爱——把握债券投资

低，趋近于0。但除中央政府以外的地方政府、金融机构和公司发行的债券则或多或少地存在违约风险。投资者可以根据信用评级机构对每类债券评级，来判断其违约风险。一般来说，如果债券违约风险越高，即信用评级等级越低，那么该债券的收益率就越高，以弥补可能造成的损失，否则就没有人会购买这种债券。正所谓，高风险，高收益。

违约风险一般是由于发行债券的公司或主体经营状况不佳带来的风险，所以，避免违约风险的最直接的办法就是不买质量差的债券。在选择债券时，主要关注正规机构的债券评级，也需要投资者对发债公司的情况进行全面了解，包括公司的经营状况和公司以往债券的支付情况，尽量避免投资经营状况不佳或信誉不好的公司债券；另外，还应注意购买债券的种类，现在债券的种类越来越多，许多大公司也开始发行次级债券，即只有在其他债券获得偿还之后，才有可能获得利息和本金，这种债券的风险明显增大。

2. 购买力风险

购买力风险，是由于通货膨胀而使货币购买力下降的风险。通货膨胀会使得债券投资者利益受损，因为在通货膨胀期间，物价上涨，即使该债券承诺每年支付100元的利息，但明年的100元已经无法买到今年这么多的商品，即货币贬值了。

一般以实际利率来衡量投资者收益，实际利率等于票面利率扣除通货膨胀率。若债券利率为10%，通货膨胀率为8%，则实际收益率只有2%，购买力风险是债券投资中最常出现的一种风险。

3. 利率风险

债券的利率风险，是由于利率变动而使投资者遭受损失的风险，主要表现在债券的买卖差价上，即如果债券持有人预备持有债券到期，则不用考虑利率风险。利率是影响债券价格的重要因素之一：当利率提高时，债券的价格就降低；当利率降低时，债券的价格就会上升。由于债券价格会随利率而变动，所以即便是没有违约风险的国债也会存在利率风险。

所以，最好是分散债券的期限，长短期配合，如果利率上升，可以寻求短期投资机会；如果利率下降，长期债券却保持高收益。总之，不要把所有的鸡蛋放在同一个篮子里。

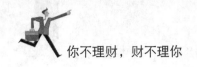

4. 变现能力风险

变现能力风险，是投资者在短期内无法以合理的价格卖掉债券的风险，也称为流动性风险。如果投资者遇到一个更好的投资机会，但短期内找不到愿意出合理价格的买主，要把价格降到很低或者很长时间才能找到买主，那么，他就要遭受损失或丧失新的投资机会。针对变现能力风险，投资者应尽量选择交易活跃的债券，如国债等，一般来说，发行量越大，交易越活跃，变现能力风险越小。

5. 经营风险

经营风险，是指发行债券的单位管理与决策人员在经营管理过程中发生失误，导致资产减少而使债券投资者遭受损失。为了防范经营风险，选择债券时一定要对公司进行调查，了解其盈利能力和偿债能力、信誉等。

总之，国债的投资风险极小，但收益也最低，而公司债券的利率较高但投资风险较大，所以，需要在收益和风险之间做出权衡。

七、兔子分散风险的办法——债券投资组合管理

狡猾的兔子准备好几个藏身的窝，也就是我们常说的"狡兔三窟"，以此比喻隐蔽的地方或方法多。俗话说，不要把所有的鸡蛋放在同一个篮子里。这都说明了分散投资对于降低风险的重要性。债券投资也不例外，通过债券投资组合管理可以最大限度地降低债券投资风险。债券的品种很多，这给我们进行债券投资组合管理奠定了基础。就国债而言，期限上有短期、中期之别；利率计算上有附息式、贴现式之异；券种形式上有无纸化（记账式）、有纸化（凭证式）之不同。总的来说，有以下两大策略。

（1）均衡策略。均衡策略又分为多种期限综合法和反向互防策略两种。其中，多种期限综合法是指按照比例买长、中、短各种期限的债券，这样可以减少由于市场预期错误而导致的风险，并达到先期计划的未来盈利，长期下来是一个盈利均衡的结果。而反向互防策略则是按照利率变动对价格影响的规律，把风险大而盈利可能大的与风险小而盈利小的债券结合起来进行组织投资，这样该投资组合的收益率与风险都处于中等水平，是一种互防互利求得计划终值的方法。

(2) 积极管理债券组合策略。积极炒买炒卖属于通过投机而获得预期收益，采取这种投资策略的投资者，都应具有较强的市场分析能力，并能准确预测未来政策走向，而且还需对影响债券价格的信息具有高度敏感性。可以分为预期市场走势投机策略和利差投机策略两种。

a. 预期利率走势投资策略。如果预期央行要降息，则可以投资中长期债券，因为降息会使债券价格上涨幅度大于降息幅度，并在降息后，债券价格上升再卖出该债券以赚取差价。相反，如果预期将要加息时，就应投资短期债券，并在升息过程中逐渐进入中长期债券，直到利息最高点进入长期债券。这样虽然可以获得最高的收益率，但也要面临预期错误的风险。

b. 经济走势投资策略。当经济快速增长时，企业亏损的可能性较小，此时可以投资一些信用评级较低、风险较大的债券，比如公司债券，以追逐其较高的收益率；当经济不景气时，比如2008年的金融危机时，此时就应投资于违约风险小的债券，例如国债、金融债券等。

c. 利差投资策略。有时候市场上会出现一些不规则现象，我们称为"市场失灵"，即同样信誉等级的债券的收益率却不同，或不同信誉等级的债券收益率却十分接近，主要是因为债券市场天天交易，由于供求关系、市场走势、反常现象等因素。近来长中短债券的盈利率差距很小，这时，在几乎盈利相同的情况下，选中短期就更安全。

(3) 以不变应万变的策略。以不变应万变的债券投资策略可以分为持有到期策略和指数化债券结构两种投资方式。

a. 持有到期策略。由于债券具有到期本利取回的特点，投资者可以用这种方法获得市场发展的客观大势平均结果，其特点是买中期债券获得中期的效益，买长期的获得长期的效益，但必须持有到期才能避免风险，实际上这正是大众买债券的方法。

兔子分散风险的办法
——债券投资组合管理

b. 指数化债券结构。债券指数，它是反映债券市场价格总体走势的指标体系，其数值反映了当前市场的平均价格相对于基期市场平均价格的位

113

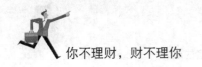

置。债券指数可以帮助投资人建立指数型债券投资组合,用以模拟和盯住债券市场整体收益水平,减少频繁市场操作的成本,以求得买一个市场客观大势,避免积极操作方法中个人"天才"的疏忽和不足。

八、个人如何投资公司债券

相比国债来讲,公司债对很多投资者来说还是一个新生事物。其实公司债券是债券的一种,它的风险虽然要比国债高,但比股票要小得多,而收益也要高于国债,对一些不是那么厌恶风险的投资者,投资公司债券是一种不错的选择。

1. 投资公司债券的基本程序

目前,个人投资者参与公司债投资主要分为直接投资和间接投资两类。而直接投资,就是投资者直接购入公司债,不通过金融中介。直接投资又有两种方式:一是参与公司债一级市场申购,二是参与公司债二级市场投资。间接投资就是投资者买入银行、券商、基金等机构的相关理财产品,由这些机构参与公司债的网下申购。

个人要投资公司债,与买卖股票一样,首先要在证券营业网点开设一个证券账户,等公司债正式发行的时候,就可以买卖公司债,同股票买卖一样,公司债交易也规定了最低限额,也就是1000元。

以新湖中宝股份有限公司发行的"08新湖债"为例,该债券发行就是采用网上发行和网下发行相结合的方式,网上发行规模预设为不低于本期债券发行规模的30%,而且本期债券发行人和保荐人(主承销商)将根据网上/网下发行情况决定是否启动网上/网下回拨机制,网上和网下之间的回拨采取双向回拨。参与网上发行的投资者通过上海证券交易所交易系统参加认购,每个证券账户最小认购单位为10张(1000元),超过10张的必须是10张的整数倍。网上认购次数不受限制。参与网下认购的投资者须填写公司债券网下认购承诺函,并在网下发行期间传真至保荐人(主承销商)处。主承销商根据投资者的认购情况,确定投资者的配售金额。参与本次网下认购的每个投资者的最低认购数量为1000张(10万元),超过1000张的必须是500张(50000元)的整数倍。

就二级市场交易而言,个人投资者只能在竞价交易系统中进行公司债买卖，交易程序类似股票交易，每个交易日 9：15～9：25 为竞价系统开盘集合竞价时间，9：30～11：30、13：00～15：00 为连续竞价时间。不同的是，公司债现券当日买入当日卖出，即实行 T+0 交易制度。

投资公司债券的时候，一级市场申购不收取佣金、过户费、印花税等费用，但二级市场交易需支付成交金额 1% 的费用。

2. 投资公司债券的风险

公司债券的收益率要高于国债，投资风险也比较大，除了那些债券投资的一般风险外，投资公司债券还应注意以下三种风险。

（1）信用风险。公司债的信用风险比较大，也是投资者在投资公司债时首要关注的，虽然债券的信用评级已经提供了评估信用风险的最好方式，但投资者还应随时关注发行公司的运营状况，及未来运营能力的可持续性。

（2）流动性风险。某个公司的公司债的交易量肯定无法与国债媲美，因而流动风险较大，当投资者临时需要大笔资金时，可能无法以合理的价格卖掉债券，从而遭受损失。

（3）赎回性风险。有一些公司债存在可赎回性的条款，即当债券价格高于某个价格时，发行公司可以以该价格赎回债券。一般来说，当市场利率下降时，发行的高息债券的被强制赎回的风险加大，此时，投资者还将面临再投资风险，因为债券赎回后的所得已经无法再投资于高利率的债券了。

3. 如何规避公司债券投资风险

针对赎回性风险，可采用分散投资的方法，购买不同期限的债券和不同的证券品种；针对流动性风险，投资者应尽量选择交易活跃的债券。而且，在投资债券之前应准备一定的现金以备不时之需，毕竟债券的中途转让不会给持有人带来好的回报；防范信用风险则要求我们选择债券时一定要对公司进行调查，通过对其报表进行分析，了解其盈利能力和偿债能力、经营状况和公司以往债券的支付情况，尽量避免投资经营状况不佳或信誉不好的公司债券。

九、债券新品种——熊猫债券

熊猫债券就是国际多边金融机构在华发行的人民币债券,也就是一种外国债券。外国债券是指外国筹资者在一个国家国内市场以发行所在国货币为面值的一种债务工具。根据国际惯例,国外金融机构在一国发行债券时,一般以该国最具特征的吉祥物命名,如IBM公司在日本发行的债券被称为"武士债券",英国天然气公司在美国发行的债券被称为"扬基债券",还有英国的"猛犬债券"和西班牙的"斗牛士债券"等。因此,前财政部部长金人庆将国际多边金融机构首次在华发行的人民币债券命名为"熊猫债券"。

一般来讲,与国内市场债券相比,大多数国家对外国债券的监管更加严密,如对外国债券的票面利率、期限设计及筹资者信誉等条款都设立制度以加以限制,目的是为了保护投资者。因为,外国债券的投资者大都是债券发行所在国的机构或居民。国际金融公司(IFC)和亚洲开发银行(ADB)分别获准在我国银行间债券市场分别发行人民币债券11.3亿元和10亿元,这是我国债券市场首次引入外资机构发行主体,也是我国债券市场对外开放的重要举措和有益尝试,具有重要的意义。

首先,将有利于推动我国债券市场的对外开放。吸引国际发行机构发行人民币债券,不仅可以带来国际上债券发行的先进经验和管理技术,而且还将进一步促进我国债券市场的快速发展与国际化进程。

其次,有助于改善我国目前对民营企业的直接融资比重过低的现状,并将有利于降低国内贷款企业的汇率风险。

债券新品种——熊猫债券

按照目前获得的信息,这次20亿元熊猫债券的筹资用途将偏向于对国内民营企业的贷款。与此同时,正如央行所说的那样,许多国际开发机构主要通过在国外发行外币债券,将筹集的资金通过财政部门或银行以外债转贷款方式贷给国内企业。因而,企业因汇率波动而会面临汇率风险。现在,国际开发机构直接在我国发行人民币债券,并贷款给国内企业,从而可以降低企业原来购汇还贷时所承担的汇率风险。

最后,尽管本次熊猫债券的发行规模还比较小,但有业内分析专家认为,允许境外机构发行人民币债券,标志着我国在放开资本项目管制进程中迈出了一个尝试性的试探步伐。

因此,允许国际发行机构在我国发行人民币债券的意义非同一般,一旦国际开发机构在我国境内成功发行人民币债券,势必会进一步促进我国债券市场乃至金融市场的健康和快速发展。

第八章 挖掘货币转换中的金矿

——把握外汇投资的关键

随着经济全球化、国际资本市场一体化趋势的不断加剧，外汇市场已经逐渐成为全球最大、流通性最强的金融市场。而且，我国也正逐步放开居民投资外汇的限制，这使得外汇交易越来越受到投资者的青睐。因此，如果能切实掌握外汇交易的方法和技巧，外汇市场将成为投资者的又一个淘金池。

一、揭开外汇市场的面纱

1. 外汇和汇率

首先，我们来介绍一下外汇，是指外国货币或以外国货币表示的能用于国际结算的支付手段。我国 1996 年颁布的《外汇管理条例》第三条对外汇的具体内容作出规定，外汇是指：①外国货币。包括纸币、铸币。②外币支付凭证。包括票据、银行的付款凭证、邮政储蓄凭证等。③外币有价证券。包括政府债券、公司债券、股票等。④特别提款权、欧洲货币单位。⑤其他外币计值的资产。

汇率，又称汇价，指一国货币以另一国货币表示的价格，或者说是两国货币间的比价。

在外汇市场上，汇率是以五位数字来显示的，如：欧元 EUR 0.9705，汇率的最小变化单位为一点，即最后一位数的一个数字变化，如：欧元 EUR 0.0001 按国际惯例，通常用三个英文字母来表示货币的名称，以上中文名称后的英文即为该货币的英文代码。汇率的标价方式分为两种，即直接标价法和间接标价法。

a. 直接标价法。直接标价法是以一定单位的外国货币为标准来计算应

第八章 挖掘货币转换中的金矿——把握外汇投资的关键

付出多少单位本国货币。就相当于计算购买一定单位外币所应付多少本币。包括中国在内的世界上绝大多数国家目前都采用直接标价法。在国际外汇市场上，日元、瑞士法郎、加元等均为直接标价法，如日元119.05，即一美元兑119.05日元。

在直接标价法下，若一定单位的外币折合的本币数额上升，则说明外币币值升值或本币币值贬值，叫作外汇汇率上升；反之，如果要用比原来较少的本币即能兑换到同一数额的外币，这说明外币币值下跌或本币币值上升，叫作外汇汇率下跌，外币的价值与汇率的升跌成正比。

b. 间接标价法。间接标价法是以一定单位（如1个单位）的本国货币为标准，来计算应收若干单位的外国货币。在国际外汇市场上，欧元、英镑、澳元等均为间接标价法。如欧元0.9705，即一欧元兑0.9705美元。

在间接标价法中，本国货币的数额保持不变，外国货币的数额随着本国货币币值的对比变化而变动。如果一定数额的本币能兑换的外币数额比前期少，这表明外币币值上升，本币币值下降，即外汇汇率上升；反之，如果一定数额的本币能兑换的外币数额比前期多，则说明外币币值下降、本币币值上升，即外汇汇率下跌，外币的价值和汇率的升跌成反比。

2. 外汇市场及产生的原因

外汇市场是指由银行等金融机构、自营交易商、大型跨国企业参与的，通过中介机构或电讯系统联结的，以各种货币为买卖对象的交易市场。它可以是有形的，如外汇交易所；也可以是无形的，如通过电讯系统交易的银行间外汇交易。据国际清算银行最新统计显示，国际外汇市场每日平均交易额约为1.5万亿美元，是美国股市和国债市场交易额总和的几倍。特别是在交易密集的时段，单笔交易额达到2亿至5亿美元的外汇交易也非常普遍。外汇市场产生的原因如下。

（1）贸易和投资。一般来说，进口商在进口商品时是支付外国货币，也就是说他必须首先将本国货币兑换成外国货币，才能进行支付；而出口商也是如此，他们都需要将自己收到的货币兑换成可以用于购买商品的货币，即本国货币。与此相类似，一家买进外国资产的公司必须用所在国的货币支付，因此，它需要将本国货币兑换成所在国的货币。贸易和投资导致的货币兑换需求是外汇市场产生的最基本的原因。

（2）对冲。由于两种相关货币之间汇率的波动，那些拥有国外资产

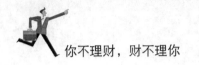

（如工厂）的公司将这些资产折算成本国货币时，就可能遭受一些风险。当以外币计值的国外资产在一段时间内价值不变时，如果汇率发生变化，以国内货币折算这项资产的价值时，就会产生损益。公司可以通过各种外汇衍生交易对冲这种潜在的风险。

（3）投机。两种货币之间的汇率会随着这两种货币之间的供需变化而变化。交易员在一个汇率上买进一种货币，而在另一个更有利的汇率上抛出该货币，进而获利。随着外汇市场的发展，投机越来越成为外汇市场交易的重要部分。

3. 外汇市场的主要参与者

外汇市场的参与者主要包括各国的中央银行、商业银行、非银行金融机构、经纪人公司、自营商及大型跨国企业等。它们交易频繁，交易金额巨大，每笔交易均在几百万美元甚至千万美元以上。外汇交易的参与者，按其交易的目的，可以划分为投资者和投机者两类。

4. 外汇市场的特点

（1）外汇市场是一个既统一又分割的市场。目前，世界上有30多个主要的外汇市场，它们遍布于世界各大洲的不同国家和地区。根据传统的地域划分，可分为亚洲、欧洲、北美洲三大部分，其中，最重要的有欧洲的伦敦、法兰克福、苏黎世和巴黎，北美洲的纽约和洛杉矶，大洋洲的悉尼，亚洲的东京、新加坡和中国香港等。

每个市场都有其固定和特有的特点，但所有市场都有共性。各市场被距离和时间所隔，它们敏感地相互影响又各自独立。一个中心每天营业结束后，就把订单传递到别的中心，有时就为下一市场的开盘定下了基调。这些外汇市场以其所在的城市为中心，辐射周边的国家和地区，各国外汇市场相互之间通过先进的通信设备和计算机网络连成一体，市场的参与者可以在世界各地进行交易，形成了全球一体化运作、全天候运行的统一的国际外汇市场。

但是，每个国家的外汇市场都有其自身的基础条件，而且每个国家对于外汇市场运作及相关问题有着自己的法律、会计制度和规则、银行管理条例，更重要的是拥有自己的支付和结算体系。各国的金融体系和基础设施不尽相同，因而就存在同一汇率在不同市场的报价不尽相同，给跨市套

第八章 挖掘货币转换中的金矿——把握外汇投资的关键

利者提供了机会。

（2）外汇市场是"有市无场"。股票市场是通过交易所买卖的，例如纽约证券交易所、伦敦证券交易所等，其报价、交易时间和交收程序都有统一的规定，并成立了同业协会，制定了同业守则。而债券市场可以通过交易所买卖，也能在场外交易，但存在中央清算系统的管制。交易投资者则通过经纪公司买卖所需的商品，这就是"有市有场"。但是，外汇交易的网络却是全球性的，并且形成了没有组织的组织，没有固定的交易场所。市场是由大家认同的方式和先进的信息系统所联系，交易商也不具有任何组织的会员资格，但必须获得同行业的信任和认可。这种没有统一场地的外汇交易市场被称为"有市无场"。

全球外汇市场每天有平均上万亿美元的交易。如此庞大的巨额资金，就是在这种既无集中的场所又无中央清算系统的管制，以及没有政府的监督下完成清算和转移的。

（3）外汇市场是 24 小时连续交易的市场。由于全球各金融中心的地理位置不同，亚洲市场、欧洲市场、北美洲市场因时间差的关系，外汇市场已经实现了 24 小时全天候交易。8：30（以纽约时间为准）纽约市场开市，9：30 芝加哥市场开市，10：30 旧金山开市，18：30 悉尼开市，19：30 东京开市，20：30 香港、新加坡开市，凌晨 2：30 法兰克福开市，3：30 伦敦市场开市。如此 24 小时不间断运行，外汇市场成为一个不分昼夜的市场，只有星期六、星期日以及各国的重大节日，外汇市场才会关闭。

外汇市场的 24 小时交易机制，为投资者提供了没有时间和空间障碍的理想投资场所，使投资者可以寻找最佳时机进行交易。而且不管投资者本人在哪里，他都可以参与任何市场任何时间的买卖。因此，外汇市场可以说是一个没有时间和空间障碍的市场。这也意味着汇率和市场情况随时会因为事态的发展而变化，投资主体必须警惕汇率发生剧烈波动的可能性。但一般来说，美国市场和欧洲主要市场同时交易时外汇成交最为活跃，占每日 2/3 的成交量。其简单情况可见下表：

地 区	城 市	开市时间（GMT）	收市时间（GMT）
大洋洲	悉尼	11：00	19：00
亚洲	东京	12：00	20：00

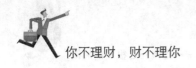

续上表

地 区	城 市	开市时间（GMT）	收市时间（GMT）
	中国香港	13：00	21：00
欧洲	法兰克福	08：00	16：00
	巴黎	08：00	16：00
	伦敦	09：00	17：00
北美洲	纽约	12：00	20：00

（4）零和游戏。在股票市场上，某种股票或者整个股市上升或者下降，那么，某种股票的价值或者整个股票市场的股票价值也会上升或下降，例如工商银行股票价格从30元下跌到15元，这样工商银行全部股票的价值也随之减少了一半。然而，在外汇市场上，汇价的波动所表示的价值量的变化和股票价值量的变化完全不一样，这是由于汇率是指两国货币的交换比率，汇率的变化也就是一种货币价值的减少与另一种货币价值的增加。比如一个星期前，1美元兑换6.99元人民币，而现在，1美元只能兑换6.83元人民币，这说明人民币的币值上升，即人民币升值，而美元币值下降。从总的价值量来说，变来变去，不会增加价值，也不会减少价值。因此，有人形容外汇交易是"零和游戏"，更确切地说是财富的转移。

近年来，投入外汇市场的资金越来越多，汇价波幅日益扩大，促使财富转移的规模也越来越大，速度也越来越快。尽管外汇汇价变化很大，但是，任何一种货币都不会变为废纸，即使某种货币不断下跌，然而，它总会代表一定的价值，除非宣布废除该种货币。

总之，随着全球范围金融改革的进一步深化，外汇投资的国际化，国际贸易自由化的纵深发展，外汇及衍生市场将面临更好的发展前景。金融实践的创新，信息技术的不断升级，也将使外汇市场的发展如虎添翼。

二、常见外汇交易术语简介

外汇交易术语是外汇市场发展过程中的产物，它的出现对于简化交易手续，节省交易时间等都具有重要的作用，促进了外汇市场的发展。对于个人外汇投资者来说，学习和掌握各种外汇交易术语，是进行外汇投资的

第八章 挖掘货币转换中的金矿——把握外汇投资的关键

基础。

1. 基础术语

（1）基础货币：投资者用以记账的货币。在外汇交易市场，一般都将美元作为报价用的基础货币，但英镑、欧元和澳元除外。

（2）升值：当某种货币价格上升时，即称该货币升值。此时，投资者应注意并非外汇价格上升就意味着升值，因为很多外汇报价都是采用间接报价法，即一单位外国货币等于多少单位本币，这样外汇价格越高，本币反而是贬值了。

（3）硬货币：指在国际金融市场上汇价坚挺并能自由兑换、币值稳定，可以作为国际支付手段或流通手段的货币，主要有美元、英镑、日元、欧元等。

（4）软货币：指在国际金融市场上汇价疲软、不能自由兑换他国货币、信用程度低的国家货币，主要有印度卢比、越南盾等。

2. 外汇报价中的术语

外汇市场上的报价一般为双向报价，这也是外汇市场不同于其他市场的重要特征，外汇市场银行间报价都是采用双向报价，即同时报出买入卖出价，但需注意的是，银行报出的外汇价格是其买卖外汇的价格，投资者计算自己的买卖价格时应正好与其相反，即银行卖出外汇的价格相应为投资者买入外汇的价格。买入价和卖出价的价差越小，对于投资者来说意味着成本越小。

点差：点差为买入与卖出价之间的差异。对于投资者说，点差是在交易过程中必须支付的成本，在不考虑平台整体性能的前提下，点差越小，无疑就是越划算的。

即期价格：当前市场价格。即期交易结算通常在两个交易日内发生。
货币对：由两种倾向组成的外汇交易汇率，例如，欧元/美元。
交叉汇率：两种货币之间不涉及美元的汇率。

3. 外汇交易中的术语

直盘：美元对其他货币的交易。如：美元/欧元，美元/英镑等。
交叉盘：是除却美元之外的两种货币间的交易。如欧元/日元、欧元/

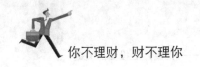

英镑、英镑/日元、欧元/澳元等。

当日交易：指在同一个交易日内开立并关闭的头寸。

隔夜交易：指在晚9点至次日早8点进行的买入或卖出。

头寸：在外汇交易中，"建立头寸"就是买进一种货币，同时卖出另一种货币的行为。选择适当的汇率水平以及时机建立头寸是盈利的前提。

未结头寸：任何尚未通过实际付款结清的交易，或被相同交割日的等量反向交易冲销的交易。

止损订单：当价格朝你预期的相反方向波动时，为平仓而设置的保护性订单。

限价订单：以指定价格或低于指定价格买入，或者以指定价格或高于指定价格卖出的订单。

上档、下档：价位目标（价位上方称为阻力位，价位下方称为支撑位）。

持平/轧平：既不买空也不卖空同样被称为持平或轧平。交易商如果未持头寸或所有头寸均相互抵消，即为拥有持平账本。

平仓：买回已卖出合约，或卖出已买入合约的行为就叫平仓。比如你原来买入了欧元/美元，现在汇价到了你的目标价位，你将手中欧元卖出了结，这个过程叫平仓。

爆仓：由于行情变化过快，投资者在没来得及追加保证金的时候，账户上的保证金已经不够维持原来的合约了，这种因保证金不足而被强行平仓所导致的保证金"归零"，俗称"爆仓"。

三、外汇交易

从外汇交易的数量来看，由国际贸易而产生的外汇交易占整个外汇交易的比重不断减少，据统计，目前这一比重只有1%左右。那么，可以说现在外汇交易的主流是投资性的，是以在外汇汇价波动中盈利为目的的。外汇交易主要可分为现钞、现货、合约现货、期货、期权、远期交易等。其中，现货、合约现货以及期货交易在外汇交易中所占的比重较大。本书将进一步介绍这些交易的机制和特点。

第八章 挖掘货币转换中的金矿——把握外汇投资的关键

1. 现钞交易

现钞交易是旅游者以及由于其他各种目的需要外汇现钞者之间进行的买卖，包括现金、外汇旅行支票等，这类交易比较简单。

2. 现货交易

现货交易，也称"即期外汇交易"，是大银行之间，以及大银行代理大客户的交易，买卖约定成交后，最迟在两个营业日之内完成资金收付交割；现货交易是外汇市场上最常用的一种交易方式，占外汇交易总额的大部分，主要是因为现货外汇买卖不但可以满足买方临时性的付款需要，也可以帮助买卖双方调整外汇头寸的货币比例，以避免外汇风险。这里，本书主要介绍国内银行面向个人推出的、适于大众投资者参与的个人外汇交易。

个人外汇交易，又称外汇宝，是指个人委托银行，参照国际外汇市场实时汇率，将一种外币兑换成另一种外币的交易行为。由于投资者必须持有足额的要卖出外币，才能进行交易，但较国际上流行的外汇保证金交易，缺少保证金交易的卖空机制和融资杠杆机制，因此也被称为实盘交易。

自从1993年12月上海工商银行开始代理个人外汇买卖业务以来，随着我国居民个人外汇存款的大幅增长，新交易方式的引进和投资环境的变化，个人外汇买卖业务迅速发展，目前已成为我国除股票以外最大的投资市场。

截至目前，工、农、中、建、交、招6家银行都开展了个人外汇买卖业务，光大银行和浦发银行也正在积极筹备中。预计银行关于个人外汇买卖业务的竞争会更加激烈，服务也会更加完善，外汇投资者将享受到更优质的服务。国内的投资者，凭手中的外汇，到上述任何一家银行办理开户手续，存入资金，即可透过互联网、电话或柜台方式进行外汇买卖。

3. 合约现货交易

合约现货外汇交易，又称外汇保证金交易、按金交易、虚盘交易，指投资者和专业从事外汇买卖的金融公司（银行、交易商或经纪商），签订委托买卖外汇的合同，缴付一定比率（一般不超过10%）的交易保证金，

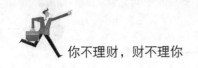

便可按一定融资倍数买卖十万美元、几十万美元甚至上百万美元的外汇。因此，这种合约形式的买卖只是对某种外汇的某个价格做出书面或口头的承诺，然后等待价格出现上升或下跌时，再做买卖的结算，从变化的价差中获取利润，当然也承担了亏损的风险。由于这种投资所需的资金可多可少，所以，近年来吸引了许多投资者的参与。

外汇投资以合约形式出现，主要的优点在于节省投资金额。以合约形式买卖外汇，投资额一般不高于合约金额的5%，而得到的利润或付出的亏损却是按整个合约的金额计算的。外汇合约的金额是根据外币的种类来确定的，具体来说，每一个合约的金额分别是12500000日元、62500英镑、125000欧元、125000瑞士法郎，每张合约的价值约为10万美元。每种货币的每个合约的金额是不能根据投资者的要求改变的。投资者可以根据自己定金或保证金的多少，买卖几个或几十个合约。一般情况下，投资者利用1000美元的保证金就可以买卖一个合约，当外币上升或下降，投资者的盈利与亏损是按合约的金额即10万美元来计算的。

4. 远期和期货交易

远期外汇交易是指市场交易主体在成交后，按照远期合同规定，在未来按合约中外汇价格进行交易。而外汇期货交易则是标准化的远期外汇交易，即合约的交割时间、交割价格，交割货币以及其他的一些条件都已经标明，而远期合约这些事项都是交易双方协商确定的。而且由于其标准化，外汇期货交易成为外汇市场必不可少的工具之一。期货市场至少要包括两个部分：一个是交易市场，另一个是清算中心。无论是买入期货，还是卖出期货，都是以清算中心为其交易对方，直至期货合同实际交割为止。这样最大限度地降低了期货交易的信用风险。

外汇期货买卖与合约现货买卖既有一定的联系，也有一定的区别，主要表现在：

（1）外汇期货的交易数量和合约现货外汇交易是完全一样的。外汇期货买卖最少是一个合同，每一个合同的金额，不同的货币有不同的规定，如一个英镑的合同也为62500英镑、日元为1250000日元，欧元为125000欧元。

（2）合约现货外汇的买卖是通过银行或外汇交易公司来进行的，外汇期货的买卖是在专门的期货市场进行的。目前，全世界的期货市场主要

第八章 挖掘货币转换中的金矿——把握外汇投资的关键

有：芝加哥期货交易所、纽约期货交易所、悉尼期货交易所、新加坡期货交易所、伦敦期货交易所。

5. 外汇期权交易

外汇期权常被视作一种有效的避险工具，因为它可以消除贬值风险以保留潜在的获利可能。外汇期权是指交易的一方（期权的持有者）拥有合约的权利，并可以决定是否执行（交割）合约。如果愿意，合约的买方（持有者）可以听任期权到期而不进行交割，卖方毫无权利决定合同是否交割，但买方必须为该权利支付一定的权利费，即"期权费"，也是所谓的"期权价格"。

6. 我国外汇交易途径

随着外汇市场的发展，进行外汇交易的门槛也越来越低，一些引领行业的外汇交易平台只需要 250 美元就可开始交易，也有一些交易商需要 500 美元就可以开始交易，这便在某种程度上大大方便了普通投资者的进入。对于一些想投资外汇市场的朋友来说，一般可以通过以下三个交易途径进行外汇交易。

（1）通过中国银行、交通银行、建设银行或招商银行等国内有外汇交易柜台的银行进行交易。这种交易途径的时间是周一至周五，交易方式为实盘买卖和电话交易，也可挂单买卖。

（2）通过境外金融机构在境外银行交易。时间为周一至周六上午，每天 24 小时。交易方式为保证金制交易，通过电话进行交易（免费国际长途），可挂单买卖。

（3）通过互联网交易。这种交易途径的时间为周一至周六上午，每天 24 小时。交易方式为保证金制交易，通过互联网进行交易，可挂单买卖。

需要注意的是，网上外汇交易平台上的交易都是利用外汇保证金的制度进行投资的，也是绝大多数汇民采取的交易途径。外汇保证金就是投资者用自有资金作为担保，从银行或券商处提供的融资放大来进行外汇交易，也就是放大投资者的交易保证资金。融资的比例大小，一般由银行或者券商决定，融资的比例越大，客户需要付出的资金就越少。假设，GFT 作为交易商提供的保证金融资比例是 100 倍，即投资人出资 1000 美元作为保证金，按交易商给的融资放大 100 倍就可以做 10 万美元的交易，而投资

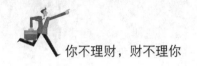

人最大的亏损也就是1000美元，充分做到了以小博大。可见在保证金的制度下，相同的资金可以比传统投资获得相对多的投资机会，获利和亏损的金额也相对扩大。一笔成功的交易就可以让投资人成为富翁，而最大的亏损也就是当初投入的本金。

在保证金制度下，因为资金少于投资总值，所以不会积压资金、不怕套牢、可买升或跌双向获利。除了周六、周日外，外汇市场一个时区接着另一个时区，全天候24小时运作。另外，手续费低，少于五千分一的手续费使获利机会更高。

四、汇率的影响因素

作为一国货币对外价格的表示形式，汇率受到国内和国际因素的影响。因此，汇率的变动常常捉摸不定，因各种因素的影响而不断变动，这也是投资外汇市场获利的途径。除经济因素外，货币作为国家主权的一种象征，还常常受到政治和社会因素的影响。

1. 影响外汇价格变动的经济因素

（1）一国的经济增长速度。这是影响外汇价格波动的最基本因素。国内生产总值的增长会引起国民收入和支出的增长，收入增加会导致进口产品的需求扩张，继而扩大对外汇的需求，推动本币贬值。而支出的增长意味着社会投资和消费的增加，有利于促进生产的发展，提高产品的国际竞争力，刺激出口增加外汇供给。所以从长期来看，经济增长会引起本币升值。

（2）国际收支平衡的状况。这是影响外汇价格最直接的一个因素，国际收支，非严格地说，是指一国对外经济活动中所发生的收入和支出。当一国的国际收入大于支出时，即为国际收支顺差。在外汇市场上，国际收支顺差就表现为外汇的供应大于需求，从而导致本币升值、外币贬值。相反，当一国的国际收入小于支出时，即为国际收支逆差，在外汇市场上就表现为外币的供不应求，进而导致本币贬值、外币升值。

这里需要注意的是，国际收支状况是否会影响到汇率，主要看国际收支顺（逆）差的性质。短期的、临时性的、小规模的国际收支差额，可以轻易地被国际资金的流动、相对利率等其他因素所抵消。不过长期的巨额的国际收支逆差，一般会导致本国货币贬值。美国的国际收支长期以来都表现为逆差，可以认为美元在长期中价值必定会降低。

（3）财政收支状况。一国的财政收支状况，即财政赤字的增加或减少，也会影响汇率的变动方向。财政赤字扩大，将增加总需求，会导致国际收支逆差及通货膨胀加剧，结果本币购买力下降，外汇需求增加，进而推动汇率上涨，本币贬值。但如果财政赤字扩大时，在货币政策方面辅之以严格控制货币量、提高利率的举措，也会吸引外资流入，使本币升值，外汇汇率下跌。所以，财政赤字的增加对货币汇率的影响也并非是绝对的。

（4）物价水平和通货膨胀水平的差异。货币对外价值的基础是对内价值。如果货币的对内价值降低，其对外价值——汇率必然随之下降。货币的对内价值可以用通货膨胀率来表示。而且在考察通货膨胀率对汇率的影响时，不仅要分析本国的通货膨胀率，还要比较他国的通货膨胀率，即要考察相对通货膨胀率。一般来说，相对通货膨胀率持续较高的国家，表示其货币的国内价值的持续下降速度相对较快，其货币价值也将随之下降。

（5）利率水平的差异。利率作为使用资金的代价或放弃使用资金的收益，也会影响到汇率水平。但利率的影响更多的基于短期资金的流动而起作用，它对长期汇率的影响是十分有限的。当利率较高时，使用本国货币资金的成本上升，使外汇市场上的本国货币的供应相对减少，同时利率较高，资本流入扩大，使外汇市场的外币供应相对增加。综合考虑，利率的上升将推动本国货币汇率的上升。

同样，在分析利率变动的影响时，也要注意比较。一是比较外国利率的情况；二是比较本国通货膨胀率，即考察相对利率。如果本国利率上升，但幅度不如外国利率的上升幅度，或不如国内通货膨胀率的上升，则不能导致本国货币汇率的上升。

2. 影响外汇价格变动的心理预期因素

国际一些外汇专家认为，外汇交易者对某种货币的预期心理现在已是决定这种货币市场外汇价格变动的最主要因素，因为在这种预期心理的支配下，转瞬之间就会诱发资金的大规模运动。心理预期多种多样，包括经济的、政治的和社会的各个方面。就经济方面而言，心理预期包括对国际收支状况、相对物价水平（通货膨胀率）、相对利率或相对的资产收益率

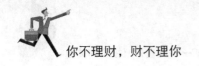

以及对汇率本身的预期等。心理预期通常是以捕捉刚刚出现的某些信号来进行的，捉摸不定，而且十分易变，经常用于解释短线或极短线的汇率波动。

3. 影响外汇价格变动的政府干预因素

汇率波动对一国经济会产生重要影响，目前各国政府为稳定外汇市场，维护经济的健康发展，经常对外汇市场进行干预，因此在一定程度上导致汇率变化。其中干预的途径主要有四种：

（1）通过公开市场业务买入或卖出外汇。
（2）运用各项国际收支政策，主要包括财政和货币政策。
（3）在国际范围内发表表态性言论以影响市场心理。
（4）与其他国家联合，进行直接干预或通过政策协调进行间接干预等。

在浮动汇率制下，各国政府都力图通过各项干预措施，影响外汇市场中的供求关系，进而达到支持本国货币稳定的目的。

还有一些因素对外汇市场的影响也是直接和迅速的，包括政局的稳定性、政府的外交政策、政策的连续性以及战争、经济制裁和自然灾害等，西方国家大选也会对外汇市场产生影响。

五、外汇交易币种有哪些

正所谓"知己知彼，百战不殆"。个人在进行外汇投资时，应首先熟悉各种外汇交易币种。由于并非所有国家的货币都可以自由兑换，因此在外汇市场上交易的货币品种是以可以自由兑换的货币为基础的，主要有美元、欧元、日元、英镑、瑞士法郎、澳元、加元、港币等。外汇市场的大部分交易围绕这些主要货币进行。目前，世界外汇市场上，大多数货币之间的基石定价是以美元为主。下面将几种主要的外汇交易币种做一个简单的介绍。

1. 美元（USD）

美元是外汇交换中的基础货币，也是国际支付和外汇交易中的主要货币，是各国政府主要的货币储备，在国际外汇市场占有非常重要的地位，

第八章 挖掘货币转换中的金矿——把握外汇投资的关键

这与美国在世界政治、经济方面的强悍地位是分不开的。美元的发行机构是美国联邦储备银行，发行权属于美国财政部。目前流通的美元纸币是自1929年以来发行的各版钞票，其中99%以上为联邦储备券。

这里简要介绍一下美元指数，该指数主要用于评估美元当前价值。美元指数期货的计算原则是以全球各主要国家与美国之间的贸易量为基础，以加权的方式计算出美元的整体强弱程度，以100为强弱分界线。一共采取了10个国家为计算标准，以欧元、日元、瑞士法郎及英镑为主。

2. 欧元（EUR）

欧元（Eur）这个名称是1995年12月欧洲议会在西班牙马德里举行时，与会各国共同决定的。欧元区（The Eurozone）共由如下12个国家组成：德国、法国、意大利、西班牙、荷兰、比利时、奥地利、芬兰、葡萄牙、爱尔兰、卢森堡和希腊。2002年1月1日起，所有收入、支出包括工薪收入、税收等都要以欧元计算。2002年3月1日，欧元正式流通。

欧元的发行机构是欧洲中央银行。也正因为这样，欧元历史走势比较符合技术分析，走势平稳，交易量大，不易被操纵，人为因素较少，因此，从技术分析角度而言，对其较长趋势的把握更有效。

3. 日元（JPY）

日本是"二战"后经济发展最快的国家之一，目前拥有世界最大的进出口贸易顺差及外汇储备，日元也是战后升值最快的货币之一，因此日元在外汇交易中的地位变得越来越重要。

日本是一个自然资源贫乏、国土狭小的国家，经济发展的强劲推动力必须来自对外贸易，可以说日本式出口导向型经济。而一旦日元升值，出口产品成本上升，这将对日本的经济造成不利影响，所以日本央行是世界上最经常干预汇率的央行，它必须使日元汇率不至于过强，从而维持其出口产品竞争力。可以说，日本干预汇市的能力较强，因此，对于汇市投资者来说，对日本央行的关注是必需的。同时，因为日本经济与世界经济紧密联系，特别是与贸易伙伴，如美国、中国、东南亚地区密切相关。因此，日元汇率也较易受外界因素影响。

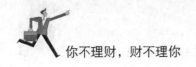

4. 英镑（GBP）

英镑为英国的本位货币单位，发行机构为英格兰银行。由于英国是世界最早实行工业化的国家，曾在国际金融业中占统治地位，英镑曾是国际结算业务中的计价结算使用最广泛的货币。第二次世界大战以后，英国经济地位不断下降，但由于历史的原因，英国金融业还很发达，英镑在外汇交易结算中还占有相当的地位。

5. 瑞士法郎（CHF）

瑞士法郎是瑞士和列支敦士登的法定货币，由瑞士的中央银行发行。由于瑞士奉行中立和不结盟政策，所以瑞士被认为是世界最安全的地方，被称为传统避险货币，加之瑞士政府对金融、外汇采取的保护政策，使大量的外汇涌入瑞士。瑞士法郎也成为稳健的受欢迎的国际结算与外汇交易货币。因而在决定瑞士法郎汇率的涨跌上，更多的是外部因素的影响，而且主要是受美元汇率的影响较大。因为瑞士法郎也是属于欧系货币，所以，一般瑞士法郎汇率的走势基本上跟随欧元汇率的走势。

6. 澳元（AUD）

澳元是澳大利亚联邦的法定货币，由澳大利亚储备银行负责发行。由于澳大利亚在煤炭、铁矿石、铜、铝、羊毛等工业产品和棉纺织品方面在国际贸易中占据优势，因此在这些商品的价格出现波动，对澳元的影响是很大的，所以说澳元是商品货币也是高息货币。另外，澳元与黄金和石油的价格相关性较为明显，近些年来随着黄金、石油价格大涨，澳元的汇价也一路攀升。

7. 加元（CAD）

加拿大居民主要是英国、法国移民的后裔，存在着英语区和法语区，因此，其钞票上均使用英语和法语两种文字。加拿大是英联邦国家，钞票上主要是以英国统治者的头像作为主要图案。加元由加拿大银行负责发行。

加拿大经济主要是依赖于农产品和海产品的出口，且大部分产品出口于美国，所以美国经济的兴衰对其有着较大的影响。同时，加拿大也是石油出口国，因此国际石油价格的波动对加元有一定的影响。

8. 港币（HKD）

港币是中国香港特别行政区的货币单位。香港的汇率制度是"联系汇率制"，共有三家发行港币银行：汇丰银行、渣打银行、中国银行。1994年5月1日，中国银行香港分行正式合法地在香港发行港币，成为第一家在香港发钞的中资银行，这对稳定香港金融市场，对香港的平稳过渡和经济繁荣起着积极作用。

随着世界经济与中国内地经济的发展，港币已经成为国际贸易结算中的常用货币，从而推动了香港的经济和贸易快速发展，香港已经成为亚太地区重要的国际金融中心。

六、如何选择外汇交易平台

进行外汇保证金交易，就要选择好的交易平台。几乎所有的外汇保证金投资者都面临这样一个相当困难的问题。提供平台的公司很多，美洲的、欧洲的、大洋洲的、亚洲的、非洲的，简直就是选美比赛，肯定让你无所适从。一个优秀的平台是什么样的呢？不同的人可能给出的答案也不尽相同，而且都说自己推广的平台非常出色。其实，找到一个十全十美的平台是不可能的。所以，对外汇投资者来说，选择适合自己的平台才是最佳选择。

目前进入中国的外国保证金公司大约有几百家，而且国有银行也已经开始开办外汇保证金业务。怎样才能选到适合自己的交易平台，需要注意哪些方面呢？

1. 公司要有诚信

平台的诚信是投资者首先要关注的，就算它书面提供的交易成本再吸引人，如果它们经常通过变换收费标准和隔夜利息计算方法，甚至调整点差，制定"霸王条约"等一些不道德的行为，这些平台应首先摒弃。现在有些保证金平台以为它们在海外注册，投资者不可能起诉它们，一般投资者在网上都有投诉，可以搜索到。因此，初选保证金公司的投资者必须了解清楚：佣金等收费标准和隔夜利息的计算方法会不会任意变动，交易点

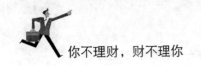

差是不是固定，会不会随着行情变化而任意调整。更要到网上查一查，它们有没有"霸王开店"的"前科"，有没有随意变更交易费用的恶行。

2. 交易成本要合理

目前，各家保证金平台的交易费用也是千差万别的，有些高达20点，而有些却低得吓人，有的甚至在广告中宣称没有点。投资者必须注意，天上不会掉馅饼，任何保证金交易平台都必须支付成本，而且主要是交易成本，因此，没有成本或成本很低未必就是好的平台，可能其中存在很大问题。正常来说，一般4个点左右是保证金公司基本维持正常运转的保本点，6个点有正常的盈利（维持正常的盈利水平对保证金公司和投资者来说都非常重要，保证金公司不能赚钱，就要想歪门邪道了）。当然，如果客户非常多，交易量非常大，4～5个点也能做到很好的盈利。高于6个点，属于费用偏高，低于3个点则是自欺欺人，投资者需提高警惕。

3. 稳定性要好

保证金平台本身运转的稳定性，与国际市场（报价）数据的一致性对于选择保证金平台十分重要，有些平台当国际市场发生大波动时经常死机，使投资者无法交易；还有的平台稳定性差，佣金或点差是随价格变动幅度而浮动的，这些平台都最好不要选。必须承认，由于风险管理的水平和能力不同，平台所用软件的性能和先进程度（服务器大小）不同，以及网络服务器距离中国内地的距离不同等原因，各家保证金平台运转的稳定性差别很大。另外，还要注意保证金平台有与国际市场（报价）数据不一致的情况，而且往往是对投资者不利，这其中可能是交易软件中存在恶意的设置，是向投资者转嫁风险。

4. 出入金渠道必须畅通

与出金相比，入金可能更重要，因为保证金交易可能出现必须立刻补仓的需求。如果渠道不畅通，一笔汇款三天才到，投资者的仓可能早爆了。当然，出金也要快，但是，安全可能更重要。由于保证金公司与客户都是不见面的，大多数情况下是通过网络联系，为了避免内部人"盗窃"客户资金，许多保证金公司都要求客户在出金时必须在"出金申请"上亲笔签字。有投资者可能认为这很烦琐，而这正是保护投资者的必需。必须承认，现在大多数保证金公司存在地下通道出入金的问题，而能够解决这一问题的保证金公司非常少，因此，投资者最好选择有正规出入金渠道的保证金公司。

5. 尽量选择在国内有代理的保证金公司

境外保证金平台大都远在国外，而投资者经常会遇到许多问题需要咨询。如果什么事都打（国际）长途，那么对于投资者来说是很不公平的。但实际上，敢于公开地代理境外保证金公司业务的国内机构现在也非常少，但有机构代理肯定比找不到人好。国内有代理，随时可以帮助投资者解决开户、出入金以及操作中出现的各种问题，并为投资者提供各种各样的咨询服务，包括操作支持。所以，对于投资者尤其是个人投资者来说，选择国内有代理咨询服务机构的保证金公司是上上之选。

6. 要有良好的监管制度

有的保证金公司为了逃避监管，故意注册在某个小岛上，或者注册在根本不监管的国家。这样的公司最好别选。虽然保证金公司至今没有发生将客户的保证金卷走的情况，但是在市场出现较大波动的情况下，风险控制能力较弱的保证金公司也并不是没有亏钱甚至破产的可能。因此，选择监管适度的国家的保证金公司比较安全，特别是当出现系统性金融风险时，投资者的保护网有大银行和国家两层，中小投资者会得到一定程度的保护，保证金公司破产的风险较小。

7. 保证金平台设计要人性化

保证金公司必须多为客户操作考虑，人性化设计越多投资者越喜欢。比如说，有的交易平台，页面设计简洁明了，便于投资者下单操作。比如说，平台上明示了各个货币对每天的隔夜利息损益；具有重点价位提醒功能，结合交易的看图功能；界面可以保留较长时间，便于短线操作；备选交易币种丰富，直盘、交叉盘齐备；下单界面市价、限价、止损对冲都有；非市价单都不占用保证金，便于资金的最大化使用等。这些设计都是为客户交易方便所考虑的，投资者在选择保证金平台时可注意类似设计。

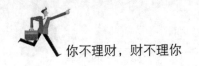

七、如何进行外汇投资

随着国际化进程的加快，外汇投资成为我国新的投资热点，个人外汇投资产品也是层出不穷。如今，外汇投资理财的渠道越来越多，除了传统的外币存款外，还能进行外汇买卖或投资B股。近年来，市场上又出现了种类繁多的外币投资产品。但是，作为投资者，应该清楚地看到外汇投资往往伴随着一定的汇率及利率风险，所以必须讲究投资策略，避免因盲目投资而造成不必要的损失。

外汇市场是一个风险很大的市场，它的风险主要在于决定外汇价格的变量太多。虽然现有的关于外汇波动的理论比比皆是，而且有的从宏观经济基本面去研究，也有的单从数理统计去研究，还有的从外汇市场的微结构，分析指令流、买卖价差等对汇率的影响，更有的从心理和行为科学的角度去研究，但汇率波动仍经常出乎投资者们的意外。所以，对于外汇市场投资者和操作者来说，控制风险是必不可少的。

1. 了解个人的投资需求及风险承受能力

如果是为了规避未来汇率风险，比如进出口企业，则应根据未来应对冲的外汇本金额来进行外汇的套期保值交易，而且此时还应注意投资期限。风险承受能力，即投资愿意而且能够承担的风险水平，与其相关的因素有很多，比如投资者的家庭负担、健康状况、工资水平等，总而言之，最基本的一点是，投资者不应冒那种潜在的盈利可能性与这种盈利对自己的重要性不相称的风险。只有在了解了自身投资需求和风险承受能力的基础上，投资者才能制定合适的投资策略，选择适合于自己的投资品种。

2. 根据个人实际制定符合自己的投资策略

投资升值需求强烈、风险承受能力强的投资者，可将部分资金用于外汇买卖或投资于风险较大、投资回报率较高的外汇投资产品，并配合一些保本型投资以控制风险。通常，投资者可通过建立投资组合，分别投资不同类型的投资产品，或是不同的币种，从而有效地分散投资风险。各种投资产品或外汇币种的比重则可根据自己的偏好来决定。但是，那些资金薄弱的投资者是很难进行分散投资的。在这种情况下，选择一种最佳的投资产品就显得尤为重要。

3. 充分了解投资产品的结构

外汇投资品种有很多,而且很多都涉及衍生交易,其交易机制要比股票投资更为复杂,所以投资者要做到盈利,就应对各种投资产品的结构特性有一个全面的了解,并需进一步结合自身投资需求,以及一些投资限制等。比如,当投资者预测到某一货币将持续走强,那么就可以通过外汇宝买入该货币,也可以投资与该货币汇率挂钩的投资产品以提高收益。

4. 制订合理的投资计划

投资计划是最具体最实际的。投资大师巴菲特曾说过,他可以大谈他的投资哲学,有时候也会谈他的投资策略,但他绝不会谈他的投资计划。因为,那是重要的商业秘密,是核心竞争力的集中体现。可见,每个投资者水平如何,业绩差异多大,最终要落脚在投资计划上。由此可见投资计划的重要性了。

外汇投资的计划有很多原理和细则,但若归结为最简单的要素,它无非是制定任一交易的进入和退出点,不管其最终是否有利可图。在制订计划时,尽管需要考虑许多关键因素,但核心问题始终是选择退出时机,很多外汇交易就是因为退出时机不对,使得原有盈利的交易变为亏损。

制订损失交易的退出计划较为简单,只要确定自己可以容忍的损失程度,一旦汇率下跌到该水平,他就可以发出"停止损失指令单"。而针对盈利交易的退出计划则不那么容易了,这存在很多可能。如果投资者在进入交易前已定下预期盈利目标,那么一旦达到这个目标,就可以发出"限价指令单",从而退出此项交易。还有一种可能是投资者一直让利润上涨,直到某种价格变化朝输钱方向转化的迹象出现。但不论使用哪一种盈利计划,投资者必须注意:交易的终极目标是接受利润。除非他决定再试运气,否则他应当时刻记住他见好就收的明确界线。许多成功的交易人都十分明白,钱易赚难保。将盈利计划置之脑后的交易人最终都会体会到一个痛苦的真理:"树是长不到天上去的。"

5. 寻找最佳时机建立头寸

"建立头寸"即开盘的意思。开盘也叫敞口,就是买进一种货币,同

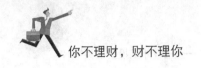

时卖出另一种货币的行为。选择适当的汇率水平及其时机建立头寸是盈利的前提。

建立头寸看似一个非常简单的问题，但实际上玄机多多。把握得好自可日进斗金，把握得不好，也就只能眼睁睁看着自己账户上的资金逐渐缩水。一般来说，建立头寸的最佳时机就是在尽量低的汇率水平，这是盈利的前提。

6. 选择恰当的卖出时机

把握好正确的买点只是成功了一半，加上正确的卖点才是完全的成功。如何根据制订的退出计划选择合适的卖出时机也是十分重要的，总结起来，在外汇交易中，卖出（平仓）时机的选择有以下几种：

（1）若市场趋势已经确定为跌势，就应趁反弹平仓。而且在市场未确认升势之前，任何上升都应是卖出的时候，因为此时上升只是虚火假象，趁高点抛出为上策。

（2）走势已经突破反向关键价位，若没有掉转迹象，就应赶快平仓。

（3）大部资金套牢，而另外一种货币可能会获得比斩仓出逃更大收益的，此时就应坚决卖出头寸。

（4）在长期最高点或者最低点附近买入，而走势略做试探即掉头反向的，就应该及时平仓。

7. 怎样赚取外汇利差

不同的外汇币种具有不同的存款利率，只要善于将利率低的货币兑换成利率高的货币，储户可以通过利差减少利息损失。

假设一年期的英镑存款利率为 5.5%，同期的美元存款利率为 5%，且当期汇率为 1 英镑 = 1.50 美元，那么如果不考虑汇率波动因素，一笔 1500 美元一年期存款的本息之和为 $1500 \times (1 + 5\%) = 1575$（美元），折成英镑为 $(1575 \div 1.50) = 1050$（英镑）。但如把这 1500 美元先兑换成 1000 英镑，存上一年的本息之和则为 $1000 \times (1 + 5.5\%) = 1055$（英镑）。简言之，同样数额的存款，存英镑要比存美元多 0.5% 的利差。

但是，这只有在汇率不变的情况下才能实现。在汇差大于利差的情况下，套利交易是得不偿失的。事实上，由于供求关系，高利率的国家货币未来趋于贬值，故而在套利交易中，必须把汇差和利差的因素加以综合考虑才行。当然，如果通过远期外汇交易，对冲当前汇率波动风险，又赚取利差，即进行无风险套利，但随着市场越来越完善，无风险套利的机会越来越少。

8. 其他需要注意的事项

（1）利用模拟账户寻找炒汇的感觉。投资者在进入外汇市场之前，一定要耐心学习，循序渐进，不要急于开立真实交易账户，可以先用模拟账户体验一下炒汇的感觉，这样可以先熟悉交易平台及操作方法，以避免实际交易出现的操作风险。然后再逐渐地接触一些基本面、技术面知识，积累一些交易经验与交易技巧，最后再根据自己的盈利情况，决定是否入市。

（2）作为刚刚入汇市的新手，最好是多买短期产品为宜。在还不熟悉的外汇市场，尤其是在目前人民币升息预期越来越大的市场形势下，选择购买一年期、高收益的外汇产品，对新手们来说，是一种万全之策。

八、外汇投资的技巧和策略

1. 顺势交易是外汇市场制胜的秘诀

人们在买卖外汇时，常常片面地着眼于价格的浮动而忽视汇价的上升和下跌趋势。当汇率上升时，价格越来越贵，越贵越不敢买；在汇率下跌时，价格越来越低，越低越觉得便宜。因此实际交易时往往忘记了"顺势而为"的格言，成为逆市而为的错误交易者。

缺乏经验的投资者，在开盘买入或卖出某种货币之后，一见有盈利，就立刻想到平仓收钱。获利平仓做起来似乎很容易，但是捕捉获利的时机却是一门学问。有经验的投资者，会根据自己对汇率走势的判断，决定平盘的时间。如果认为市场走势会进一步朝着对他有利的方向发展，他会耐着性子，明知有利而不赚，任由汇率尽量向着自己更有利的方向发展，从而使利润延续。一见小利就平盘不等于见好即收，到头来，搞不好会赢少亏多。

2. 建仓资金需留有余地

外汇投资,特别是外汇保证金交易的投资,由于采用杠杆式的交易,资金放大了很多倍,资金管理就显得非常重要了。满仓交易和重仓交易者实际上都是赌博,最终必将被市场所淘汰。所以,外汇建仓资金一定要留有余地。

3. 止损是炒汇赚钱的第一招

波动性和不可预测性是市场最根本的特征,这是市场存在的基础,也是交易中风险产生的原因,这是一个市场本身固有的特征。交易中永远没有确定性,所有的分析预测仅仅是一种可能性,根据这种可能性而进行的交易自然是不确定的,不确定的行为必须得有措施来控制其风险的扩大,而止损就是最得力的措施。

止损是人类在交易过程中自然产生的,并非刻意制作,是投资者保护自己的一种本能反应,市场的不确定性造就了止损存在的必要性和重要性。成功的投资者可能有各自不同的交易方式,但止损却是保障他们获取成功的共同特征。

这是一项重要的投资技巧。由于投资市场风险颇高,为了避免万一投资失误时带来的损失,因此每一次入市买卖时,我们都应该订下止蚀盘,即当汇率跌至某个预定的价位,还可能下跌时,立即交易结清,因而这种订单是限制损失的订单,这样我们便可以限制损失的进一步扩大了。

4. 学会从各种消息中发现良机

外汇市场与股票市场一样,经常流传一些消息甚至谣言,有些消息事后证明是真实的,有些消息事后证实只不过是谣传。炒外汇不仅要及时关注定期公布的经济数据,而且也要关注影响消息的事件。能否在第一时间获得经济数据的信息和掌握第一手重大事件的内容,对外汇投资者就很关键了,特别是对短线的外汇投资者来说尤其重要。一旦有新闻消息传入市场,原有的平稳状态就会立即被打破。一位有经验的外汇投资者,会分析消息对经济金融方面的影响,果断买入或卖出某种货币,从而获得丰厚的收益。

通俗地认为,可以于传言时买入(卖出),于事实时卖出(买入)。投资者的做法是，在听到好消息时立即买入，一旦消息得到证实，便立即卖出。反之亦然，当坏消息传出时，立即卖出，一旦消息得到证实，就立即买回。如若交易不够迅速很有可能因行情变动而招致损失。

5. 正确判断顶部和底部

在外汇交易的过程中，如何判断顶部和底部是在操作时最基本的看盘技巧和成功交易的重要手段。尤其是在某一币种连续上涨或者下跌的过程中，投资者进行外汇交易时如果能够判断出行情的底部或者顶部，哪怕是相对的底部或者顶部，那么，投资者就可以在建仓的过程中尽量降低持仓成本，取得交易的成本优势，间接增加收益；或者在平仓的过程中，在相对较好的部位卖出头寸，从而增加收益。

6. 紧跟市场焦点，见风使舵

外汇市场的焦点是左右趋势的关键。而且这个焦点天天在变，每个星期变，每个月变，每年变。外汇市场不同时期有不同的市场焦点，找到这个焦点并及时跟它走就是常胜之道。因为在某段时期内，这个焦点将对市场产生极大的影响，紧紧抓住市场焦点进行分析和操作，往往受益匪浅。例如，在2008年年初，外汇市场的焦点就是美国要开始加息的周期，这个焦点支持美元上升。如果能抓住这一焦点，就会轻松获利。

7. 必须重视30日均线

通常来说，30日均线是一条公众心理线。因为它是最基本的也是用得最广的，有很好的群众基础。所以，人们把30日均线看作全球汇市所有货币对的中期生命线。每当一轮中期下跌或上升行情结束，而短期K线向上突破30日均线的压制或阻力后，往往会出现一轮中期反转行情。对于汇价来说，30日均线是判断市场资金量方向、多空力量大小、主力资金是吸纳还是出货以及未来走势强弱变化的最重要标准。30日均线具有非常强的趋势性和敏感性，无论是上升趋势还是下跌趋势一旦被它改变，行情反转随即发生。

8. 不参与不明朗的市场活动

在外汇市场上，没有必要每天都入市炒作，特别是市况不明朗的时

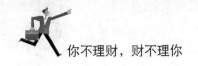

候，一定要学会等待。初入行者往往热衷于入市买卖，但成功的投资者则会等机会，当他们入市后感到疑惑时亦会先行离市。他们在外汇交易时，一般都秉持"谨慎"的策略。外汇交易切忌赌博的心态，如果用博的心态，十有八九都要输。孤注一掷的交易方式往往会伴随着亏损，做外汇交易，也需要稳扎稳打，只有看准机会，才可以大笔投入。而且，外汇保证金的交易方式，具有杠杆放大的效果，盈利当然可以放大，但是亏损也同样会被放大。如果投资者盲目入市，遭遇巨大亏损的可能性非常大。

9. 不要盲目追求整数点

外汇交易中，有时会为了强争几个点而误事，有的人在建立头寸后，给自己定下一个盈利目标，比如要赚够200美元或500元人民币等，心里时刻等待这一时刻的到来。有时价格已经接近目标，机会很好，只是还差几个点未到位，本来可以平盘收钱，但是碍于原来的目标，在等待中错过了最好的价位，坐失良机。

10. 在盘局突破时建立头寸

盘局指牛皮行市，汇率波幅狭窄。盘局是买家和卖家势均力敌，暂时处于平衡的表现。无论是上升过程还是下跌过程中的盘局，一旦盘局结束时，市价就会破关而上或下，呈突破式前进。这是入市建立头寸的大好时机，如果盘局属于长期牛皮，突破盘局时所建立的头寸获大利的机会更大。

11. 忘记过去的价位

"过去的价位"在某种情况下也会成为投资者难以克服的心理障碍。有相当多的人就是因为受到过去价位的影响，造成投资判断有误。许多人在见过了高价之后，当市场回落时，对出现的新低价会感到相当不习惯；当已经有种种迹象和分析显示后市场将会再跌，市场投资环境开始恶化，但常有一些人在这些新低价位水平前，不仅没有把自己所持的货售出，还会觉得很"低"而有买入的冲动，结果买入后便被牢牢地套住了。因此，投资者应当"忘记过去的价位"。

第八章 挖掘货币转换中的金矿——把握外汇投资的关键

12. 自律是炒汇成功的保证

投资市场有一句格言说"忍耐是一种投资"。在外汇交易过程中，最大的敌人就是贪婪和恐惧。可以说，贪婪和恐惧才是资本市场最难跨越的屏障。华尔街也有句名言：市场是由贪婪和恐惧而推动，而克服贪婪和恐惧最好的办法就是自律，如果能真正做到自律，也许你的投资境界就到了一个新的领域。

总的来说，外汇投资技巧还有很多，但只有投资者在不断进行外汇投资过程中，才能真正地把握这些投资技巧，纸上谈兵都是没有用的。所有投资者在投资之前都知道要低买高卖，但却很少有投资者能够做到，可见实践出真知还是很有必要的，只有在实践中才能真正将这些技巧和策略融会贯通，提高外汇投资的收益率。

第九章　高风险高收益

——把握期货投资的关键

一、了解期货投资

所谓期货，就是和现货相对的一种商品；现货是指现在即可买卖交易的商品，而期货则是预期在未来的某一个时期才可以交易的商品。

自从1851年3月13日签订的第一份玉米远期合约交易以来，经过数十年的发展，现货交易的基础逐渐稳固和扩展，对远期合约中的有关条款实行规范标准化，在20世纪末与21世纪初，出现了现代标准化期货合约的交易，这种期货交易不再是以到期交收实货为目的的性质，而是标准化期货合约本身的买卖以及合约到期前的不断被转让，交易的目的是联系商品所有权的价格风险的转嫁。这时，除了联系现货的交易者以外，又有一种不联系现货的投机者参与期货交易。至此，期货交易的性质已发生了质的变化。

目前，我国已经初步形成了以期货交易所为核心的较为规范的市场组织体系，培养和造就了一支期货理论和实际操作队伍，期货市场的功能初步显现和发挥，期货市场进入了规范发展的新阶段。

目前，我国经中国证监会的批准，可以上市交易的期货商品有以下种类。

（1）上海期货交易所：铜、铝、锌、天然橡胶、燃油、黄金、螺纹钢、线材。

（2）大连商品交易所：大豆、豆粕、豆油、塑料、棕榈油、玉米、PVC。

（3）郑州商品交易所：硬麦、强麦、棉花、白糖、PTA、菜籽油、籼稻。

(4) 中国金融期货交易所：股指期货。

目前市场上交易比较活跃的上市品种主要有工业品：铜、锌、螺纹钢，农产品：大豆、棉花，还有化工产品：橡胶、PTA 等。

所谓期货，一般指期货合约，是由期货交易所统一制定的、规定在将来某一特定的时间和地点交割一定数量标的物的标准化合约。这个标的物，可以是某种商品，也可以是某个金融工具，还可以是某个金融指标。期货合约的买方，如果将合约持有到期，那么他有义务买入期货合约对应的标的物；而期货合约的卖方，如果将合约持有到期，那么他有义务卖出期货合约对应的标的物，期货合约的交易者还可以选择在合约到期前进行反向买卖来冲销这种义务。

对于金融期货市场，主要发挥以下功能：

1. 转移价格风险的功能

在日常金融活动中，市场主体常面临利率、汇率和证券价格风险（通称价格风险）。通过金融期货交易，可利用金融期货多头或空头把价格风险转移出去从而实现避险目的。这是金融期货市场最主要的功能，也是金融期货市场产生的最根本原因。但是，金融期货交易的避险功能只是对单个主体而言的，对整个社会而言，金融期货交易并不能消除价格风险，它的作用只是实现价格风险的再分配即价格风险的转移。

不过，在有些条件下，金融期货交易也具有增大或减少整个社会价格风险总量的作用。具体而言，套期保值者之间的金融期货交易可以使两者的价格风险相互抵消，投机者之间的金融期货交易则是给社会平添金融期货价格的风险，而套期保值者与投机者之间的金融期货交易才是价格风险的转移。由此可见，适量的投机可以充当套期保值者的媒介，加快价格风险转移速度，而过度的投机则会给社会增加许多不必要的风险。

2. 价格发现功能

金融期货价格是所有参与金融期货交易的人，对未来某一特定时间的现货价格的期望。不论金融期货合约的多头还是空头，都会依其个人所持立场或所掌握的市场资讯对过去的价格表现加以研究，做出买卖委托。而交易所通过电脑撮合公开竞价出来的价格即为此瞬间市场对未来某一特定时间现货价格的平均看法。这就是金融期货市场的价格发现功能。市场参

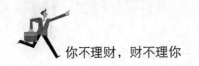

与者可以利用金融期货市场的价格发现功能进行相关决策，以提高自己适应市场的能力。

二、期货交易日常用语

开仓：开始买入或卖出期货合约的交易行为称为"开仓"或"建立交易部位"。

平仓：卖出以前买入开仓的交易部位，或买入以前卖出开仓的交易部位。

头寸：是一种市场约定，既未进行对冲处理的买或卖期货合约数量。对买进者，称处于多头头寸；对卖出者，称处于空头头寸。

保证金：指期货交易者开仓和持仓时须交纳的一定标准比例的资金，用于结算和保证履约。

维持保证金：指当期货契约价格发生变动造成保证金成数不足时所需补缴之金额。

结算：指根据期货交易所公布的结算价格对交易双方的交易赢亏状况进行的资金清算。

结算价：以交易量为权重加权平均后的成交价格。

撮合成交：指期货交易所的计算机交易系统对交易双方的交易指令进行配对的过程。

持仓量：指买卖双方开立的还未实行反向平仓操作的合约数量总和。持仓量的大小反映了市场交易规模的大小，也反映了多空双方对当前价位的分歧大小。例如：假设以两个人作为交易对手的时候，一人开仓买入1手合约，另一人开仓卖出1手合约，则持仓量显示为2手。

期货交易日常用语

交割：指至期货标准合约规定的最后交易日后，对持有的未平仓合约以实物交收形式了结期货买卖义务的一种平仓形式。

强制平仓：如果账户所有人在下一交易日开市之前没有将保证金补

第九章 高风险高收益——把握期货投资的关键

足,按照规定,期货经纪公司可以对该账户所有人的持仓实施部分或全部强制平仓,直至留存的保证金符合规定的要求。

仓差:是持仓差的简称,指目前持仓量与昨日收盘价对应的持仓量的差。为正则是今天的持仓量增加,为负则是持仓量减少。持仓差就是持仓的增减变化情况。例如,今天11月股指期货合约的持仓为6万手,而昨天的时候是5万手,那今天的持仓差就是1万手了。

总手:指截止到现在的时间,此合约总共成交的手数。国内是以双方各成交1手计算为2手成交,所以大家可以看到尾数都是双数位。

三、认识金融期货合约

金融期货合约是指交易双方在金融市场上,以约定的时间和价格,买卖某种金融工具的具有约束力的标准化合约。金融期货合约是以金融工具为标的物的期货合约。金融期货作为期货交易中的一种,具有期货交易的一般特点,但与商品期货相比较,其合约标的物不是实物商品,而是传统的金融商品,如证券、货币、利率等。金融期货交易产生于21世纪70年代的美国市场,目前,金融期货交易在许多方面已经走在商品期货交易的前面,占整个期货市场交易量的80%,成为西方金融创新成功的例证。

金融期货交易具有以下特点:

(1)标准化。交易对象标准化。它是指交易对象均是无形的和虚拟化的金融商品,而且其价格、收益率和数量均具有均质性、标准性和不变性。

交易单位规范化。交易单位规定为很大的整数,以增强买卖效率。

收付期限规格化。收付期限大多为3个月、6个月、9个月和12个月,最长为两年半。

交易价格统一化。交易价格统一由交易所公开拍卖决定。

(2)场内交易,间接清算。金融期货交易在固定、集中、有组织的期货交易所内进行。交易双方并非直接接触,而是各自与交易所的清算部或者专设的清算公司结算。

(3)保证金制度,每日结算。在金融期货市场上,交易者只需按照金融期货合约价格的一定比率交纳少量资金作为履行金融期货合约的财力担保,便可参与金融期货合约的买卖,这种资金就是金融期货保证金。金融

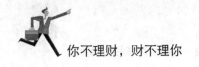

期货交易的结算是由期货交易所统一组织进行的,实行每日无负债结算制度,每日结算又称"逐日盯市",是指每日交易结束后,交易所按当日结算价结算所有合约的盈亏、交易保证金及手续费等费用。

(4) 流动性强。市场中进行期货实物交割的是少数,大部分投机者和套期保值者一般都在最后交易日结束之前择机将买入的金融期货合约卖出,或将卖出的金融期货合约买回。这种通过一笔数量相等、方向相反的金融期货交易来冲销原有金融期货合约终结金融期货交易的行为叫作平仓。平仓为金融期货交易者提供了一种在交割日之前将金融期货合约结清的方式,大大提高了金融期货合约的流动性。

(5) 违约风险低。由于金融期货交易者的对手方均为期货交易所的结算公司,所以参与金融期货交易的违约风险很低,接近于零。

四、种类庞多的期货家族

按标的物不同,金融期货可分为利率期货、股价指数期货和外汇期货。

1. 利率期货

利率期货是指标的资产价格依赖于利率水平的金融期货合约,如长期国债期货、短期国债期货和欧洲美元期货。

所谓利率期货,是指由交易双方签订的,约定在将来某一时间按双方事先商定的价格,交割一定数量的与利率相关的金融资产的标准化金融期货合约。利率期货交易则是指在有组织的期货交易所中通过喊价成交的、在未来某一时期进行交割的债券合约买卖。通常,按照合约标的的期限,利率期货可分为短期利率期货和长期利率期货两大类。

利率期货交易的基本功能有以下三个方面:

(1) 价格发现。利率期货交易是以集中竞价的方式产生未来不同到期月份的利率期货合约价格。同时,和绝大多数金融期货交易一样,利率期货价格一般领先于利率现货市场价格的变动,并有助于提高债券市场价格的信息含量,并通过套利交易,促进价格向合理方向波动。

(2) 套期保值。利率期货交易是一种规避利率风险、进行套期保值的工具。其主要原理是现货市场上操作的同时在金融期货市场上做相反操作,确保现在持有或者未来将要拥有的金融资产的价值或收益率。

(3)优化资产配置。利率期货交易具有优化资金配置的功能,具体表现在以下三个方面:①降低交易成本,利率期货的多空双向交易制可以使投资者无论在债券价格上涨或下跌时都可以获利,以避免资金在债券价格下跌时出现闲置;②利率期货可以方便投资者进行组合投资,从而提高交易的投资收益率;③提高资金使用效率,方便进行现金流管理。金融期货交易的杠杆效应能极大地提高资金使用效率,使得投资者建立同样金额头寸的速度要比现货市场快得多。

2. 股指期货

它的全称是股票价格指数期货,是指以股价指数为标的物的标准化期货合约,双方约定在未来的某个特定日期,可以按照事先确定的股价指数的大小进行标的指数的买卖。由于股价指数是一种极特殊的商品,它没有具体的实物形式,双方在交易时只能把股价指数的点数换算成货币单位进行结算,没有实物的交割。这是股价指数期货与其他标的物期货的最大区别。与其他金融期货以及股票交易相比,股价指数期货的交易具有以下一些特殊性:

(1)特殊的风险防范。股指期货不仅可以防范非系统风险,还可以防范系统性风险。因为股票价格指数中包含的股票是经过选择的,具有代表性的一组股票,各只股票之间能够抵消部分或者全部的非系统风险。

(2)特殊的交易形式。股价指数期货交易兼有期货交易和股票交易的双重特征,其交易标的——股价指数期货合约的价格也与整个股票市场价格同步变动,同样要承担股票价格波动所带来的风险等。但与进行股指所包括的股票的现货交易相比,股指期货提供了更为方便的卖空交易方式和较低的交易成本,其杠杆比率和市场流动性都明显高于现货股票市场。

(3)特殊的合约规模。与外汇期货和利率期货不同,股指期货的交易单位或合约规模不是交易所依不同的交易品种和合约月份而制定的固定金额,而是由变量的指数"点"和每个指数"点"所代表的价值来共同决定的。

(4)特殊的结算方式和交易结果。股指期货合约代表的是虚拟的股票资产,而非某种有形或具体的股票。因此,合约到期时,交易双方采用现金结算即可,无须也无法进行实物交割。同时,也正是由于股指期货交易

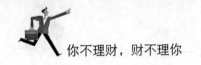

并未发生实际的股票收付，故交易中也不会发生任何股东权利和义务的转移。

（5）特殊的高杠杆作用。一般的股票投资，投资人必须存有不低于股票价值50%的保证金，而股指期货合约只需10%左右的保证金。这种高杠杆作用可以使投资者以小搏大获取大利。此外，股指期货还有交易成本低、流动性强等特点。

3. 外汇期货

它的标的物是外汇，如美元、德国马克、法国法郎、英镑、日元、澳元、加元等。

外汇期货是交易双方约定在未来某一时间，依据现在约定的比例，以一种货币交换另一种货币的标准化合约的交易，是以汇率为标的物的期货合约，用来回避汇率风险。外汇期货的应用十分广泛：

（1）投机功能。外汇期货市场的投机是指交易者根据其对未来市场走势的预测和判断，通过买卖外汇期货合约，从中赚取差价的交易行为。单笔头寸投机可以分为做多和做空，前者就是当投机者预测某种外汇的期货价格将会上升，便买入该外汇期货合约，待以后择机对冲，反之亦然。例如，在国际货币市场上，一份125000马克的金融期货合约只要事先缴纳1500美元的保证金即可购买。如果1马克兑0.56美元的汇率购买一份马克期货，当马克升值3%时，投机者就可获利2100美元。

（2）转移汇率风险。套期保值这可把外汇期货合约视为一项保险手段，以此来避免国际贸易和投资活动中面临的汇率风险，将汇率风险转移到愿意承担汇率风险获取利润的投机者身上。

（3）提高交易效率。金融期货市场集买卖双方在一起，通过标准化的交易方式降低了交易成本，提高了市场效率。

五、如何正确利用期货市场

期货市场主要有两大类作用：套期保值和套利。

1. 套期保值

套期保值是指把期货市场当作转移价格风险的场所，利用期货合约作为将来在现货市场上买卖商品的临时替代物,对其现在买进准备以后售出商品或对将来需要买进商品的价格进行保险的交易活动。

套期保值是在现货市场和期货市场对同一种类的商品同时进行数量相等但方向相反的买卖活动,即在买进或卖出实货的同时,在期货市场上卖出或买进同等数量的期货,经过一段时间,当价格变动使现货买卖上出现盈亏时,可由期货交易上的亏盈得到抵消或弥补。从而在现货与期货之间、近期和远期之间建立一种对冲机制,以使价格风险降低到最低限度。

2. 套利

期货市场套利方法:期货市场的套利主要有三种形式,即跨月份套利、跨市场套利和跨商品套利。

(1)跨月份套利。投机者在同一市场利用同一种商品不同交割期之间的价格差距的变化,买进某一交割月份期货合约的同时,卖出另一交割月份的同类期货合约以谋取利润的活动。其实质是利用同一商品期货合约的不同交割月份之间的差价的相对变动来获利。这是最为常用的一种套利形式。

比如你发现5月的大豆和7月的大豆价格差异超出正常的交割、储存费,你应买入5月的大豆合约而卖出7月的大豆合约。过后,当7月大豆合约与5月大豆合约更接近而缩小了两个合约的价格差时,你就能从价格差的变动中获得一笔净收益。跨月份套利与商品绝对价格无关,而仅与不同交割期之间价差变化趋势有关。

(2)跨市场套利。跨市场套利是在不同交易所之间的套利交易行为。当同一期货商品合约在两个或更多的交易所进行交易时,由于区域间的地理差别,各商品合约间存在一定的价差关系。投机者利用同一商品在不同交易所的期货价格的不同,在两个交易所同时买进和卖出期货合约以赚得利润。

当同一商品在两个交易所中的价格差额超出了将商品从一个交易所的交割仓库运送到另一交易所的交割仓库的费用时,可以预计,它们的价格将会缩小并在未来某一时期体现真正的跨市场交割成本。

(3)跨商品套利。所谓跨商品套利,是指利用两种不同的,但是相互关联的商品之间的期货价格的差异进行套利,即买进(卖出)某一交割月份某一商品的期货合约,而同时卖出(买入)另一种相同交割月份另一关

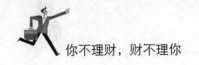

联商品的期货合约。跨商品套利必须具备以下条件：①两种商品之间应具有关联性与相互替代性；②交易受同一因素制约；③买进或卖出的期货合约通常应在相同的交割月份。

在某些市场中，一些商品的关系符合真正套利的要求。比如在谷物中，如果大豆的价格太高，玉米可以成为它的替代品。那么两者价格变动趋于一致。另一常用的商品间套利是原材料商品与制成品之间的跨商品套利，如大豆及其两种产品——豆粕和豆油的套利交易。大豆压榨后，生产出豆粕和豆油。在大豆与豆粕、大豆与豆油之间都存在一种天然联系，能限制它们的价格差异额的大小。

六、期货交易要讲究技巧

期货市场是一个相对高级的市场，操作所需的专业知识相对较多。所以，在操作时投资者一定要储备好足够的知识，并要形成一套自己的交易策略，否则在真正操作中往往会吃亏。如何成为少数成功投资者其中一员，是很多交易者的梦想，我们来看看以下期货交易高手的期货交易心得。

1. 选择较为熟悉的价格偏差较大的商品

投资者对各商品的熟悉程度各有差异，不可能对多种商品都很熟悉，而多种商品同时出现投资机会的可能性也较小，且投资者同时交易多种商品将分散注意力，难以在多种商品交易中同时获利，因此投资者应选择较为熟悉的商品进行投资。当某一商品价格与其他相关商品价格偏离较多时，则该商品价格相对于其他相关商品价格升水较大即是抛售时机，而该商品价格相对于其他商品价格贴水较大即是买入时机。

2. 小额开始，资金尽量不满仓

对于刚刚步入期货市场的投资者而言，必须从小额规模的交易起步，选择价格波动较为平稳的品种入手，逐渐掌握交易规律并积累经验，才能增加交易规模，才选择价格波动剧烈的品种。

投资者一般动用资金的1/3开仓，必要时还需要减少持仓量来控制交易风险，避免资金由于开仓量过大、持仓部位与价格波动方向相反等因素

第九章 高风险高收益——把握期货投资的关键

的影响而蒙受较重的资金损失。最好的方法，就是交易资金常保持三倍于持有合约所需的保证金。

3. 选择交投活跃的合约月份进行投资

投资者交易时一般选择成交量、持仓量规模较大的较为活跃的合约月份进行交易，以确保资金流动畅通无阻。而在活跃交易月份中做买卖，可使交易进行更为容易。

4. 制订交易计划，并坚持执行

一旦当投资者对市场已确立一个初步的概念，确定操作策略后，投资者切不可由于期货价格剧烈波动而随意改变操作策略。轻易改变交易计划将使投资者对大势方向的判断动摇不定，错过获取较大盈利的时机，导致不必要的亏损，另外还要承受频繁交易的交易手续费。

5. 不要盲目随大流，相信自己

历史经验和经济规律证明，当大势极为明显之际，很可能是大势发生逆转之时，多数人的观点往往是错误的，而在市场中赚钱也仅仅是少数人。当绝大多数人看涨时，或许市场已到了顶部；当绝大多数人看跌时，或许市场已到了底部。因此，投资者不要轻易让别人的意见、观点左右自己的交易方向，必须能够对市场大势做出独立的分析判断，有时反其道而行往往能够获利。

6. 平常心，接受失败

期货投资作为一种高风险、高盈利的投资方式，投资失败在整个投资中将是不可避免的，但同时这也是投资者汲取教训、积累经验的重要途径。投资者面对投资失败，只有仔细总结，才能逐渐提高投资能力，回避风险，力争盈利。开始的赔钱可以看成学费，不要过于放在心上，以至于以后缩手缩脚。

7. 让盈利积累，赚钱时不要轻易撤出

将赚钱的合约卖出，获小利而回吐，将可能是导致商品投资失败的原因之一。假如你不能让利润继续增长，则你的损失将会超过利润把你压

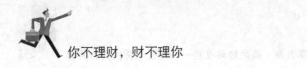

垮。成功的交易者说，不可只为了有利润而平仓；当市场大势与投资者建仓方向一致之际，投资者不宜轻易平仓，在获利回吐之前一定要找到平仓的充分理由。

8. 不要期望在最好价位建仓或平仓

在顶部抛售和在底部买入都是非常小概率的事件，与股票投资类似，当投资者确认市场大势后，应随即进入市场进行交易。投资者追求的合理的投资目标是获取波段盈利。

9. 适当选择做空

对于初入市的投资者来说，逢低做多较多，逢高做空较少，而在商品市场呈现买方市场的背景下，价格下跌往往比价格上涨更容易，因此投资者应把握逢高做空的机会。但是出手前一定要谨慎。

10. 关注重大消息，迅速出手

有一种说法，"利好消息做空，利空消息买入"。因为当市场有重大利多或者利空消息时，可能在该消息公布于众前，已经被市场消化了，所以在公开的时刻市场极可能反向运行，因此投资者应随即回吐多单，或者回补空单。当投资者持仓在较短时间内获取暴利，应首先考虑获利平仓再去研究市场剧烈波动的原因，因为期货市场瞬息万变，犹豫不决往往导致盈利缩小，或者导致亏损增加。

第十章 金色的诱惑
——把握黄金投资的关键

黄金具有稳定的化学性质，以其易流通、保值、投资、储值的功能，成为世界各国的储备工具。作为"没有国界的货币"，黄金一直受到人们的青睐，黄金投资也成为一种永久、不过时的投资方式。它作为最后的卫兵和紧急需要时的储备金，还没有任何其他的东西可以取代它。

一、"黄金屋"的基本情况

黄金有金色的光泽，柔软的质地，很容易被人们加工成为需要的形状。黄金密度为19.6克/立方厘米，是密度最大的物质之一。另外，黄金便于携带，并且是一种稀缺的自然资源。这些特征综合起来，就决定了黄金的自然属性。其优良的自然属性为各个时期的人们所宠爱，因此，在人类文明史演化中，黄金又具有了货币和商品两种属性，相应的，黄金的价格也由其两种属性的动态均衡确定。

黄金首先作为交易的媒介已有3000多年的历史，其经过一段漫长时期，金本位制度逐渐确立，在1717年成为英国货币制度的基础，到19世纪末期，欧洲国家已广泛实行金本位制度。美国于1900年实行金本位制度。第一次世界大战爆发后，英国正式在1919年停止采用金本位制度，而踏入20世纪30年代初，世界经济处于动荡时期迫使大部分国家放弃以黄金兑换货币的制度，只容许中央银行及各政府之间进行黄金交易活动。国际在1944年签署了布雷顿森林协议，确认了这个制度，并一直实行至1971年。在金本位制和布雷顿森林体系下，黄金充当一般等价物或者准一般等价物，从1976年起，世界进入牙买加体系，黄金不再作为货币平价定值的标准，但其仍然具有金融属性，只是这种属性更多地体现在投资与保值升值方面，从而使黄金市场在世界金融体系中依然具有独特的地位和作用。

世界各地有40多个黄金市场。黄金市场的供应主要包括：世界各产金国的矿产黄金；一些国家官方机构，如央行黄金储备、国际货币基金组织以及私人抛售的黄金；回收的再生黄金。目前欧洲的黄金市场所在地是伦敦、苏黎世等，美洲的主要集中在纽约，亚洲的在香港。国际黄金市场的主要参与者，可分为国际金商、银行、对冲基金等金融机构，各个法人机构，私人投资者以及在黄金期货交易中有很大作用的经纪公司。

目前，世界上主要的黄金市场有伦敦黄金市场、苏黎世黄金市场、美国黄金市场等。下面对这几个主要的黄金市场做简单的介绍。

1. 伦敦黄金市场

伦敦黄金市场具有悠久的历史，其发展历史可追溯到300多年前。1804年，伦敦取代荷兰阿姆斯特丹成为世界黄金交易的中心，1919年伦敦金市正式成立，由五大金行定出当日的黄金市场价格，该价格一直影响纽约和香港的交易。目前，伦敦仍是世界上最大的黄金市场。

伦敦黄金市场具有几个主要特点，特点之一是交易制度比较特别，因为伦敦没有实际的交易场所，其交易是通过无形方式——各大金商的销售联络网完成。交易会员由最具权威的五大金商及一些公认为有资格向五大金商购买黄金的公司或商店所组成，然后再由各个加工制造商、中小商店和公司等连锁组成。交易时由金商根据各自的买盘和卖盘，报出买价和卖价。

伦敦黄金市场交易的另一特点是灵活性很强。黄金的纯度、重量等都可以选择，若客户要求在较远的地区交售，金商也会报出运费及保费等，也可按客户要求报出期货价格。最通行的买卖伦敦黄金的方式是客户可无须现金交收，即可买入黄金现货，到期只需按约定利率支付利息即可，但此时客户不能获取实物黄金。这种黄金买卖方式，只是在会计账上进行数字游戏，直到客户进行了相反的操作平仓为止。

伦敦黄金市场特殊的交易体系也有若干不足。其一，由于各金商报的价格都是实价，有时市场黄金价格比较混乱，连金商也不知道哪个价位的金价是合理的，只好停止报价，伦敦黄金的买卖便会停止；其二，伦敦市场的客户绝对保密，因此缺乏有效的黄金交易头寸的统计。

2. 苏黎世黄金市场

苏黎世黄金市场，是"二战"后发展起来的国际黄金市场。由于瑞士特殊的银行体系和辅助性的黄金交易服务体系，为黄金买卖提供了一个既自由又保密的环境，加上瑞士与南非也有优惠协议，获得了80%的南非黄金，以及苏联的黄金也聚集于此，使得瑞士不仅是世界上新增黄金的最大中转站，也是世界上最大的私人黄金的存储中心。苏黎世黄金市场在国际黄金市场上的地位仅次于伦敦。

苏黎世黄金市场没有正式组织结构，由瑞士三大银行，即瑞士银行、瑞士信贷银行和瑞士联合银行负责清算结账，三大银行不仅可为客户代行交易，而且黄金交易也是这三家银行本身的主要业务。苏黎世黄金总库建立在瑞士三大银行非正式协商的基础上，不受政府管辖，作为交易商的联合体与清算系统混合体在市场上起中介作用。

苏黎世黄金市场在每个交易日任一特定时间，根据供需状况议定当日交易金价，这一价格为苏黎世黄金官价，全日金价在此基础上的波动不受涨跌停板限制。

3. 美国黄金市场

美国黄金市场主要包括纽约和芝加哥黄金市场，两者都是20世纪70年代中期发展起来的。目前纽约商品交易所（COMEX）和芝加哥商品交易所（IMM）是世界上最大的黄金期货交易中心。两大交易所对黄金现货市场的价格影响很大。

以纽约商品交易所（COMEX）为例，该交易所本身不参加期货的买卖，仅提供一个场所和设施，并制定一些法规，保证交易双方在公平和合理的前提下进行交易。该所对进行现货和期货交易的黄金的重量、成色、形状、价格波动的上下限、交易日期、交易时间等都有极为详尽和复杂的描述。

除此之外，世界上黄金市场还包括日本东京黄金市场和新加坡黄金市场等。

黄金投资在发达国家已有数百年的历史，已形成了较为成熟的投资环境。国际上的黄金市场交易体系完善、运作机制健全。

中国的黄金市场起步较晚，目前在我国，黄金交易市场只有香港黄金交易市场和上海黄金交易市场两大黄金交易市场。

香港的黄金交易可以追溯到19世纪末。当时由于受到通讯及运输的局限，香港在交易上只是扮演一个地域性的角色；在1974年政府撤销对黄金进出口管制后，外国的金商进驻香港，与贸易场一起将香港的黄金市场推向国际。香港利用在亚洲时区的独特优势，填补黄金交易在亚洲时段的空隙，为黄金市场提供亚洲时段的价格，促成黄金的环球市场交易。香港之所以能在全球黄金市场上占据一定地位，都是因为它早期是亚洲第一个全面撤销黄金进出口管制的地方。多年来贸易场都是香港黄金交易市场的代表；香港对本地的金商及外来的金商参与黄金买卖并没有什么特别的限制，参与者可选择直接加入贸易场成为行员，或者委托贸易场行员来进行交易。目前香港有三个黄金市场，一是以华资金商占优势有固定买卖场所的传统现货交易贸易场；二是由外资金商组成在伦敦交收的没有固定场所的本地伦敦黄金市场，同伦敦金市联系密切，也是实金交易；三是正规的黄金期货市场，交投方式正规，制度完善，但成交量不大。此外，香港具有国际标准的炼金公司，其炼铸的金条，可以在国际市场直接交收，方便香港及邻近地区的黄金业者。由于黄金及货币在香港均可以自由进出，再加上方便的地理位置，使得香港是亚洲时区最理想的黄金集散地；同时，香港具备了稳定的政治环境和良好的金融基础建设，是亚太地区黄金交易的理想场所。

自中华人民共和国成立以来，我国内地黄金交易一直受到国家严格的管制，随着改革开放，黄金交易逐步放宽，内地黄金市场有了迅速的发展。上海黄金交易所是由中国人民银行于2002年年底组建，经过国务院批准，在国家工商行政管理局登记注册的，不以营利为目的，实行自律性管理的法人，遵循公开、公平、公正和诚实信用的原则组织黄金、白银、铂等贵金属交易，为内地黄金业务的供需双方提供买卖平台，进一步促进了内地黄金市场的发展。上海黄金交易所均以现货为主，并容许迟延交收。目前，内地主要的金矿公司、具规模的银行和珠宝首饰公司大都是上海黄金交易所的会员。上海黄金交易所是国内最大的黄金交易平台，通过电子系统进行交易，以人民币报价。无论是从交易成本，还是从市场流动性、市场有效性等来看，上海黄金交易所对个人开放的黄金投资，与国际市场的连贯性等方面都有着极大的优势。上海黄金交易所本身并不参与市场交易。这样的交易模式只有当市场达到相当高的容量后才具备较高的有效流动性。就目前较一般个人黄金投资与中小机构而言已经足够。

二、个人如何选择黄金投资的品种

随着国内黄金市场逐步开放，先后出台了个人黄金投资品种，这给普通的投资者提供了多种选择，作为普通黄金投资者应怎样理智地进行黄金投资呢？首先要清楚可供选择的黄金投资品种有哪些。

首先，对黄金的投资品种做简单分类介绍。以下主要介绍市场上比较普遍的三种黄金投资品种：

1. 黄金实物投资

顾名思义，黄金实物投资是买入实物黄金来进行投资，主要包括金条、金块、金币、金饰等。实物投资中金条、金块应是首选，相对于首饰金来说，虽然也会向投资者收取一定的金条、金块制作加工费用，但费用一般不高，而且价格更接近金价。此外，金条、金块的变现能力非常好，一般情况下在全球任何地区都可以买卖，方便了投资者，而且大多数地区还不征收交易税，操作简便。而金币投资是一种比较灵活的黄金投资方法，但其投资增值功能不大。金币是国家法定发行的，金币购进的数量多少可以随市场的发行和市场价格波动变化，随时可以购进，方便灵活。但市场买卖是很困难的，因为没有专门的回收点，因而相对金条和金块投资来说并不是很好的黄金投资方式。黄金饰品是现在最常见的实物黄金，但黄金首饰的价值主要还是在其观赏及实用价值，并且要收较高的设计及制造费用，因此，黄金饰品已经基本脱离了黄金投资的本质，其变现能力较差，并不适合个人投资者选为投资品种。

2. 纸黄金

纸黄金也叫黄金凭证，就是在黄金市场上买卖双方交易的标的物不是黄金实物，而是一张黄金所有权的凭证，这其实是一种权证交易方式。说得简单一点，就相当于古代的银票，投资者在银行按当天的黄金价格购买黄金，但银行不给投资者实物黄金，只是给投资者一张合约，投资者想卖出时，再到银行用合约兑换现金。这种投资方式的优点在于，投资较小，一般银行最低为10克起交易，交易单位为一整克；而且交易比较方便，直

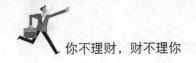

接在银行就可以办理,省去了黄金的运输、保管、检验和鉴定等步骤。而纸黄金投资的缺点在于其只可以买涨,也就是只能在低买高卖时才会获利,如果黄金价格处于下跌状态,那么投资者只能观望,等待价格重新上涨。这种投资的佣金比较高,时间比较短。

3. 黄金现货保证金交易

黄金保证金交易是指在黄金买卖业务中,市场参与者不需对所交易的黄金进行全额资金划拨,只需按照黄金交易总额支付一定比例的价款,作为黄金实物交收时的履约保证。在目前的世界黄金交易中,既有黄金现货保证金交易,也有黄金期货保证金交易。比如可以用1%的资金操作到100%的黄金,这就意味着100倍的放大比例,倍数是按手来计算的,例如1标准手=100盎司,有些平台可以做0.1手等。现货黄金交易基本上是即期交易,在成交后即交割或者在数天内交割。上海黄金交易所也是一种保证金交易,但其仅针对其会员,它就是一种现货保证金交易。交易所自身不参与黄金买卖,仅仅充当投资者的交易媒介,撮合投资者之间进行交易。

4. 黄金期货保证金交易

期货黄金交易主要目的为套期保值,是作为现货交易的补充,成交后不立即交易,而是由交易双方先签订合同,交付押金,在预定的日期再进行交割。其主要优点在于以少量的资金就可以掌握大量的期货,并事先转嫁合约的价格,具有杠杆作用。

三、影响金价的基本因素

在20世纪70年代以前,黄金的价格基本由各国政府或中央银行决定,国际上黄金价格比较稳定。70年代初期,黄金价格不再与美元直接挂钩,黄金价格逐渐市场化,影响黄金价格变动的因素日益增多。作为一个有着自己投资原则的投资者,想要进一步明了场内其他投资者的动态,对黄金价格的走势进行预测,以达到合理进行投资的目的,就应该尽可能地了解任何影响黄金价格的因素。

而黄金作为一种可供买卖的投资品,影响其价格最基本的因素就是供求关系。下面,就黄金的供给因素和需求因素两个方面来简单分析。

1. 供给因素

影响黄金供给总量的因素主要有地上黄金存量、年供给量、新的金矿开采成本、黄金生产国的政治军事及经济的变动状况、央行的黄金抛售等。前三个影响因素比较好理解,黄金的供给随着存量的增加、年供给量的增加及开采成本的减少而增加。除此之外,还要注意黄金生产国的政治军事和经济变动,这些因素也会影响该国生产的黄金数量进而影响世界黄金供给。而中央银行是世界上黄金的最大持有者,1969年官方黄金储备为36458吨,占当时全部地表黄金存量的42.6%,而到了1998年,官方黄金储备大约为34000吨,占已开采的全部黄金存量的24.1%。按目前生产能力计算,这相当于13年的世界黄金矿产量。由于黄金的主要用途由重要储备资产逐渐转变为生产珠宝的金属原料,或者为改善本国国际收支,或为抑制国际金价,因此,30年间中央银行的黄金储备无论在绝对数量上和相对数量上都有很大的下降,数量的下降主要靠在黄金市场上抛售库存储备黄金。例如,英国央行的大规模抛售、瑞士央行和国际货币基金组织准备减少黄金储备就成为近期国际黄金市场金价下滑的主要原因。

2. 需求因素

黄金的需求量和黄金的用途有直接的关系,而其用途包括首饰加工及工业原料、投资需求及投机需求。以上三个需求的变动都会影响对黄金的总需求。

首先,黄金用于首饰业和工业的需求。

一般来说,世界经济的发展速度决定了黄金的总需求,例如在微电子领域,越来越多地采用黄金作为保护层;在医学以及建筑装饰等领域,尽管科技的进步使得黄金替代品不断出现,但黄金以其特殊的金属性质使其需求量仍呈上升趋势。而某些地区因局部因素对黄金需求产生重大影响。如一向对黄金饰品大量需求的印度和东南亚各国因受金融危机的影响,从1997年以来黄金进口大大减少等。

其次,投资保值的需求。

而对于普通投资者,在通货膨胀情况下,投资黄金能够达到保值的目的。在经济不景气的态势下,由于黄金相对于货币资产保险,会导致对黄

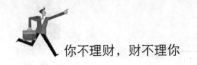

金的需求上升，金价上涨。例如，在"二战"后的三次美元危机中，由于美国的国际收支逆差趋势严重，各国持有的美元大量增加，市场对美元币值的信心动摇，投资者大量抢购黄金，直接导致布雷顿森林体系破产。1987年因为美元贬值，美国赤字增加，中东形势不稳等也都促使国际金价大幅上升。

最后，投机需求。

投机者根据国际国内形势，利用黄金市场上的金价波动，加上黄金期货市场的交易体制，大量"沽空"或"补进"黄金，人为地制造黄金需求假象。这种投机性需求也会对黄金需求总量带来变动。

除基本的供求因素外，还有其他几个方面的因素会影响世界黄金价格。主要包括美元走势、国际政局动荡或战争、经济景气状况、通货膨胀、利率及石油价格等。

3. 美元走势

由于国际金价用美元计价，黄金价格与美元走势的互动关系非常密切，因此，一般在黄金市场上有"美元涨则金价跌，美元跌则金价涨"的规律。美元虽然没有黄金那样的稳定，但是它比黄金的流动性要好。因此，美元被认为是第一类的钱，黄金是第二类的钱。美元坚挺一般代表美国国内经济形势良好，美国国内股票和债券的价值将得到投资人的认可，黄金作为价值贮藏手段的功能受到削弱；而当美元汇率下降时，则往往与通货膨胀、股市低迷等有关，黄金的保值功能又再次体现，刺激对黄金保值和投机性需求上升。如1971年8月和1973年2月，美国政府两次宣布美元贬值，在美元汇价大幅度下跌以及通货膨胀等因素作用下，1980年年初黄金价格上升到历史最高水平，突破800美元/盎司。回顾过去20年历史，如果美元对其他西方货币坚挺，则国际市场上金价下跌，如果美元小幅贬值，则金价就会逐渐回升。

4. 国际政局

国际政局的变动主要可以通过对经济的影响或对投资者预期的影响来影响黄金需求，进而影响黄金价格，因此，国际上重大的政治、战争时间必将影响金价。如果国际政局动荡不安，战争频繁，那么经济发展必然受到阻碍和限制，政府为战争或为维持国内经济的平稳而支付费用，这时，大量的投资者会转向投资黄金以求保值，黄金的重要性立刻淋漓尽致地发挥出来了。如"二战"、美越战争、国际恐怖主义、霸权主义等，都使金价有不同程度的上升。但是也有其他的因素共同制约。如在1989—1992年间，世界上出现了许多的政治动荡和零星战乱，但金价却没有因此而上升。原因就是当时人人持有美元，舍弃黄金。所以投资者在分析金价变动时，不能简单地套用战乱因素来预测金价，还要综合考虑美元等其他因素。

5. 经济情况

世界的经济情况会直接影响投资者对黄金的需求，通常繁荣的经济背景下，人们会有剩余资金，对投资黄金的需求会上升，金价也会受到一定的支持。而当经济萧条时，人们生活只能满足于基本的物质基础，黄金投资自然会下降，金价也会下跌。因此，预测金价特别是短期金价，要关注各国政府或机构公布的各项经济数据，如GDP、失业率等。

6. 金融危机

世界金融危机出现后，人们为了保留住自己的金钱纷纷去银行挤兑，银行出现大量的挤兑后导致破产或倒闭。当美国等西方大国的金融体系出现不稳定现象时，世界资金为寻求保值便会投向黄金，这时会带来黄金的需求增加，金价即会上涨。黄金在这时就发挥了资金避难所的功能。而在金融体系稳定的情况下，投资人士对黄金的信心就会大打折扣，将黄金沽出而造成金价下跌。

7. 通货膨胀

通货膨胀对黄金价格的影响要从长期和短期两个方面进行分析。从长期来看，每年的通货膨胀率若是在正常范围内变化，其对金价的波动影响并不大，只有在短期内，物价大幅上升，引起人们的恐慌，货币的单位购买能力下降，持有现金根本没有保障，收取利息也赶不上物价的飞涨时，金价才会明显上升。总的来说，黄金是对付通货膨胀的重要手段之一。

8. 利率

利率作为政府紧缩或扩张经济的宏观调控手段，对金融衍生品的交易

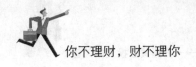

及价格变动影响较大，而对商品期货的影响较小。利率的变动主要通过对保证金利息的影响和对资金流向的影响来带动黄金需求的变动。由于投资黄金不会获得利息，因此，黄金投资的获利全凭价格上升。对于投机性黄金交易者而言，保证金利息是其在交易过程中的主要成本。所以，在利率偏低时，黄金投机交易成本降低，投资黄金会有一定的益处；但是利率升高时，黄金投资的成本上升，投机者风险增大，相对而言，收取利息会更加吸引人，无利息黄金的投资价值因此下降。特别是美国的利息升高时，美元会被大量地吸纳，金价势必受挫。

9. 石油价格

石油价格波动将直接影响世界经济的发展，美国的经济发展与原油市场的关联度尤其紧密，因为美国的经济总量和原油消费量均列世界第一位。而美国经济强弱走势直接影响美国资产质量的变化，从而引起美元涨跌，进一步影响黄金价格的变化。油价已经成为衡量全球经济是否健康成长的"晴雨表"中不可或缺的重要组成部分。高油价也就意味着经济增长不确定性的增加以及通胀预期的逐步升温。而黄金本身作为通胀之下的保值品，与通货膨胀形影不离。石油价格上涨意味着金价也会随之上涨。但是，一般来说，原油价格的小幅波动对黄金市场的影响不大，当石油价格波动幅度较大时，会极大地影响黄金生产企业各国的通货膨胀，因而影响黄金市场的价格趋势。同时，石油和黄金有各自的供求关系，如果在通胀高的情况下，石油跌黄金不一定也跌。因为仅仅石油跌对通胀的影响毕竟有限。所以投资者要综合各种因素分析，不能仅凭一个方面来预测金价变动。

10. 股票市场

股票市场能够体现投资者对经济发展前景的一定预期，一般来说，股市下跌，金价上升。因为，如果大家普遍对经济前景看好，则资金大量流向股市，股市投资热烈，金价一般会下降。

四、掌握黄金交易程序

在国内，上海黄金交易所是黄金交易的唯一法定市场，流动性可以保

第十章 金色的诱惑——把握黄金投资的关键

障。一般而言，上海黄金交易所代理业务进行交易程序分为交易前、交易中和交易后三个阶段。在交易前，客户委托会员单位办理开户手续以及双方签订代理交易协议书；在每场交易中，由客户通过被委托会员下达交易指令；每场交易完成后，会员单位将执行指令结果及时通知客户；后续还有办理财务及交割等事宜。这和股票交易流程类似。由于个人黄金交易的合法渠道只有通过银行进行，因此，下面的说明中以商业银行为例来说明黄金投资的交易过程。

1. 交易

个人投资者进行黄金投资主要是通过上海黄金交易所有一定资格的会员来代理黄金交易。

第一，应在具有一定资格的商业银行开设账户；然后，应将购买黄金所需的全额保证金存放到该商业银行"代理黄金买卖保证金存款"账户内，或者将所持有的黄金以该会员（例如商业银行）的名义缴存到上海黄金交易所指定的开设在当地的黄金交割库，并将黄金交割库出具的黄金解缴入库凭证送到代理黄金买卖业务受理行。

商业银行在收到客户的保证金或"黄金入库单"后，才可与委托人签署"委托代理黄金买卖业务申报单"。

第二，总行资金部客户受理处接到业务受理行发来的"委托代理黄金买卖业务申报单"，根据委托申请的各项要约，通知场内交易员做买卖交易。

第三，场内交易员报价成交后，向资金部客户受理处及时返回成交信息，客户受理处接到场内交易员的成交信息，应在"代理黄金买卖交易系统"中输入相关内容，制成"委托代理黄金买卖清算交割单"发送业务受理行。

第四，业务受理行接到总行的成交通知，即可在代理黄金买卖交易系统中打印"代理黄金买卖业务清算交割单"交给客户。

第五，黄金客户凭"委托代理黄金买卖业务申请单"第一联来银行办理清算交割手续。这样，交易阶段的步骤就完成了。下面是清算和交割环节。

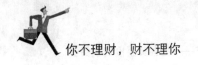

2. 清算和交割

在清算和交割方面，交易所每日收市后实行集中、直接、净额的资金清算原则，每日进行无负债清算，实施风险准备金制度。

我国工商银行、农业银行、中国银行、建设银行四家银行是上海黄金交易所指定的清算银行。参与全额交易的会员，在交易日将资金从买入会员（自营或代理）资金账户上扣除，将资金划入卖出会员（自营或代理）资金账户，下一个交易日再划入卖出会员在清算银行开立的（自营或代理）专用账户。

交易资金同意清算和交易资金管理的职责由上海黄金交易所清算部来承担，所有在交易所交易系统中成交的合约必须通过清算机构进行统一清算，并接受清算部检查。在日常清算过程中，交易所和会员之间的资金往来清算通过交易所在清算银行开设的专用清算账户和会员在清算银行开设的专用自营和代理资金账户办理。

其实，黄金会员入场交易成交以后的资金清算和黄金交割即时完成。因为在上海黄金交易所的交易规则中规定：黄金会员入场交易，买入黄金的价款应先通过清算银行划入上海黄金交易所的保证金账户，卖出黄金应将黄金先缴存到上海黄金交易所指定的开设在中国工商银行、中国农业银行、中国银行、中国建设银行四家银行的41个黄金交割库。

非黄金会员的委托代理买卖，成交以后其清算交割手续则比较复杂。委托代理成交后，银行在交易市场上每天都有许多笔买卖业务，如果每笔业务都要求与客户一手交钱、一手交货，不仅程序繁多，而且要占用大量的人力、物力、财力和时间。为了解决这一矛盾，银行一般以每一营业日为一个清算期，集中与黄金交易所办理清算业务。所谓清算，就是黄金客户委托商业银行买卖黄金的数量和收付货币金额可分别予以抵消，再计算交割净额黄金与结算净额价款的过程。

在黄金交易清算结束后，就可以办理交割手续了。所谓交割，是指卖方向买方交付黄金，买方向卖方交付价款，交割时必须足额交割。交易所规定黄金的标准交割品种。交易所实物存入提取为整条块，不切割，并对最小提货量进行了规定。办理价款交割时，经客户在交割单上确认后，买入黄金的客户应将交割款项如数开具划账凭证划到委托代理业务的商业银行的保证金账户上，卖出黄金的客户则由代理业务的商业银行自动将款项

第十章 金色的诱惑——把握黄金投资的关键

划入其清算账户。卖出黄金者则应将黄金如数缴存到当地的黄金交割库，将缴存凭证送代理业务的银行。买入黄金的客户如要提取黄金，可由银行向黄金交易所提出提取黄金申请，取得黄金提取凭证交与客户，由客户去当地黄金交割库自行提取。

3. 过户

如果投资者投资的是实物黄金，完成上述两部就完成了整个黄金的投资过程，但如果投资的是纸黄金，清算交割后的过户很重要，是整个过程的最后一步。纸黄金是一种黄金物权证书，代表着持有者对黄金的请求权。纸黄金的转让意味着物权的转让，即卖者丧失其权利，买者获得权利而成为新的持有者。因此，必须在黄金所有权权证上变更所有者的姓名、地址、所持数额等，这就是过户。大多数纸黄金的过户手续都通过黄金权证的出具人——黄金交易所或银行（如商业银行）的电脑统一办理，只要变更电脑索引权证名卡，过户手续即告完成。

五、黄金投资策略

投资者要掌握一些基本的投资策略。需要注意的是：投资理念是要遵循的投资原则，投资策略是投资的方式方法。金市寻金，正确的操作策略是获利避险的基本保证，投资者必须要掌握以下几大投资策略。

1. 不要一见好，立刻收，尽量使利润延续

新入市的投资者，缺乏投资经验，大多数过分小心翼翼，在开盘买入或卖出之后，当价格变动到一见有盈利，就立刻想到平盘收钱。虽然这样可以立刻获得一定的收益且避免获利回吐的风险，但是很可能失去进一步获利的可能，而且并不能获得一定的投资经验。这时，有经验的投资者，会根据自己对价格走势的判断，然后确定平仓价格，只有当价格波动到其预期价格附近时，才会平仓。如果认为市场趋势正朝着对他有利的方向发展，他会耐心等待，进一步扩大已获利润。当然，这需要一定的投资技巧，新入市的投资者可以逐步积累经验。

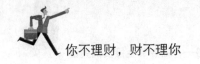

2. 要学会建立头寸、斩仓和获利

无论上升行程中的盘局还是下跌行程中的盘局，一旦盘局结束价格突破阻力线或支撑线，市价就会破关而上或下，呈突进式前进。这时正是入市建立头寸的良好时机。而选择适当的金价水平以及时机建立头寸是盈利的前提。如果盘局属长期关口，突破盘局时所建立的头寸，必获大利；相反，如果入市的时机不当，就容易发生亏损。

斩仓是在建立头寸后，突遇金价下跌时，为防亏损过多而采取的平仓止损措施。

斩仓是金融投资者必须首先学会的本领。未斩仓，亏损仍然是名义上的，一旦斩仓，亏损便成为现实。虽然，斩仓会给投资者造成精神压力，有时候投资者会带着侥幸求胜、等待价格回升或不服输的情绪，而妨碍斩仓的决心，这其实所冒的亏损风险更大。因此，要学会斩仓并勇于斩仓。

获利，就是在敞口之后，价格已朝着对自己有利的方向发展，平盘可获盈利。掌握获利的时机非常重要，卖出太早，获利不多；卖出太晚，可能延误了时机，金价走势发生逆转，盈利不成反而亏损。这个度，投资者需要靠积累经验来把握。

3. "金字塔"加码法则

很多投资者有这样的经验：有时候在买入黄金后，价格开始上涨，投资开始盈利，而且价格上涨到一定程度后，还在继续上涨，此时投资者更加确定其价格上涨的未来趋势，于是想要增加投资提高收益。笔者建议大家遵循"金字塔"加码法则，即每次加买的数量比上一次少的原则。这样逐次加买，数量越来越少，犹如"金字塔"的模式，层次越高面积越小。这是因为价格越高，接近上涨顶峰的可能性越大，其进一步上涨的可能性就越小，危险也越大。有些投资者在交易时，一见买对就加倍购买，一旦市势急跌，难免损失惨重。而金字塔式的投资，相较之下更加保险，如果价格继续上升，可以获得增加的收益，而一旦市势下跌，由于在高位建立的头寸较少，损失相对也会轻些。

4. 小心大跌后的反弹和急升后的调整

在金融市场上，价格的急升或急跌都不会一条直线地持续上升或一条

第十章 金色的诱惑——把握黄金投资的关键

直线地持续下跌,升得过急总要调整,跌得过猛也要反弹。当然,调整或反弹的幅度比较复杂,不容易掌握。因此,在金价大跌或急升后,投资者都要谨慎操作,防止判断错误。

5. 忌"配置太多"

黄金属于中长线的投资工具,投资人要有长期投资收藏的心理准备,不要过多看短期走势,不要存在侥幸心理。在投资过程中,当金价已上涨不少时,投资人对是否应大量购买必

如何做一个黄金投资高手

须谨慎。虽然由于黄金具有长期抵御风险的特征,但相对应的是其投资回报率也较低,黄金投资在个人投资组合中所占比例不宜太高。

六、巧妙应对黄金投资的风险

任何投资都有风险,黄金投资也不例外。下面简单介绍黄金投资市场的风险及风险特征。

第一,投资风险具有广泛性。在黄金投资市场中,风险存在于投资的各个环节,从投资研究、行情分析、投资方案、投资决策、风险控制、资金管理、账户安全、不可抗拒因素导致的风险等,因此具有广泛性。投资者在每个阶段都要有风险防范意识。

第二,投资风险具有存在的客观性。可以说,任何投资风险都是客观存在的,是不会因为投资者的主观意愿而改变的。因为投资是否盈利本来就是由很多未来的不确定的因素决定的,而这些不确定因素又是客观存在的,是单个投资者不能控制更无法精确预料的,所以说投资的风险是客观存在的。

第三,投资风险的相对性和可变性。所谓风险,就是投资品种未来价格的变动与自己预期的差异度大小。针对不同投资者选择的投资品种不同,风险是不同的。譬如说,投资黄金现货和期货的结果是截然不同的。前者风险小,但收益低;而后者风险大,但收益很高。所以风险不能一概

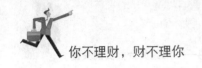

而论,有很强的相对性。同时,投资风险还具有很强的可变性。由于影响黄金价格的因素在发生变化的过程中,会对投资者的资金造成盈利或亏损的影响,并且有可能出现盈利和亏损的反复变化。投资风险会根据客户资金的盈亏增大、减小,但这种风险不会完全消失。

第四,投资风险具有一定的可预见性。虽然说,黄金价格波动受很多因素影响,不能准确预测其变动规律。但是,那些影响黄金价格的因素都是客观存在的,投资者可以对这些因素分析,如原油和美元的走势、地缘政治因素的变化等。这些因素的分析对于黄金投资的操作而言具有一定的可预见性。客观、理性的分析将会为投资操作提供一定的指引作用。

既然风险是客观存在的,那么就有进行风险管理的必要,下面就如何实施风险管理提供了几条建议。

首先,根据自身状况制订合理的投资计划和方案。在展开投资之前,投资者应该根据自身资金状况和风险承受能力来制订资金运用的比例及止损点等投资计划。这个计划在投资正式操作之后起到指导限制的作用,可以为失误操作造成的损失留下回旋的空间和机会。随着投资经验的积累以及自身情况的变化,投资者要及时更新这个投资计划和方案并严格遵循。

其次,根据时间条件制定适宜的操作风格。由于每个投资者针对黄金投资的造作时间不同,有的时间充裕,有的只有零星时间可以用于投资管理,而且各个投资者自身拥有的分析技能不同,所以投资者应根据自身情况不同制定一定的操作法则。如果有足够的时间盯盘,并且具有一定的技术分析功底,可以通过短线操作获得更多的收益机会;如果只有很少的时间关注盘面,则这种投资者不适宜作短线操作,需要慎重寻找一个比较可靠的并且趋势较长的介入点中长线持有,累计获利较大时再予以出局套现。

再次,要树立良好的投资心态。做任何事情都必须拥有一个良好的心态,尤其是进行金融投资,时刻都面临着盈利的诱惑和失败的风险。只有心态平和时,思路才可以比较清晰,面对行情的波动能够客观地看待和分析,才能够理性操作。

最后,建立操作纪律并严格执行。制订了投资计划和操作风格,还要建立严格的操作纪律。因为行情每时每刻都在发生变化,涨跌起伏的行情会使投资者存在侥幸和贪婪的心理,如果没有建立操作纪律,投资者很可能会错过盈利的最佳时期或者抱着侥幸心理而遭遇更大损失。因此,要建立操作纪律，自己监督自己及时地止赢结算或止损。

七、实物黄金的投资方法与技巧

不同品种的黄金理财工具，其风险、收益比是不同的。实物黄金的买卖要支付保管费和检验费等，成本略高。实物黄金投资主要包括金条、金币及金饰投资等，下面分别进行介绍。

1. 直接购买投资性金条

在展开说明前，首先区分投资性金条和饰品性金条。

投资性金条的价格和国际黄金市场价格非常接近，而且投资者购买回来的金条很方便地可以再次出售，一般由黄金坐市商提出买入价和卖出价的交易方式。而饰品性金条包括纪念性金条、贺岁金条等，它们的售价远高于国际黄金市场价格，而且回收麻烦，兑现时要打较大折扣。在下面所讲的金条投资中指的是投资性金条。

投资性金条加工费低廉，各种附加支出也不高，标准化金条在全世界范围内都可以方便地买卖。而且，世界大多数国家和地区都对黄金交易不征交易税，是全球24小时连续报价，在世界各地都可以及时得到黄金的报价。

黄金投资适用于那些平时工作忙碌，没有时间关注金价变动，不追求短期价差的投资者。购买金条后，将黄金存入银行保险箱中，做长期投资。但是，注意购买的金条或金砖，一定要确认是投资性金条，而不是"饰品性金条"，一般的工艺性首饰类金条可以少量购买用作收藏。只有投资性金条才是投资实物黄金的最好选择。

投资者可以通过各种不同渠道投资实物黄金，主要有以下三种：

（1）金店。一般通过金店渠道购买黄金更偏重的是它的收藏价值而不是投资价值。如购买黄金饰品是比较传统的投资方式，金饰在很大程度上已经是实用性商品，投资意义不大。

（2）银行。银行也是投资者进行投资的渠道之一。在银行可以购买到实物黄金，包括标准金条、金币等产品。

（3）除金店和银行外，投资者还可通过黄金延迟交收业务平台投资黄金，这是时下较为流行的一种投资渠道。黄金延迟交收指的是投资者按即

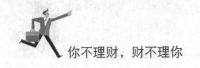

时价格买卖标准金条后,延迟至第二个工作日后任何工作日进行实物交收的一种现货黄金交易模式,兼顾了银行里纸黄金和实物金两种优势。如"黄金道"平台推出的 HBL 北交标准金就是目前国内"投资性金条"的一种,人民币报价系统与国际黄金市场同步,投资者既可以通过黄金道平台购买实物金条,也可以通过延迟交收机制"低买高卖",利用黄金价格的波动盈利,它对于黄金投资者来说是非常好的投资工具。

2. 黄金首饰投资

在国内我们所看到的黄金制品最多的是黄金饰品。但黄金饰品受附加费用影响,因而并不是一个好的投资品种。按照黄金和其他金属成分的构成,黄金制品可分成纯金制品、合金(K 金)制品和包裹金制品三大类别。购买金饰品应把饰品看作对个人的形象装扮或馈赠亲友的礼品,不能与投资相提并论。简单地说,黄金饰品不具有投资价值。

3. 金银纪念币投资

我国从 1979 年开始发行现代金银纪念币,金银纪念币发行量小,材质贵重,有一定的投资价值,从而成为人们对资产进行保值、增值的一种较好的选择。投资金银币时,要注意以下几点:

首先,区分金银币和金银章。两者最主要的区别就是金银纪念币具有面额而金银纪念章没有面额,所以金银纪念币的权威性是最高的,一般来说金银纪念币的市场价格要远高于金银纪念章。

其次,要区分清楚金银纪念币和金银投资币。两者的区别是,纪念性金币是有明确纪念主题、限量发行、设计制造比较精湛、升水比较多的贵金属币;投资性金币是专门用于黄金投资的法定货币,其主要特点是发行机构在金价的基础上加较低升水溢价发行,以易于投资和收售,每年的图案可以不更换,发行量不限,质量为普制。

买金币的时候,首先,注意金银纪念币是否有证书。金银纪念币基本上都附有中国人民银行行长签名的证书。其次,注意金银纪念币的品相。金银纪念币从投资的角度分析,由于是实物投资,所以金银纪念币的品相非常重要。

八、纸黄金的投资方法与技巧

与实物黄金相比,纸黄金全过程不发生实金提取和交收的二次清算交割行为,交易更为简单便利。

在选择纸黄金投资之前,首先要对市场上各家商业银行提供的纸黄金有所了解。单单中国工商银行、中国农业银行、中国银行、中国建设银行四家商业银行的纸黄金业务就有区别。主要区别在于交易时间、交易点差和报价方式上。下面以工、中、建及中信四家银行来说。

首先是交易时间。一般来说,银行的交易时间开放得越长越好,这样就可以随时根据金价的变动进行交易。在这方面,中行"黄金宝"、建行"账户金"每日有1~2小时的停盘时间,中国工商银行"金行家"、中信银行"汇金宝"是24小时不停盘。在开盘时间上,中国银行周一早上8:00至周六早上02:30,其他都是周一早上07:00至周六早上04:00。

其次是交易点差。用金价差减去银行的交易点差就是纸黄金的投资回报。因此,选择低的交易点差可以让自己的收益率更高。中国工商银行"金行家"和中国银行"黄金宝"采用双边点差,而中国建设银行"账户金"和中信银行"汇金宝"采用单边点差,并且在中国银行和中国建设银行投资纸黄金,单笔交易达到一定克数,可享受大额点差优惠。

最后是报价方式:一般采用两种方式,即按国内金价报价和按国际金价报价。在报价上,中国银行"黄金宝"的报价参考国际金融市场黄金报价,通过即时汇率折算成人民币报价。中信银行"汇金宝"则以国际金价为准,中国建设银行"账户金"直接采用了依据上海黄金交易所的AU99.99和AU99.95的实时报价为基准的报价方式,而中国工商银行"金行家"则把人民币和美元分开,综合采用了国内金价报价和按国际金价报价。

投资纸黄金需要注意以下三点:

第一,投资者要根据自身情况制定目标。通常人们投资黄金,从时间上可分为短期、中期和长期投资,从获利要求上可分为保值和增值,从操作手法上可分为投资和投机。上述因素再结合黄金价格的波动和家庭可供使用的资金、个人对黄金价格和黄金品种的熟悉程度、个人投资的风格等,就可以基本确定自己黄金投资的目标。

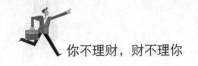

第二，不同的投资目标和风险控制要求，不同时间段投资标的侧重点，都会影响黄金在家庭投资组合中的比例。如现金、房产、证券等大部分资产价格往往与黄金价格背道而驰。合理地调整各种投资产品所占的比例，更能有效地规避风险，获得盈利。对于普通家庭而言，通常情况下黄金占整个家庭的投资比例最好不要超过10%。只有在黄金预期会大涨的前提条件下，可以适当地提高这个比例。

第三，尽管黄金身份尊贵，可它一样会大起大落。黄金投资和黄金储藏是两回事，盲目进入一样会深度套牢。因此，投资者在防范市场风险的同时，对交易的完成和自身权益的保护也是相当重要的。

九、黄金期权的投资策略

期权具有风险确定但收益可能"无限化"的特性，这吸引了很多人。通过期权组合做高风险高收益的投资，不仅能在黄金市场价格下跌时保护所持的黄金头寸，还能把自己放在准备迎接价格大变动的位置上。黄金期权可以单纯作为投资手段，也可以作为套期保值的交易策略。下面就几个期权类型作简单介绍。

买入看涨期权是期权交易里最基础的交易策略之一，一手黄金看涨期权给期权所有者以权利，而不是义务，在一段特定的时间内，按一个特定的价格，买进黄金。看涨期权买方的风险，局限在该看涨期权的权利金（期权的价钱）加上佣金。当黄金价格上涨到高于该期权折平价格，盈利的可能性是无限的。反之，投资者可以放弃行使期权，最大的损失仅为期权费。虽然中国国内的黄金期权都是仅在到期日才能行使的欧式期权，但在到期日前，期权价格也会随着价格的变动而波动，投资者可随时将期权卖出对冲。

与买入看涨期权相同，买入看跌期权的交易策略其原理也适用在明确趋势判断的市场状况下。在金价有所突破前，虽然我们不能十分肯定价格变动方向，但是我们可以确定任何一个方向的突破都将造就一轮趋势行情。因此，我们可以同时买入一份期限相同的看涨期权和看跌期权，金价从任何一个方向大幅波动都将能带来可观的收益。这种策略最坏的情况是期权到期时价格未有变动，投资者就会损失两份期权费用。另外，投资者可以对该策略做一定变化，如果投资者更倾向于看金价会向上突破，同时

第十章 金色的诱惑——把握黄金投资的关键

又不放弃可能的向下突破带来的收益,则可以同时买两份看涨期权和一份看跌期权,将筹码更多地押注在看涨的一方。

在纸黄金等其他黄金投资品种相结合的期权投资策略中,最普遍的应用是"保护性看跌期权",保护性看跌期权较适用于已持有黄金头寸,但害怕价格下跌会带来损失,宁可支出一定的成本买个"保险"的投资者。投资者想要买入黄金,但担心价格会下跌,犹豫不决,可以通过保护性看跌期权锁定风险,以免错失价格上涨的机会。由于它担保了在期权有效期内价格下跌时风险的有限性,以及价格上涨时盈利可能的无限性,特别适合在趋势看好、短期内市场震荡的情况下使用。

卖出看涨期权,与买入看涨期权不同的是,以未来无限收益的可能去换取收益确定的期权费收入。当投资者作为看涨期权的卖方时,理论上他承担的风险是无限的,而收益仅限于期权权益金的收入。在金价下跌的情况下,可以用期权费的收入补偿损失,而代价是放弃金价上涨时产生的更大的盈利机会。因此,卖出看涨期权通常被认为是一种谨慎和保守的交易策略,它更为关注对现有头寸的保护,而非在价格上涨时的资产增值。这一期权交易策略适合将资本保全放在首位,而将投资的适度回报置于次要地位的投资者。

收益的确定性是卖出看涨期权的另一个特点,这就是期权费收入。它属于投资者一旦建立头寸,就能够准确计算投资回报的少数投资方式之一。

流动性风险是卖出看涨期权除了未来收益的可能受限的另一个限制。由于需要将头寸冻结,投资者就要承担金价不断下跌的风险,而且无论金价下跌到什么程度,即使你预计金价还会大幅暴跌,你也无法将你的头寸平仓。目前唯一在内地开展黄金期权业务的中行,其交易规则规定了客户在期权到期日才能解冻头寸,因此客户在面对不断下跌的金价时,唯一的选择只能是买回相应的看涨期权做对冲。海外市场的投资者可以无须质押黄金头寸即可卖出看涨期权,即无担保卖出看涨期权,当然,这也是要承担相应的巨大风险的。

卖出看跌期权,投资者卖出看跌期权需要承担按约定的价格买入一定数量黄金的义务。以中国银行的"黄金宝"为例:若客户卖出黄金看跌期权,则客户账户内的美元将被冻结,同时客户的存折或美元存单将被质押在银行,在期权到期时,如果期权被行使,则客户账户上的美元将按行权

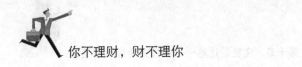

价格兑换成纸黄金；如果未被行使，则客户账户内的美元将被解冻，并归还客户的存折或存单。实际交易中，卖出看跌期权可以让投资者以确定的价格建仓，同时额外获得期权费收入，相对于等待回落再买入的策略而言，更有成本上的优势，而且能获得在计划落空时的额外补偿。

卖出看跌期权时，由于执行期权的义务，其交易计划就显得不可更改。把这当作严格遵守交易纪律的外在约束的同时，也缺少了市场状况变化时改变交易计划的灵活性。当然，投资者也可以通过买入相应的看跌期权作为对冲。

通常情况下，投资者认为金价将大幅上扬时买入看涨期权，认为金价将显著下跌时买入看跌期权。但有时市场经过长时间的盘整后即将选择方向，这时我们很难判断最终会上涨还是下跌，只知道积蓄已久的力量释放出来将产生较为明显的趋势。在这种情况下，投资者可以同时等量地买入协定价格相同、到期日相同的看涨期权和看跌期权，左右开弓。这就是所谓的跨式期权。

买入跨式期，若黄金价格发生较大变动，无论是上涨还是下跌，总会有一种期权处于实值状态，而且执行价格与协定价格的差距越大，投资者可能获得的盈利也就越高。因此，这种双向期权等于为买方提供了一个双向保险。

卖出跨式期权与买入跨式期权相反，投资者预期金价不会大幅波动，只在期权有效期内维持区间整理格局，于是卖出跨式期权。如果投资者无法判断金价将会小幅上涨还是下跌，只是非常确定不会出现明显趋势，那么就可以同时卖出相同协定价格、相同到期日的看涨期权和看跌期权，以便在价格波动不大的情况下扩大收益。当然，这样做也同时加大了风险，只要金价出现趋势性的上涨或下跌，跨式期权卖方就有可能承受非常大的损失。因此，与纸黄金等交易品种相比，期权交易对投资者的专业知识和实践经验有着更高的要求。

第十一章 不动产投资

杜甫诗云"安得广厦千万间",此言道出了中国人千百年来的梦想——拥有自己的房产,多多益善。无论何时,房产都意味着安身立命的实用价值和风雨无忧的心理安全感。时至今日,房产意味着更多,它是防范通胀的资产保值工具,也是经济高涨时的投资增值利器,它是富豪投资时不变的旧爱,也是大众理财时青睐的新欢。你越是了解它,越能明白它为何始终如此诱人。

一、为何房产投资如此诱人

"想买房吗?"这个问题对绝大多数中国人来说都不成其为问题,只要资金条件许可,答案毋庸置疑。在国人的传统观念中,房子是家的必要基础,无房不为家。即使你已经拥有多套房产,可是当你决定在一份新的房产证上签下你的名字的时候,即使一掷百万元,代价不菲,你也乐此不疲,因为房子带给我们的安全感和成就感要比其他的资产高得多,"安得广厦千万间",这是大多数人的梦想。而时至今日,我们认识到房产的价值早已远超安身立命的使用价值和风雨无忧的心理安全感。房产巨大的资产保值和投资增值的价值,已经为我们所广泛认识。说到资产保值,我们不妨以二十年的跨度来回顾我们的物价水平和货币的购买力,我们可以清楚地看到通货膨胀对资产价值的巨大杀伤力,而房产从来就是防御通胀和资产保值的最优选择,这点已是放之四海皆准的资产保值第一准则。在通货膨胀发生时,房产也会随着其他有形资产的建设成本不断上升,房产价格的上涨也比其他一般商品价格上涨的幅度大。说到投资增值,我们可以回顾这十年来我国房价的增速,再听听有多少人慨叹"早知道是这样,当初贷款也要买房,能贷多少贷多少,能买多少买多少"。尤其是我国民众可用的投资渠道和投资手段非常有限,相比较风云莫测的证券市场,房产投资在提供高增速的同时,更是提供了股市难以比拟的稳定性。其背后的基本逻辑就是房地产产业作为国民经济的重要部门,其产业链条极长,对上下游产业的影响很大,无论何时,保证房地产市场的稳定,都是我国政府的优先选择,这一点使得投资房产具有了天然的稳定性。当前,我国的城镇化进程正是热火朝天,不断加速,中国城市的人口也越来越密集,而土地毕竟有限,供不应求的必然结果就是价格不断攀升,所以在可预见的未来,房产以其在资产保值和投资增值方面的巨大优越性,始终都会在人们投资的最优选项之列。

让我们来看看那些富豪是如何利用房产投资而生财有道的吧。统计显示,今天百亿元身价的超级富翁,90%是大片地产的拥有者。无论是在美洲、欧洲,还是在日本、中国香港,他们都是拥有大量财富、土地的家族,无论是社会动荡还是政府更替,甚至战争,他们的财富似乎都照样不变。名列港澳十大富豪榜首的李嘉诚,是长江实业及和记黄埔有限公司主席,是名副其实的地产大王,他从地产业发迹,最终成为压倒群雄的"地产界巨子"。有"中国电影大王"之称的邵逸夫爵士,地产遍及美国、加拿大及东南亚。他这样谈及自己的致富之道:"我的财产主要来自购入的地皮升值,我买戏院时,总会买下附近的地皮,戏院带旺附近区域后,买入的地皮便会大幅升值。"靠黄金珠宝业起家的郑裕彤,成为超级巨富,仍离不开地产。他对投资珠宝和地产津津乐道:"凡与民生有密切关系的生意都有可为,女人喜爱珠宝,举世皆然;人要住屋,年轻人成家后喜欢自辟小天地,对楼宇便有大量需求,做这些生意不会错到哪里。"这里我们会发现:购买房产不仅仅是富豪成功后的消费和享受,而且是作为快速增值的生财之道。明白这一点,我们就会更加明白房产投资为何如此诱人。

房产投资为何如此诱人

二、了解影响房产价值的因素

任何投资的原则都是低买高卖,这意味着你需要准确判断投资对象的内在价值,并充分理解影响投资对象的价值变动和价格走势的因素有哪

第十一章 不动产投资

些，然后才能通过对这些影响因素的分析来预测价格走势，从而进行买或卖的决策。这个分析过程同样适用于房产投资。总的来说，影响房地产价格走势的因素有如下五个方面。

1. 人口增长

人口的变化、就业率的增加都能刺激房价。人口增长，自然对住房的需求同步增长。就业率增加，意味着人们的购买力增强，会有更多的租房客选择购买和拥有一套自己的住房，对房产的需求就会上升，带动房产价格的上涨。

2. 城市化水平

城市化水平越快，城市人口增长速度就越快，对住房的需求也就越大，在土地资源总量有限，可用供给量日趋紧张的基本前提下，供不应求的必然结果就是房价的不断上涨。而我们正处于快速城市化的阶段，这也是我国近十年房价高速增长的主要原因，这一趋势在可预见的未来不会改变。

3. 利率水平

利率即基准利率，是一个国家的中央银行或储备银行独立于政府用来调控国家经济的一个杠杆。换句话说，这一基准利率是作为其他利率变化的基准线的，比如房屋贷款中的标准浮动利率、银行的各种存贷款利率等的变化，都与这种基准利率有关。利率升高时，居民的储蓄收入会增加，大家就相对更愿意将存款放在银行。如果利率一直降且降到负利率的水平上，大家就不愿意在银行存款，而愿意在手头持有现金或者把钱拿去投资。因此，会造成楼市升温，直接影响房地产投资的资金量，比如说房屋贷款额度的大小，房地产价格也由此受到影响。一般来说，低利率水平下，房产市场价格通常保持上升势头。反之，高利率水平往往对房产价格形成打压。

4. 通胀水平

通货膨胀发生时，房地产价格肯定会上扬，因此，拥有房地产的人的财富也会跟着增值，而没有房地产的人则更加买不起房地产。其结果是，

179

通货膨胀使那些拥有大量房地产的人的收入及财富成倍地增加，没有房地产或者只有少量房地产的人的收入和财富则相应减少，从而导致一个国家的国民收入及财富进行再分配。通常，中、低收入群体受通货膨胀危害最重，因此，越来越多的人都把房地产当作抗通货膨胀、保值、增值的手段。2014年，由于我国应对经济危机而实行宽松货币政策，放松信贷，已经形成了比较强的通胀预期，基于这种预期，越来越多的人有意识地投资房地产为可能的通胀作准备。

5. 政策因素

各类支持经济发展的方针政策，尤其是税务制度改革方面的信息等也会引起房地产价格的波动。影响最显著的莫过于贷款购房政策，每次对贷款购房政策重大调整，都会给房地产市场带来立竿见影的影响。

三、判断房产的投资价值

要想在房产市场上有所作为，或者说通过买房来挣钱，最重要的是能够准确判断出所购房屋是否具有投资价值。通常有两条基本标准，一是看所购房屋是否有升值的空间和趋势；二是计算该房屋将来进入市场后其出租时的租金水平是否大于银行的房贷利息，是否有利可图。

一般来说，当整个国民经济处于快速发展阶段时，人民收入水平增长较快，购买力增强，城市化水平加快，对住房需求要求增加，另外，利率处于低水平，社会中有充裕的流动性，以及整个房产行业处于繁荣阶段，这些因素影响下的房产价格通常会处于上升通道中，在可预期的未来都会维持上升的大势不变，即使小有起伏也不影响大局。通过对这些影响因素的判断，可以比较准确地判断房产的投资价值。

判断房产的投资价值

另外一点是，如果买下的房子租得出、租金又开得高应该是比较有投资价值的。以浙江义乌市的农民为例，他们的商业意识特别强，他们看准当地政府大力扶持小商品商贸市场政策，很多农民都把钱投到买房置业上，拥有多套房的人很多，有的人甚至在市区买下整幢小型商住楼。近几年该市的快速发展证明了这些农民的判断准确，该市外来经商人口不断增多，使得拥有商铺、住房的农民都发了大财，有的农民一年收房租就可获得几十万元甚至上百万元，由于该市商贸发达，现房高价出租已经成为该市商贸地段农民的生财之道。可见，先期的准确判断是投资房产成功的基础。

四、掌握比较计算方式

在对房产价值有了基本的判断之后，投资房产还需要的另一种判断房产价值的能力是掌握一些即看即算会比较的计算方式，通过比较来判断房产价值。如计算物业的投资回报，要掌握以下三个数据：一是房屋的单价和总价，二是楼盘周边物业的售价，三是出租现状及价位。掌握了这些基本情况后，就可比较市场租金与所选物业房价的比值，同时也测算出租金扣减贷款利息后，净盈利与银行存款利息及股市收益率之间的效益差距。当然，理论和实践必然会有差距，如果没有协调或把握好，出现失误也是很正常的。既然是投资，也就有风险，这是每一个投资者都应具备的心理素质。

五、选择适合你的房产类型

房地产投资的第一准则，就是选择适合你的房产。所谓适合，主要是看你拥有的资金实力大小，可用资金的流动性，可得资金的渠道，以及你对不同房产类型的理解。很多人都有这样的疑问：怎样投资房产？是不是投资住宅才能赚钱？实际上不尽然，房产投资的内容丰富，有住宅房产、商业房产、工业房产、土地等。那么，如何选择适合自己的投资类型呢？正确的方法是首先了解每个不同类型的特点，然后选择适合自己的投资范围。

1. 住宅房产投资

在所有的房产投资项目中，住宅房产的投资相对资金额小、风险不大、回报稳定，也是目前一般民众主要采用的投资方式。一项住宅房产的

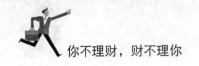

投资，除了获取租金这一货币收益外，投资者更应看中的是资产升值空间。作为不动产投资，其升值主要取决于两个方面：一方面是通货膨胀，房产可有效抵御通货膨胀导致的购买力下降，又可从通货膨胀中受益；另一方面是资源的稀缺性，因为土地是不可再生资源，土地稀缺会引发房产升值。

2. 商业房产投资

统计数据表明，商业房产投资在房地产投资中所占比重最大，其投资回报率也最高，往往是房地产投资的重要目标。影响商业房产价格的主要因素是商业区收益的高低，商业房产投资应主要看该物业面积的大小、物业所在地区的交通状况、顾客的类型与流量、经营项目的类别和本地区竞争情况、城市规划程度与周边发展趋势等。商业房产投资对地理位置的要求极高，因为地理位置关系到城市土地级差地租所能产生的超额利润的作用及其增值的潜力，是商业房产投资者获利的首要条件，所以商业房产投资成本要高于其他类型房产的投资成本。但是投资者为了获取高额商业利润，尽管投资成本高、风险大，商业房产投资依然是投资者所青睐的热点投资项目。

3. 综合商住楼、办公楼房产投资

综合商住楼的投资是需要的考虑因素最多的，投资者需要全面考察交通、通信和金融服务的便利程度，是决定此类房产投资成败的关键。相关因素包括消防安全系统、通信网络配置情况、停靠车位设计容量、娱乐、休闲、健身房配置等情况。商住楼、办公楼房产投资门槛的高低决定了投入的大小，是否能通过银行按揭购买，只需首付，后续通过"以租养贷"的方式来供楼。根据国际专业理财公司的计算原则，衡量一处房产价格合理与否的基本公式为：年收益×15年＝房产购买价。若投资的房产年收益×15年大于购房款，则表明该投资项目尚具升值空间。

4. 工业房产投资

工业房产的技术性较强，同时有其自身不同于其他房产类型的特殊性。由于工业用房适用性差，技术性强，工业房产对投资者的吸引力小于商业房产。适用性差主要是指工业用房的形式需要服从其生产工艺，市场狭窄。而技术性强,是指一旦科学技术水平提高,往往会造成原有厂房的不适应,甚至废弃。因而工业房产投资对投资者的吸引力远小于商业房产投资。另外,交通运输状况、能源状况与工业用水、供排水系统状况是影响工业区房产投资价值的因素之一。工业房地产并不一定要靠近市中心,所以工业房产的一次性投资远低于商业房产。

5. 土地投资

土地投资就是对尚未开发的原始土地资源的投资。由于可用的土地资源越来越少,决定了土地保值安全性和巨大的增值潜力。土地投资的最大优势在于后期开发比较灵活,投资者可以选择的退出方式和渠道很多。对土地的投资应重点考虑法规、计划、区域、经济等因素对该地区土地价值的影响。

以上房产投资类型中,最具有普适性的,也是大多数民众有能力参与的是住宅房产投资,因其投资相对资金额小、风险不大、回报稳定,是本书重点推荐的投资方式。

六、选择适合你的投资方式

投资方式的选择很大程度上受到你的资金实力和流动性的影响,以及你对投资风险的偏好。资金实力雄厚的,可以选择自主投资或贷款投资。而资金实力有限的,只能采用贷款方式来投资。房产投资让许许多多的人着迷,其最突出的一点就是可以用别人的钱来赚钱。我们大部分的人,在今天要购买房屋时,都会向银行贷款,越是有钱人越是如此。同时,银行乐意贷款给你,是因为房产投资的安全性和可靠性。除房产外,你要是投资其他类型的项目,可能就不会有这么好的运气轻而易举借到钱了。一般情况下,银行对那些回报不太有保障的项目都采取很谨慎的态度。

此外,有些人由于资金不足,选择以有限的钱付首期,再利用银行按揭大量购置房产出租,以租金支付贷款,期望将来房产升值时大赚一笔。但这种做法对一般家庭来说是不合适的,一是按揭周期较长,租售市场的变化难以预料,压力较大;二是回报太慢,对生活质量的提高没有现实意义。

投资房产后可以出租,但怕风险和麻烦。现在不少房地产交易机构推

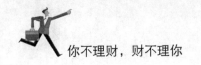

出了"房产银行"。你只要将自己的房产存入"房产银行",每年只需付给其一定的空置时间(最少一个月),就可以坐收租金了。选择"房产银行"也要"货比三家",一定要选择实力雄厚、信誉好、租金定额高、要求空置时间短、手续费低的。

七、选择有投资价值的楼盘

投资者要进行房产投资的第一步,是进行楼盘选择,具有投资价值的楼盘,将会带来巨大的收益。怎样在如此激烈的市场状态下选择优质、保值、抗跌性强的楼盘,已成为当下最热门的话题。

现在让我们来看看被世界不同城市市场验证过的一些投资准则,以及目前市场上主流的投资者选择楼盘的观点,或许会为投资者带来相对客观而可靠的价值判断,并以此更准确地择机出手,最终得以选择自己满意的楼盘。

1. 地段为王

投资房产必须精心选择位置,如果购得前景好、地段好的房产,实际上已为投资成功打下了坚实的基础。对于好地段,有过房产投资经验的人都知道,即使一时大势不利,好地段照样出彩是常有的事。"地段为王"选择楼盘的准则在楼市的动荡时期更加显得颠扑不破。李嘉诚在香港楼市危机时的做法就是最好的成功案例——他在香港楼市低迷时期,果断选择那些地段好的优质楼盘,大量累积,市场一旦转好,赚得钵满盆满。

城市中心是指政治、经济、文化、商业中心或者交通枢纽区域。这里或区位突出、环境优越,或商业繁荣、生活便利,或交通便利、能够迅速连通城市各功能区域,或是功能区域的中心。加之政府投资建设力度大,有很多城市枢纽都集中于这个辐射范围内,不仅眼前可见的地段价值巨大,更因其稀缺性蕴含着无限的未来潜力。但同时由于发展成熟度较缓、开发相对滞后等原因,区域整体的居住、办公及商业价值一直以来被市场所低估,这是城市中心的"价值洼地"。

2. 注重周边环境

应充分考虑周边环境对房价、升值潜力的影响;考察项目周边环境,如周边地区的规划前景，了解周边楼盘的地段、销售面积、销售价格、付款方式、购房对象及楼盘设计造型、装修标准、配套设施和环境美化、绿化、物业等，就可以对未来的投资前景有个构想。

3. 房子的使用价值

房子的使用价值是房产价值的基础。除了房子本身的设计、质量、可用性，房子周边的商业配套设施、物业自身配套设施，是人们选择楼盘时考虑的一个重要因素。完善、成熟的配套可反映一个楼盘的"生命力"，能坚定人们的潜在购买信心，是未来升值的不可或缺的重要条件。配套设施齐全的房子，将会极大地减少住户日常生活中很多不必要的麻烦和支出，包括购物、社交、休闲、娱乐、医疗等。那么，投资购买后无论是出租或再售也都会很方便，会在很大程度上得到租户或投资者对该房产的喜欢和认可。

八、选择适合你的付款方式

关于付款方式，我们都知道关于中国老太太和美国老太太在天堂相遇的故事，美国老太太说："我死之前终于把银行的住房贷款还清了。"中国老太太说："我死之前终于攒够了钱把房子买了下来。"这个故事中所涉及的是两种不同的付款方式。其中，中国老太太是一次性付款，而美国老太太选择贷款分期付款。我们应该选择哪一种呢？这就需要了解一下购房的几种方式和不同方式存在的利弊。

1. 一次性付款

一次性付款是过去最为常见的付款方式，现在一般多用于那些低价位小单元的楼盘销售。一次性付款的优点是：一次性付款一般都能从销售商处得到房价款的5%左右的优惠，如果是现房则能很快获得房屋的产权，如果是期房则这种付款方式价格最低。一次性付款的缺点是：一次性付款需要筹集大笔资金，对经济能力有限的购房者压力较大，而且非常影响后期家庭资金的流动性。如果是期房的一次性付款，开发商有可能不按期交房，造成利息甚至全部房款损失，购房风险较大。

但对于有经济实力的家庭来说，一次性付款可以省去每月还款的麻

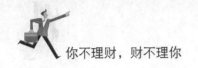

烦，也没有那些选择分期付款的人担心无力偿还房款，房子会被银行收回等方面的心理压力。最关键的是可以免去贷款的巨额利息、以较低的价格购到房屋，且能较早地获得产权。

2. 分期付款

分期付款又分为免息分期付款和低息分期付款，是比较吸引人的付款方式。分期付款的优点是：不仅可以缓解一次性付款的经济压力，同时也可用房款督促开发商履行合同中的承诺。分期付款的缺点是：分期付款随着付款期限的延长，利率会增高，房款额比一次性付款的房款额高出不少。对于期房来说，为了督促开发商建房的质量，可以采取分期付款的方式，以减少因开发商违约而造成的损失，并且对于经济实力有限的人来说也是一个不错的选择。

3. 按揭付款

按揭付款也称购房抵押贷款，是购房者以所购房屋之产权作抵押，由银行先行支付房款给开发商，再由购房者按月向银行分期支付本息的付款方式，鉴于它能使市场潜在需求迅速转化为有效需求，是促进房地产市场活跃的最有效手段。

按揭付款的优点是：可以筹集到所需资金，实现购房愿望，现在能住上20年以后才买得起的房子。对于一下子拿不出几十万元买房子，租房子住但有稳定收入，尤其是有住房公积金的年轻人来说，选择按揭比较合适。不仅没有大笔资金的压力，而且公积金贷款利息又比银行个人住房贷款低，还减少了每月的房租。但按揭付款的缺点是：手续比较烦琐，限制较多，投资后退出较难。

除以上三种方式外，实践中还有以租代售、以租还贷等形式。不管是哪种方式，我们在购房的时候都要充分考虑个人和家庭的实际情况，充分理解各种付款方式的利弊，从而选择合适的付款方式。

九、选择适合你的房贷

如果你决定采用分期付款或按揭付款的方式来购房和投资，如何选择合理的房贷，是接下来需要仔细考虑的一环。买房的人越来越多，选择贷

第十一章　不动产投资

款买房的人也越来越多,不管是对于个人还是对于很多家庭来说,贷款买房都是一笔较大的投资。因此,怎样申贷还贷更经济、更合理,如何选择贷款年限、贷款金额以及还贷方式就显得尤为重要。

在选择合理的贷款之前首先要对自己的购房能力进行一次综合评估。首先要看自己是否有不低于所购房价30%的首期付款,几乎所有的房产商都有这个硬性要求;其次要评估自己每月偿还住房贷款所能承受的能力,即每月家庭收入及其他变现强的金融资产和每月必需支出与备用资金的差额,是否大于住房贷款每月所需偿还的贷款本息。这点可以参考一些银行设计的"家庭月收入与个人住房商业性贷款对照参考表",让自己心中有数。

通过对自己的综合购房能力进行评估以后,就可根据自己的能力选择适合自己的房贷。目前的贷款品种主要有个人住房公积金贷款、个人住房商业性贷款、个人住房装修贷款三大类。个人住房公积金贷款利率最优惠,1~5年期年利率为4.14%、6~30年期年利率为4.59%;个人住房商业性贷款利率次之,1~5年期年利率为5.31%,6~30年期年利率为5.58%;个人住房装修贷款利率最高,1年期年利率为5.85%,2~3年期年利率为5.94%,4~5年期年利率为6.03%。

从数据显示可以看出,贷款年限越长,每月供款就越少,所要还的贷款利息也就越多。一般的贷款年限都在20年以下,银行很少批出长达30年的供楼贷款。贷款条件中有一条不成文的规定,就是贷款者的当前年龄加上所申请的贷款年限不能超过60。大多数购房者平均年龄普遍都在30岁左右,如果加上30年一般都会超过60,通常已经退休并丧失了大多的收入来源的人,还款能力存在风险,因此银行很少批出30年的贷款。

选择了合适自己的贷款方式以后,还要根据自身情况灵活地选择还款方式。

银行推行的还贷方式主要有两种,一种是等额本息还款,它的最大特点是消费者每月供款金额都是一样的,这种月供款中包含本金和利息,但每个月本金和利息所占的比例都不一样,利息所占的部分是根据当月的供款余额所计算所得出来的。越往后,月供款中本金所占的比例会越来越大,而利息所占的比例则随着供款余额的减少而越来越少。如果有一笔较大的资金可以提前还款,则月供款将根据新的供款余额重新计算。购房者也可以根据自己的经济实力到银行缩短还贷年限,例如从20年修改为10

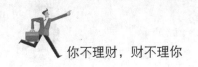

年,从修改的那个月开始,月供款额会按照供款余额和新的还贷年限重新计算。还有一种还款方式是等额本金还款:这种方式每月的供款中所占的本金是一样的,月利息也是按当月供款余额计算,不同的是每月月供款额会逐渐减少。

选择等额本息还款还是等额本金还款要根据预计还款时间而定,因为其中的利息是不一样的。而对于一笔金额相同的贷款缩短贷款年限或选择合适的还款方式都可以达到减少利息的目的。

十、签订购房合同的技巧

签订购房合同是所有购房环节中最重要的一环,投资者务必重视。在签订购房合同时,因为买卖双方在专业知识上信息不对称,有时购房者并非出于本意或者不知道如何把握合同,以致最后在合同履行中处于被动地位。购房者在签订商品房买卖合同前,应对合同条款及专业术语仔细阅读、理解,必要时可向房地产专业律师以及房地产开发主管部门进行咨询。签订购房合同时一定要慎重对待,因为投资者的权利和义务都体现在内了。一旦将来与开发商发生纠纷,购房合同是解决纠纷的重要根据和凭证。所以,在签合同之前,投资者需要仔细查验发展商的资格和"五证"。如果是现房,根据规定,开发商已经不需要再办理《商品房销售许可证》,而改为办理大产权证的审批手续,去产权登记部门进行房屋所有权的初始登记,办理《房屋产权证》。投资者一定要看清楚开发商的《房屋产权证》是否包括了自己想买的房子。一切检查完毕后,交纳一定数额的定金即可。

在合同中,投资者必须要把全部有疑惑的问题落实下来,通常,开发商会将一些承诺印在宣传品中,或由售楼人员口头答应,但是等到实际交付的时候,很可能就会出现问题,而引起纠纷。开发商会把先前的承诺推翻,说合同中没写。所以,我们千万不要疏忽大意,任何值得注意的问题都要落实在合同里。

如果投资者对签订合同没有把握,可以委托律师来协助办理,律师可以帮助你起草补充协议、审查税费明细表、审核契约须知、制订签约后的付款进程表、审查付款情况等。

一份标准的购房合同的主要内容包括以下十一个方面:

（1）甲方土地使用依据及商品房状况，包括位置、面积、现房、期房、内销房、外销房等。

（2）房价，包括税费、面积差异的处理、价格与费用调整的特殊约定等。

（3）付款约定，包括优惠条件、付款时间、付款额、违约责任等。

（4）交付约定，包括期限、逾期违约责任、设计变更的约定、房屋交接与违约方责任等。

（5）质量标准，包括装饰、设备的标准、承诺及违约责任和基础设施、公共配套建筑正常运转的承诺、质量争议的处理等。

（6）产权登记和物业管理的约定。

（7）保修责任。

（8）乙方使用权限。

（9）双方认定的争议仲裁机构。

（10）违约赔偿责任。

（11）其他相关事项及附件，包括房屋平面图、装饰、设备标准等。

在签订上述各项条款时，购房者尤其需要关注以下五项基本问题：

（1）购房合同的各项内容要尽可能全面、详细，各项规定之间要避免相互冲突，尤其是不能与国家的政策法规相冲突；文字表述要清晰、准确；签订合同的买卖双方身份、责任要明确，如合同中的甲方（卖方）不能是代理商或律师事务所，而应是项目立项批准文件的投资建设单位，也不能以上级主管单位或下属机构的名义签订合同，签字人应是法人代表本人或公司章程上授权的主要负责人。

（2）合同上的项目名称，一定要与项目位置联系在一起，以免日后有出入。标明项目位置时，一定要具体、明确，如××市××区××街××号××花园××号楼××层××房。

房屋的户型、面积一定要标示清楚，建筑面积、使用面积及公用面积分摊原则等要明确说明。

（3）房屋的档次和装修标准一般采用附件形式附在购房合同之后，这一内容的表述一定要详细、具体。如技术的等级、材料的品牌、内部设施的种类、负荷标准、供应能力等要一一予以说明。水、暖、电、通讯等设施，要说明安装到什么程度。

（4）其他如付款方式、产权保证等都应详细、具体地加以说明，并对

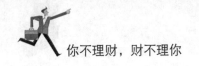

房屋整体结构、各部位配套设施及其部件的保修期给予明确规定。

（5）违约责任的约定一定要对等，否则最终吃亏的是购房者。在购房合同中，一般承担违约责任的违约事项包括：签订认购书后，购房者不买房或要求换房，开发商不卖房或要求换房；购房者不按期付款；开发商不按期交房；面积变动超过约定幅度；房屋装修标准、质量不合要求，保修不到位；产权过户手续不全或不能按期办理。

签约的具体过程如下：

（1）谈妥价格后，购房者应签订认购书（附录样本），并交付一定额度的定金，双方在协议中应明确购房者在什么情况下可终止协议、索回定金。认购书的主要内容包括：认购物业、房价（包括户型、面积、单位价格、总价）、付款方式、认购条件（包括认购书应注意事项、定金、签订正式条约的时间、付款地点等）。

（2）签完认购书后，售方应给投资者发放签约须知，内容包括签约地点、投资者应带证件、贷款凭证说明、缴纳有关税费的说明。

（3）完成以上环节，就该签订正式的购房合同了。在签订购房合同时，一定要坚持使用国家认定的商品房买卖合同的规范文本，不要使用房地产开发商单方制订的合同文本，以防合同中出现欺诈行为。正式的《商品房买卖合同》由开发商提供，是在当地房管部门登记过的格式合同。该合同由三部分组成：格式条款、选择条款、协议条款。格式条款是合同双方不能变更和选择的，没有商量的余地，双方必须同意；而选择条款和协议条款则必须在双方协商一致，或者以补充协议的形式在合同中表现出来，只要把握好选择条款和协议条款，就能充分保障购房人的权利。

十一、二手房产的投资

二手房产投资是房产投资中很大的一块儿，也是近年来发展较快的一种投资方式。对资金实力有限的投资者来说，投资二手房是不错的选择。二手房虽存在着一些不足，但只要看准地段，将房子整饰修缮一下，投资价值也非常高。买二手房投资较买新楼有其自身优势：一是二手房已经剥离了豪华的包装外表，房屋质量更易看清。二是价格弹性较大，提供投资者发挥空间更多。三是周边设施更加完善，居家生活方便，较易吸引租赁者。在具备以上特点的基础上，再加上占用资金相对少，因此有一部分人

第十一章 不动产投资

更愿意买二手房作投资。投资获利的方式也有三种：一为保值获利，即以租金获得利润。二为升值获利，以低进高出，获取差价。三为两者的结合，即前期以租金获利，后期看准时机赚得差价，现在市面上大多以第三种方式进行操作。

购买二手房时，除了位置、价格、交通、环境、配套、物业等与一手房同样需要注意外，投资者还要具体留意以下几点：

一是判断好市场前景。二手房以"小""旧"居多，建筑面积在40～60平方米之间，大多在商业区繁华地段，它主要适合三种情况：城市外来打工族、部分学生、其他流动人口租住；没有经济实力购买新房、大房的居民购买或暂住；三是随着城市人口老龄化，一些老年人因各种主客观原因会逐渐与儿女们分居，只要能满足他们日常的生活起居，这类人群的相当一部分会选择此类房产颐养天年；还有其他类型的人群等。总体上说，此类房产有相当大的市场空间。

二要算清投资收益率。据有关资料显示，大中城市地段较好的房屋每年租金收入为房价的6%～8%。楼房设计使用寿命一般为50～70年，按最低使用年限50年，年折旧率为2%计算。扣除折旧因素实际年租金收入为房价的4%～6%（即年收益率）。投资二手房产比投资5年期国债（现5年期国债年利率为3.14%）收益高出0.86～2.86个百分点，即与年利3.14%的国债相比增加了27.4%～91.1%的收益，同样比现行各类定期存款所得利息收益更高。二手房产价格受折旧和其他诸多因素影响，比市场上新房价格便宜很多，实际所得收益会高于前述的平均收益。所以投资二手房产后，通过长期租赁方式可获得稳定的、较高的收益。当房产价格上扬到一定幅度时，还可及时上市转让以获得更大收益。

投资二手房，要结合本地区实际，权衡利弊，留有选择空间和余地，有计划地把二手房产作为一种投资和理财方式。需要注意的是，贷款投资二手房在经济收益上并非都划算，存在一定风险。但是如果选择贷款还款额不超过家庭月收入的40%、贷款总额占房产总额50%以下的，仍是一种好的理财方式。投资者只要能找出投资的最佳切入点，获得收益应在情理之中。

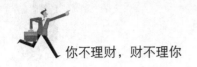

十二、常见的房产投资误区

1. 盲从跟进

有一些人看到别人投资房产赚钱,也盲目跟进;也有人为没能抓住前一波房产行情而后悔,最近看到有人入市,也将钱投了进来。事实上,我们投资房产时要考虑很多的因素,如房产市场状况、房产类别、所在地区、贷款问题、抵押财产、税收问题、与代理商打交道以及房屋维修等。只有在自己具备足够的心理准备及相对较为全面的房产投资知识时,才能进行房产投资。

2. 急功近利

有很多人投资房产就是为了通过买卖来获利,当然,在房产火爆时期,这种想法是对的,也确实有一部分人通过这样的方式获得了较为丰厚的回报。可在房价处高位及房产趋向理性的市场态势下,这样的想法将难以令其如愿。因为房价在高位时随时有下跌的可能,这样将有可能导致投资受损;房产在理性的市场态势下,将不可能再出现房价大起大落的现象,短期内获取暴利是不可能的。

3. 不量力而行

房产投资是大宗投资行为,投资时必须慎重行事、量力而行。有的人抵押自己的住房,靠盘活旧房来投资新房;也有的人卖掉自己的住房自己租房住,靠卖房款来购进大户型、热点区域的房子,甚至是两套以上的房子;还有的人只要是手头有够支付首付的钱就进行投资;更有甚者,有的人完全靠借贷进行房产投资。这些人的投资行为所承担的风险是非常大的。事实上,已经有人为此付出了代价。

4. 贷款过多

有些人在投资房产时,只要自己的钱够首付时就大胆出手;也有一些人有一部分资金投资在证券、实业等领域,不愿将这部分资金抽出来,完全依靠贷款来进行房产投资。这样的想法都是不对的,因为贷款买房时,将不仅承担不菲的利息，还将承担不小的还贷压力，与此同时，其投资的风险也大大增加。

5. 没有折旧的意识

我们都知道固定资产是要计提折旧的，房产也不例外。这一点看起来很简单，可真正想到这一点的人却很少。譬如说，我们买了一台彩电，价格是 2000 元，预期的使用寿命是 10 年，那么它每年的折旧就是 200 元，而这 200 元要算成主营业务成本。房产本身也是要计提折旧的，只不过折旧的年限长一点，通常是 50 年，一套 50 万元的产权房一年的折旧费也是 1 万元。投资性房产，不计折旧会使账面的利润很高，实际的收益却很低，许多开发商就是利用人们不注意折旧这一点，在广告上算出年收益率接近 20%，吸引投资者购房。如果不具备一定的财务知识，是很容易上当受骗的。如果真有这么高的利润率开发商就不会卖房了。

6. 投资目标摇摆

有些人在投资房产时，没有明确的投资方向，买了房以后在挂牌出售的同时，又挂租单。表面看来，这样的做法好像对自己有利，平常靠租金获利，一旦售价达到自己心理预期时将其卖出。而事实上，这种没有明确投资方向的行为将会为自己带来很多麻烦。一方面，因买家看房不方便、租客的行为令房屋品质看起来有所降低等因素令卖房时延缓成交速度和降低获利预期；另一方面，因没有明确的长线投资的心理准备，故在房屋的装修、配置上的投资大为降低，这样将难以租出好的价位，从而影响其获利。

第十二章 保险投资

古人云："月有阴晴圆缺，人有旦夕祸福。"人生总有一些你意想不到的章节，是意外之福还是难测之祸，事前无法预料。有备无患，未雨绸缪，成为人们应对这些意外事件的主导思想，而这其中，保险扮演了不可替代的核心角色。规划合理的保险计划可以用最小的成本来为你最大限度地消除意外事件所带来的损失，为你的人生之路保驾护航，因为有了保险，人生就多了一份安全与保障。让我们一起来了解并规划适合自己的保险组合吧！

一、认识保险——未雨绸缪为人生护航

保险是指投保人根据合同约定，向保险人支付保险费，保险人对于合同约定的可能发生的事故因其发生所造成的财产损失承担赔偿保险金责任，或者当被保险人死亡、伤残、疾病或者达到合同约定的年龄、期限时承担给付保险金责任的商业保险行为。保险是最古老的风险管理方法之一。保险合约中，被保险人支付一个固定金额（保费）给保险人，前者获得保证：在指定时期内，后者对特定事件或事件组造成的任何损失给予一定补偿。保险是一种经济制度，同时也是一种法律关系。保险源于海上借贷，到中世纪，意大利出现了冒险借贷，冒险借贷的利息类似于今天的保险费，但因其高额利息被教会禁止而衰落。1384年，比萨出现世界上第一张保险单，现代保险制度从此诞生。现代保险制度的特征主要有：

（1）互助性。通过保险人用多数投保人缴纳的保险费建立的保险基金对少数受到损失的被保险人提供补偿或给付得以体现。

（2）契约性。从法律的角度看，保险是一种契约行为。

（3）经济性。保险是通过保险补偿或给付而实现的一种经济保障活动。

(4) 商品性。保险体现了一种等价交换的经济关系。

(5) 科学性。保险是一种科学处理风险的有效措施。

保险在现代社会、经济生活中扮演着重要角色，无论是对公司还是个人都意义重大，是现代投资中不可或缺的组成部分，这是由保险强大的功能和作用所决定的。保险具有经济补偿、资金融通和社会管理功能，这三大功能是一个有机联系的整体。经济补偿功能是保险的基本功能，也是保险区别于其他行业的最鲜明的特征。资金融通功能是在经济补偿功能的基础上发展起来的，社会管理功能是保险业发展到一定程度并深入社会生活诸多层面之后产生的一项重要功能，它只有在经济补偿功能和资金融通功能实现以后才能发挥作用。

1. 经济补偿功能

经济补偿功能是保险的立业之基，最能体现保险业的特色和核心竞争力。保险是在特定灾害事故发生时，在保险的有效期和保险合同约定的责任范围以及保险金额内，按其实际损失金额给予补偿。通过补偿使得已经存在的社会财富因灾害事故所致的实际损失在价值上得到补偿，在使用价值上得以恢复，从而使社会再生产过程得以连续进行。

2. 资金融通的功能

资金融通的功能是指将形成的保险资金中的闲置的部分重新投入到社会再生产过程中。保险人为了使保险经营稳定，必须保证保险资金的增值与保值，这就要求保险人对保险资金进行运用。保险资金的运用不仅有其必要性，而且也是可能的。一方面，保险保费收入与赔付支出之间存在时间差；另一方面，保险事故的发生不都是同时的，保险人收取的保险费不可能一次全部赔付出去，也就是保险人收取的保险费与赔付支出之间存在数量差。这些都为保险资金的融通提供了可能。保险资金融通要坚持：合法性、流动性、安全性、效益性的原则。

认识保险——
未雨绸缪为人生护航

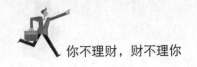

3. 社会管理的功能

社会管理是指对整个社会及其各个环节进行调节和控制的过程。目的在于正常发挥各系统、各部门、各环节的功能，从而实现社会关系和谐、整个社会良性运行和有效管理。

上述功能中，保险的经济补偿功能是最能体现保险业的特色的，对个人来说，也是最有价值的，可以成为投资构成中的重要组成，有效降低整体投资结构中的风险。

二、保险的分类——保险的种类有哪些

保险的分类标准有很多，我们主要使用以下五个指标：被保险人、保险标的、实施的形式、业务承保方式、保险机构的性质，把保险分为五大类。

1. 个人保险与商务保险

根据被保险人的不同，保险可分为个人保险和商务保险。个人保险即以个人或家庭作为被保险人的保险。商务保险是以工厂、商店等经营单位作为被保险人的保险。

2. 财产保险、人身保险与责任保险

根据保险标的不同，保险可分为财产保险、人身保险和责任保险。财产保险是以物或其他财产利益为标的的保险。广义的财产险包括有形财产险和无形财产险。在财产保险中，可以细分为：海上保险、火险、运输险、工程险等；人身保险是以人的生命、身体或健康作为保险标的的保险。在人身保险中又可以分为：人寿险、健康险、意外伤害险等；责任保险是以被保险人的民事损害赔偿责任为保险标的的保险。在责任保险中有雇主责任险、职业责任险、产品责任险等。

3. 强制保险与自愿保险

根据实施形式的不同，保险可分为强制保险和自愿保险。强制保险即法定保险，它是由国家颁布法令强制被保险人参加的保险。如旅行社责任

险、旅游意外保险、建筑工人意外伤害险、煤矿工人意外伤害险、铁路旅客意外伤害险等。自愿保险是在自愿协商的基础上，由当事人订立保险合同而实现的保险。

4. 原保险与再保险

根据业务承保方式的不同，保险可分为原保险和再保险。原保险是指保险人对被保险人因保险事故所致的损失承担直接的、原始的赔偿责任的保险。再保险是原保险人以其所承保的风险，再向其他保险人进行投保，与之共担风险的保险。

5. 商业保险与社会保险

根据国内保险机构的性质，保险又可分为社会保险和商业保险。对个人投保而言，社会保险是基本，商业保险是补充。

商业保险又称为金融保险，是指按商业原则所进行的保险，是指投保人根据合同约定，向保险人支付保险费，保险人对合同约定的可能发生的事故因发生所造成的财产损失承担赔偿保险金责任，或者当被保险人死亡、疾病、伤残或者达到合同约定的年龄、期限时承担给付保险金责任的保险行为。商业保险根据保险的范围或保险标的不同，又分成财产保险、人身保险、责任保险、信用保险等。

社会保险是指国家通过立法强制实行的，由个人、单位、国家三方共同筹资，建立保险基金，对个人因年老、疾病、工伤、生育、残废、失业、死亡等原因丧失劳动能力或暂时失去工作时，给予本人或其供养直系亲属物质帮助的一种社会保障制度。社会保险具有强制性、法制性、固定性等特点，每个在职职工都必须实行，所以，社会保险又称为（社会）基本保险，或简称为社保。社保是最基本、最重要的保险，参加社保的好处也有很多。第一，单位、国家分担了社保的大部分保费，个人所缴比例很小。第二，享受国家的补贴。如养老、医疗等，国家给参保人不少补贴，相当于国家给参保人的福利。

三、保险的规划——量体裁衣恰到好处

随着保险业的发展，保险公司也逐渐多了起来，各保险公司的险种名

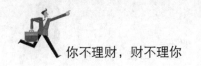

目繁多,如果业务员也是说得天花乱坠,很多人不免眼花缭乱,不知道哪种险种更好,自己该买哪种保险。

实际上,市场上没有最好的保险,只有适合自己的保险。我们知道保险的两个基本经济特征是:①投保是有经济利益的,投保越多则保障越多,经济利益越大。②投保是有成本的,投保越多则成本越多。所以保险并不是越多越好,投保的效果取决于收益和成本的权衡。投保的根本原则是以尽可能小的代价获得较全面的保险,覆盖自身主要的风险领域。在进行保险规划之前,一定要了解自己的风险特点,确定保险的需求,并了解可得的保险产品有哪些,投保收益和投保成本如何,最后在综合各方面信息的基础上,通盘考虑,合理规划,量体裁衣,做到恰到好处,用尽可能小的成本覆盖尽可能多的风险是投保的基本原则。具体来说,这些原则包括:

1. 按需投保

按需选择原则就是根据目前所面临的风险种类选择相应险种。市面上针对家庭和个人的商业险种非常多,并不是每个都适合自己。必须识别目前所面临的风险,根据风险种类和发生的可能性来选择险种。例如,家庭中男主人是主要收入者,且从事危险程度较高的工作,则此家庭的首要保险就应该是男主人的生命和身体的保险。

2. 分开规划

保障型保单和理财型保单,在基本的投保目的上就不相同,而且就保险的原理及保费的结构而论,在保险的规划时必须将保障和理财这两个类型分开规划,如此,才能够提供给保户最高的投保效益。

3. 合理搭配

合理搭配即把保险项目进行合理组合,并注意利用各附加险。许多保险品种除主险外,还带有各种附加险。如果购买了主险种,有需要的话也可购买其附加险。这样的好处是:其一,避免重复购买多项保险。例如,购买人寿险时附加意外伤害险,就不需要再购买单独的意外伤害险了。其二,附加险的保费相对单独保险的保费相对较低,可节省保费。所以综合考虑各保险项目的合理组合,既可得到全面保障,又可有效利用资金。

4. 优先有序

优先有序就是要重视高额损失，自留低额损失。确定保险需求要考虑两点：一是风险损害程度，二是发生频率。损害大、频率高的优先考虑保险。对较小的损失，自己能承受得了的，一般不用投保。而且保险一般都有一个免赔额，低于免赔额的损失保险公司是不会赔偿的，所以，建议放弃低于免赔额的保险。

5. 保险以早买为好

年轻时买些保险，不仅能更早地得到保障，而且费率相对低，缴费的压力也相对较轻。因为年龄越小，所需支付的保险费用也越少。而随着年龄增大，不仅保障晚，费用高，更糟的是还可能被保险公司拒保。一般情况下27岁以上，职业相对稳定的年轻人，可以开始考虑自己的养老计划。这时候保费相对不高，又不会给个人经济造成过重压力。只有具备了条件，趁早为自己备一份充足的养老险，不失为明智之举。

6. 必须考虑保险的未来性

未来性是指保险的规划，对于未来经济环境的改变、保险行业的进步及不同的人生阶段等，预先保留住有利的应变空间与弹性。这是因为，保险契约通常是长期性或伴随终身的契约，所以，在规划之初就要有正确的观念和长远的眼光，才能够为个人或全家人的保险规划跨出成功的第一步。

7. 保险不要轻退

退保后将遭受较严重的损失：一是没有了保障；二是退保时往往拿回的钱少，会有损失；三是万一以后要投保新保单，则要按新年龄计算保费，年龄越大，保费越高，同时还需考虑身体状况，有时还要加费处理。

8. 保险之前人人平等

保险的功能主要在于规避经济上的风险、降低财务上的损失，在保险的规划上，应该不分男、女、老、幼，每一个人都应该有一份属于自己的保险计划，因为每一个人都是独立的，都有自己的情况和定位，所以都需

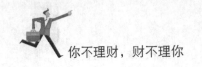

要有足够及完整的保险规划,而且越早安排越好。

四、三种投资型保险的"钱"途

从传统意义上讲,保险就是纯保障类保险。伴随着现代保险行业的发展,保险功能的增多,保险产品的丰富,除了很少一部分人局限于只有基本保障功能的保险外,更多的人则倾向于投资类保险。近年来,伴随着资本市场的繁荣,以分红险、万能险和投连险为代表的投资理财型保险受到众多投资者的极大追捧。

其中,分红险投资策略较保守,收益相对其他投资险为最低,但风险也最低;万能险设置保底收益,保险公司投资策略为中长期增长,主要投资工具为国债、企业债券、大额银行协议存款、证券投资基金,存取灵活,收益可观;投连险主要投资工具和万能险相同,不过投资策略相对进取,无保底收益,所以存在较大风险,但潜在增值性也最大。

1. 投连险

投连险全称"投资联结险",是将保险和理财两个方面组合在一起的保险产品。投资者缴纳的保费,一部分除具有保险的保障功能外,另一部分与保险公司投资收益挂钩,由投资专家负责运作,投资者享有全部投资收益,同时承担相应投资风险。该类产品的资金投资于证券市场的比例可高达100%。因此,很多的投资联结账户价格与证券市场具有很高的关联性,在保险产品中属于较为激进的产品,也自然会有较大的投资风险。适宜抗风险能力较强的人士。投连险保单在提供人寿保险时,在任何时刻的价值是根据投资基金在当时的投资表现来决定的。如2006年基金行情的火爆,就带来了国内投连险的高收益。

从持有时间上,投连险同基金定投一样,适合长期持有,不适合喜欢短线操作的人群。因为投保时必须缴纳一笔不低的初始费用,退保时则根据投保年限又需缴纳手续费。高昂的进出费用决定了投连险的流动性和灵活性又远低于基金产品,所以客户不能够像买基金那样高抛低吸、频繁进出。一般建议持有5年以上,并且最好不要用家庭流动资金购买投连险。

需要注意的一点是,买投连险要学会调整账户配置,因为不同投资账户的回报率各有差别,投保人买完投连险不可置之不管。

2. 万能险

万能寿险是继传统寿险、分红型保险与投资联结保险之后出现的一种更灵活的保险产品。万能寿险之所以"万能",是由于投保人购买了此类产品后,可以根据自己人生不同阶段的保障需求和经济状况对保险金额、所缴保费和缴费期进行调整,使保障与理财比例在各个时期达到最佳。万能险是投资险中最为灵活的一种。2005年,万能险在全国范围内热卖。2006年,由于央行加息、保险公司大力推动等原因,万能险在市场上再次旺销。

保险公司会向客户明示各项保障费用和管理费用,但保单价值并未转化成若干个投资单位,而是由公司通过设立专门的账户进行管理,保险公司也只需依照公司实际的投资收益状况定期公布结算利率,甚至很多产品保险公司通常会承诺给客户一定的保证结算利率。因此,客户不必承担保险公司投资失败的风险。但从另一角度也会使得保险公司在投资渠道的选择上相对保守。

万能险除了能获得投资收益外,还可以得到一定的保障,银行存款则没有保障功能;万能险客户提取保单价值资金后收益不受损失,而提前支取银行定期存款要有一定的利息损失;万能险的结算利率可根据市场变动及时调整,而定期存款的利率调整要等到期后。

尽管万能险收益不高,但有保底收益、具备保障功能,这一险种可以作为中青年的"家庭基金"使用,成为长期家庭理财的一个选择。此外,一些公司的万能险还可以提供保单贷款。

3. 分红险

分红保险是指保险公司将其实际经营成果优于定价假设的盈余,按照一定比例向保单持有人分配的保险产品。

保险公司在厘定保险产品费率时,要预定投资回报率、死亡率、费用率等,由于是长期合同,在保单未来的时间里,如果实际投资回报率、死亡率、费用率优于预定的假设,保单就会产生红利。

分红险是在投保人付费后,得到保障的情况下,享受保险公司一部分的经营成果的保险。根据保险监督委员会的规定,分红一般不得少于可分配利润的70%。若保险公司经营不善时,分红可能非常有限。但是,分红

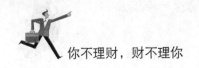

保险设有最低保证利率，客户的基本保障是有保证的。因此，适合于风险承受能力低、对投资需求不高、希望以保障为主的投保人群。

分红险与其他两种投资型保险相比，并不能算完全意义的投资品种。分红险虽然有保障的功能，但保障范围是很有限的，保障的额度也比较低，尤其是单纯的储蓄分红产品，除去保障功能外，与银行储蓄非常类似。

需要投保人特别注意的是，所有保险销售人员向客户描述的红利状况仅仅是一个假设，不能代表该产品派发红利的实际水平。虽然一般情况下分红保险都会有分红收益，但保险公司并不承诺有分红，只是在投资实现收益的情况下才分配红利，在资本市场不景气的年度，红利分配一般会很低，甚至有可能低于银行同期利率，红利分配的不确定性加大了预期的不确定性，一旦红利过低，和投保者的心理预期产生差距，无疑会破坏保险市场的发展；在销售过程中还有些业务人员很有可能为了短暂的眼前利益而误导客户，对分红险市场发展也会带来不利。

所以，投保分红保险还是要从自己的真实需求出发，不能凭借红利情况的预期而选择投保。此外，分红险保单在没有经过一个完整的保单年度而退保时，是无法享受到红利的。

4. 三种投资型保险的区别

三种投资性保险在很多方面都存在区别，这些区别也影响着三类保险的"钱景"，只有真正理解这些区别，才能对保险的收益情况有更充分的理解。

（1）分设的账户不同。分红险不设单独的投资账户，每年的分红具有不确定性；投连险设置了几个不同投资账户，可能享有较高回报的同时也需承担一定的风险；而万能险设有单独的投资账户，同时具有保底利率的功能。

（2）收益分配方式不同。分红险一般将上一年度公司可分配利润的70%分配给客户；万能险则除为投资者提供固定收益率外，还会视保险公司经营情况给予不定额的分红。投连险没有固定收益，完全取决于投资收益情况。

（3）缴费灵活度不同。万能险与投连险都具有缴费灵活、保额可调整、保单价值领取方便的特点。而分红险交费时间及金额固定，灵活度差。

(4) 透明度不同。分红险资金的运作不向客户说明，透明度较低。投连险投资部分运作透明，每月最少一次向客户公布投资单位价格，客户每年还会收到年度报告，透明度较高；万能险则会每月或者每季度公布投资收益率。

(5) 投资渠道不同。保险机构投资者为投连险设立的投资账户，投资股票的比例可以为100%；为万能险设立的投资账户，投资股票的比例不得超过80%。所以结合去年的股市表现，投连险的投资收益远远高于万能险和分红险。

(6) 分设的账户不同。分红险不设单独的投资账户，每年的分红具有不确定性；投连险设置了几个不同投资账户，可能享有较高回报的同时也需承担一定的风险；而万能保险设有单独的投资账户，同时具有保底利率的功能。

(7) 收益分配方式不同。分红险一般将上一年度公司可分配利润的70%分配给客户；万能险则除为投资者提供固定收益率，还会视保险公司经营情况给予不定额的分红。投连险没有固定收益，完全取决于投资收益情况。

(8) 缴费灵活度不同。万能险与投连险都具有交费灵活、保额可调整、保单价值领取方便的特点。而分红险交费时间及金额固定，灵活度差。

(9) 透明度不同。分红险资金的运作不向客户说明，透明度较低。投连险投资部分运作透明，每月最少一次向客户公布投资单位价格，客户每年还会收到年度报告，透明度较高；万能险则会每月或者每季度公布投资收益率。

(10) 投资渠道不同。保险机构投资者为投资联结保险设立的投资账户，投资股票的比例可以为100%；为万能寿险设立的投资账户，投资股票的比例不得超过80%。所以结合去年的股市表现，投连险的投资收益远远高于万能险和分红险。

五、不同阶段如何购买保险

在选择合适的保险产品时，一个重要的考虑因素就是自身所处的人生

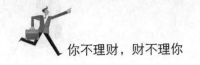

阶段。选择保险的一个重要原则是按需投保，而投保的需求是来自于我们所面临风险的具体类型。综观人的一生，在不同的阶段所面临的风险和不确定性也是不同的。同时，投保需要费用，需要我们有相应的收入和支付能力，而这种能力在我们人生的不同阶段也是在不断变化的。那么，根据自身所处的阶段而确定购买适用的保险产品，是我们的必然选择。

1. 单身期

时间：一般为2～5年，从参加工作到结婚时期。

特点：经济收入比较低且花销大。这个时期是未来家庭资金积累期。年纪轻，主要集中在20～28岁之间，健康状况良好，无家庭负担，收入低，但稳定增长，保险意识较弱。

保险需求分析：保险需求不高，主要可以考虑意外风险保障和必要的医疗保障，以减少意外或疾病导致的直接或间接经济损失。保费低、保障高。若父母需要赡养，需要考虑买定期寿险，以最低的保费获得最高的保障，确保一旦有不测时，用保险金支持父母的生活。

2. 家庭形成期

时间：从结婚到新生儿诞生时期，一般为1～5年。

特点：这一时期是家庭的主要消费期。经济收入增加而且生活稳定，家庭已经有一定的财力和基本生活用品。为提高生活质量往往需要较大的家庭建设支出，如购买一些较高档的用品，贷款买房的家庭还需一笔大开支——月供。夫妇双方年纪较轻，健康状况良好，家庭负担较轻，收入迅速增长保险意识和需求有所增强。

保险需求分析：为保障一家之主在万一遭受意外后房屋供款不会中断，可以选择交费少的定期险、意外保险、健康保险等，但保险金额最好大于购房金额以及足够家庭成员5～8年的生活开支。另外，由于这一时期处于家庭和事业新起点，有强烈的事业心和赚钱的愿望，渴望迅速积累资产，投资倾向易偏于激进。可购买投资型保险产品，规避风险的同时，又是资金增值的好方法。

3. 家庭成长期

时间：从小孩出生到小孩参加工作以前的这段时间，为18～22年。

特点：家庭成员不再增加，整个家庭的成员年岁都在增长。这一时期，家庭的最大开支是保健医疗、学前教育、智力开发费用。理财的重点适合安排上述费用。同时，随着子女的自理能力增强，年轻的父母精力充沛，时间相对充裕，又积累了一定的社会经验，工作能力大大增强，在投资方面可鼓励考虑以创业为目的，如进行风险投资等。夫妇双方年纪较轻，健康状况良好，家庭成员有增加，家庭和子女教育的负担加重，收入稳定增长，保险意识增强。

保险需求分析：在未来几年里面临小孩接受高等教育的经济压力，通过保险可以为子女提供经济保证，使子女能在任何情况下接受良好的教育。偏重于教育基金、父母自身保障。购车买房对财产险、车险有需求。

4. 家庭成熟期

时间：子女参加工作到家长退休为止这段时期，一般为 15 年左右。

特点：这一阶段里自身的工作能力、工作经验、经济状况都达到高峰状态，子女已完全自立，债务已逐渐减轻，理财的重点是扩大投资。夫妇双方年纪较大，健康状况有所下降，家庭成员不再增加，家庭负担较轻，收入稳定在较高水平，保险意识和需求增强。

保险需求分析：人到中年，身体机能明显下降，在保险需求上，对养老、健康、重大疾病的要求较高。同时，应为将来的老年生活做好安排。进入人生后期，万一风险投资失败，会葬送一生积累的财富，所以不宜选择过多的风险投资方式。此外，还要储存一笔养老资金，且这笔养老资金应是雷打不动的。保险作为强制性储蓄，积累养老金和资产保全，也是最好的选择。通过保险让您辛苦创立的资产完整地留给后人，才是最明智的。财产险、车险的需求必不可少。

5. 退休期

时间：指退休以后。

特点：这段时间的主要内容应以安度晚年为目的，理财原则是身体、精神第一，财富第二。那些不富裕的家庭应合理安排晚年医疗、保健、娱乐、锻炼、旅游等开支，投资和花费有必要更为保守，可以带来固定收入的资产应优先考虑，保本在这时期比什么都重要，最好不要进行新的投资，尤其不能再进行风险投资。

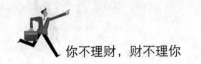

保险需求分析：夫妇双方年纪较大，健康状况较差，家庭负担较轻，收入较低，家庭财产逐渐减少，保险意识强。在65岁之前，通过合理的规划，检视自己已经拥有的人寿保险，进行适当的调整。

六、不同家庭如何购买保险

"保险面前人人平等"是投保的一个原则，但同时更应该看到在保险的需求上还是"男女有别""长幼有别"。那么，对一个家庭而言，家庭成员的具体构成情况，每个成员的性别、人生阶段、个人特点都在影响着整个家庭的保险需求。同时考虑到不同家庭的收入情况和经济状况不同，对保险的投保能力也有差别。所以，不同类型的家庭适用不同类型的保险产品。

1. 温饱阶层的家庭

针对人群：社会新人、单身阶段、收入较低。

保险组合：定期寿险（费用型）+附加意外伤害（费用型）+附加住院医疗（费用型）。

分析：工薪一族的家庭经济收入主要来源于工资收入，由于经济基础相对较薄弱，抵抗风险的能力也相对差，疾病、意外等因素随时都有可能摧毁他们的家庭经济。对于这样的家庭，保险的保障功能尤为重要。在有限的资金投入下（寿险规划师建议此类家庭把年收入的5%~10%投入于保险），要做到小投入大保障，即买纯保障型的消费型保险为主，返还型、投资型为辅，从而覆盖万一发生不幸时所出现的资金缺口。由于家庭收入的大部分都用于日常生活开支和孩子的教育支出，保险支出达到10%左右就可以了。受收入条件的制约，工薪阶层的三口之家，保险的侧重点应该是大人。

2. 小康阶层的家庭

针对人群：人到中年，事业有成，已婚育子，收入稳定，有房有车有存款。

保险组合：家庭综合意外保险（费用型）+车险（费用型）。

父母：重疾终身寿险（分红型）+附加定期寿险（费用型）+附加住

院医疗（费用型）。

孩子：两全寿险（分红型）+附加住院医疗（费用型）。

例如，32周岁的田先生是位个体经营者，年收入在12万元左右，他的孩子刚满2周岁，家里有9万多元的银行存款。

田先生这类家庭的经济压力还算比较小，节余在同龄人中也比较多，但把9万元钱全放在银行无疑是一种资源浪费。田先生可以留存两三万元存款做应急之需后，将剩余资金用于购买中长期的投资型保险产品。这样，田先生随着年龄的增长，不再从事经商后，所领取的年金也能使他的晚年生活得到充分保障。

像田先生这样年收入在8万元至12万元之间的家庭，可以给全家人购买综合保险。比如可以投保两全险，附带重大疾病提前给付、重疾豁免。另外，经济条件比较宽裕的家庭还可以给儿女投保，应侧重在教育基金的准备上，以解决孩子将来上中学、大学的高昂学费。如果手头足够宽裕，为孩子购买一些健康保险，也是必要的。

3. 富裕阶层的家庭

针对人群：退休在即，子女独立，收入丰厚，有房有车。

保险组合：家庭综合意外保险（费用型）+车险（费用型）。

父母：重疾终身寿险（分红型）+附加定期寿险（费用型）+附加住院医疗（费用型），两全寿险（万能）+投资联结险。

孩子：两全寿险（分红型）+附加住院医疗（费用型）。

分析：高收入一族拥有相对雄厚的经济实力，抵御一般风险的能力相对较强。风险来临时，十几万元甚至几十万元的风险对于这样的家庭不会构成很大的威胁，投保时要在拥有保障的同时，应更多地从理财上考虑，选择适合的保险。对富裕阶层的家庭来说，投保就应该以追求投资为目的。拥有高质量的晚年生活和将资产安全传承是这类人群的规划重点。一般，投资者相对而言财力比较丰厚。如果比较保守，则可选择万能险。万能险有两种：终身寿险和两全寿险。前者适合资产雄厚的投资者，将来把资产定向免税转移给亲人等；后者适合在晚年享用。还可以选择投连险来满足投资需求。

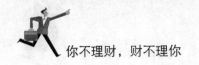
你不理财，财不理你

七、注意保险合同中的陷阱——练就火眼金睛

目前，我国保险市场的发展尚不完善，从业人员的职业道德和业务水平参差不齐，几年来因为保险合同"陷阱"而导致的纠纷时有发生。而由于消费者对保险专业知识的缺乏以及在签合同时不够细致，导致在一份保险合同的签订过程中陷阱丛生。下面笔者介绍保险合同中常见的几种陷阱：

1. 夸大利益，隐瞒风险

此种行为多数出现在销售分红险、万能寿险和投资联结类产品中。为了增加顾客的购买欲望，代理人会夸大此类产品的分红功能和灵活保障功能或者不提示产品的投资风险，只是一味地强调其未来可观的投资收益，并大肆渲染，而刻意隐瞒其收益的不确定性所带来的风险因素。

2. 故意略去免责条款

很多保险纠纷追根溯源，最终发现是代理人在签订保单时未告知免责条款，导致消费者诉求无门。虽然保险公司负有保险内容宣传不到位的责任，但是处于相对弱势地位的消费者更应该力求据理力争，签订保单时，仔细阅读保单的所有条款，不要让自己当初的粗心成为今后保险公司拒赔的借口。否则在向保险公司寻求理赔时，便是哑巴吃黄连，有苦说不出。

3. 条款术语过于复杂

目前多数保险合同专业术语多，内容复杂，合同附件太多，不可避免地为普通的消费者设下了文字陷阱。对此，有些代理人借口"专业"，将条款内容刻意复杂化陈述，用这样的"专业"素养表现取得消费者的过分信任，导致消费者在不了解合同条款的情况下就签下保单。对此，消费者要了解到真正的专业是要化繁为简、不耻下问，要求代理人所做的承诺一一对应到保单上的条款中。

4. 消费者自设陷阱

其实，很多保险陷阱都是消费者自设的，这也是完全可以避免的。比如，在购买保险前，很多消费者隐瞒了过往病史，导致事后保险公司拒赔。保险合同的最大诚信原则是对消费者和保险公司双方共同提出的要求。消费者在签订保单时要如实告知，不能存有侥幸心理，否则只能后果自负。

八、选择保险公司和中介——谁更值得信赖

目前，全国共有20余家保险公司，分支机构众多，有国有、合资和股份制等，由于其工作人员素质、质量等级和服务水平参差不齐，导致消费者对保险业的投诉率居高不下，因此慎重选择十分重要。投保人在购买保险时，常对保险公司的选择感到束手无策。实际上，保险公司的选择有以下基本原则。

1. 经营范围

必须符合《保险法》的要求，分支机构的设立必须经过批准，经营的险种也在批准之列，最好是全国性大公司。

2. 经营状况

保险公司的资本金越大越好，资产负债表上净资产应为正值，且越多越好，经济实力必须雄厚。

3. 偿付能力

保险公司的偿付能力是一种支付保险金的能力，表现为实际资产减去实际负债后的数额。保险公司的偿付能力是影响公司经营的最重要因素。具备足够的偿付能力，保险公司就可以保证在发生保险事故的情况下，有足够的资金向被保险人支付保险金，保证保险公司的正常经营。

影响保险公司偿付能力的因素主要有以下三个：

（1）资本金，准备金和公积金。保险公司的资本金、准备金和公积金的数额多少直接体现了保险公司偿付能力的大小。

（2）业务规模。保险公司的业务规模是指保险公司的业务范围和业务总量。

（3）保险费率。保险费率是保险的价格，也是保险公司收取保险费的

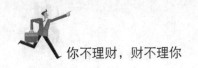

依据。

以上3个因素是影响保险公司偿付能力的主要因素。除此之外,保险资金的运用、再保险业务等情况也对偿付能力有影响。

4. 理赔质量

理赔质量的好坏直接反映出一家保险公司的信誉。好的保险公司理赔时比较方便,也比较快,客户只需要收集相关材料,具体的事情代理人会帮忙完成;不好的保险公司理赔起来拖拖拉拉,非常烦琐,让客户"跑断腿"。

在购买保险之前,通常从以下几个渠道获取有关公司理赔质量的信息:

(1) 向保险公司的管理部门咨询该公司受消费者投诉的情况。
(2) 从相关的报纸杂志上收集各公司有关理赔实践的文章和报道。
(3) 从保险代理人和经纪人那里获取保险公司过去的理赔情况。
(4) 从朋友那里打听,他们的保险公司是怎样对待他们的。

5. 产品细节

应当选择能为客户量身打造人性化产品的保险公司。不同的保险公司,同样产品的价格可能不同,同样价格的保费保障的范围、保障的时间也会有所不同,投保时要看清楚这些细节。特别要注意不赔的范围,应当选择不赔范围小的保险公司。

虽然保险合同的基本事项原则是相同的,但不同的保险公司其合同条款还是有很大差异的。因此,投保人必须非常明确你所购买的保险是否能够满足你的需要。比如:该合同承保哪些风险,被保的财产是什么,被保的责任有哪些,该合同的保险责任(保险收益)有多大,保险期限多长,损失发生时使用什么样的补偿方法,等等。

6. 承保能力

虽然在大多数情况下,只有符合一定条件的投保人才能被保险公司接受其为消费者,这个过程就是业务承保的过程。对保险公司来说,面临如下三种抉择:接受投保、拒绝投保、接受投保,但要做出一些变动。所以,投保人投保时最好能了解保险公司的承保能力有多大。

第十二章 保险投资

7. 服务水平

投保人所需要的服务大致有四个方面，即确定保险需求方面的帮助，选择保险项目方面的帮助，预防损失方面的帮助和索赔方面的帮助。选择保险公司时，要从两个方面注意其服务质量和数量。一是从保险公司代理人那里所能获得的服务，二是从保险公司那里所能获得的服务。应该注意对方是否热情周到，是否恰如其分地介绍公司的险种，及时办理手续，送达保单，是否及时通报新险种、新服务，出险后赔付是否及时，是否耐心听取、真心解决顾客的投诉，是否注意与顾客认真沟通。附加服务是否为投保人提供额外的附加服务，如定期回访、消费优惠、联谊会、紧急援助等。

九、保险认识的误区——识时务者为俊杰

尽管我国保险行业发展迅速，人们的保险意识已经有很大的提高，但由于种种原因，目前社会上对保险的认识还存在许多误区，这些误区部分是由于人们对保险的了解不够而造成的，还有些是由于保险业的部分低素质从业机构和从业人员造成的。这些认识误区在一定程度上妨碍了我国保险的进一步普及，制约了保险业的发展，有必要对此进行彻底的认识。目前社会上比较有代表性的对保险的认识误区包括：

1. "我交了那么点保险费，保险金竟然是几十倍，蒙谁呢"

简单地说，保险公司精算人员根据生命表统计的死亡率来制定保险产品的费率，也就是保险的价格。成千上万的人投保时把大量的保险费交到保险公司，与此同时，又把大量的同质风险集合到了保险公司。在一定的时间段内，不可能所有的被保险人都发生保险事故，保险公司就利用这个时间差，进行资金投资，使其不断增值。这期间，还不断有人在投保，继续有源源不断的保险费涌入保险公司。在某一个时间段里当极少数被保险人发生保险事故后，保险公司会将因这些少数人发生风险而须给付的保险金分摊到所有投保人身上。

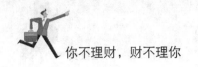

2."保险都是骗人的,我才不会相信"

有些人买保险后出了险,见保险公司不赔或理赔过程烦琐,就认为"投保容易理赔难,保险公司都是骗人的"。其实,很多时候是因为投保时没有搞清保险责任的赔偿范围,有些人以为无论买了哪种保险,只要出事了,保险公司就得赔,这显然是不对的。比如,你投保意外伤害保险,而当你因疾病住院了,就向保险公司要求索赔,保险公司当然不予受理,因为意外伤害保险的赔偿责任不包括疾病住院这一项。有些人不了解保险公司依法拒赔的真正原因,就断下结论:保险都是骗人的。结果造成了公众对保险不信任的后果。

所以,在投保前先了解"保险责任"范围是至关重要的,不要盲目听信保险代理人的说辞或对保险责任一知半解。提前明确保险责任,购买自己真正需要的保险产品或产品组合,保障尽量全面,对自己、对家庭、对保险公司都是有好处的。

3."买保险的钱不如放到股市上炒一把"

经济专家一再告诫我们,家庭和个人的投资要本着安全第一的原则。炒股票具有投机性,其结果有三种:盈利、保本和赔本。盈利固然很开心,保本等于瞎耽误工夫,万一赔掉老本损失是很大的。不如先拥有保险,织一张经济安全网之后,再去股市上拼杀。其实,买保险和炒股票并不矛盾,不过是家庭理财的两种方法罢了。只要考虑周全,对于家庭和个人财产的保全和增值会很有帮助。

4."我家经济负担比较重,哪有闲钱买保险?"

一般所谓用闲钱买来的,通常是属于可买可不买的东西。对于经济不是很宽裕的人来说,保险解决的是万一发生不幸,收入突然中断时的经济来源问题,保险起的是保障作用。人在追求高品质的生活质量时,应该考虑万一因为突发事件而使我们的最低生活需求没有保障。比如,当身患重病时,如果经济紧张,又没有及早做好财务上的安排,就会出现必须在医疗费和生活费之间做出选择的残酷现实。因此,拥有适当的保险并不是增加家庭的经济负担,从某种意义上说,保险可以在最关键的时刻减轻家庭的重负。

5. "我有的是钱,这辈子花不完,保险对我没有用"

现在社会上有的人认为:我有钱不需要买保险,保险公司也是为了赚钱,我不如用投保的这部分钱自己做生意赚钱快。对于做生意来说或许的确如此,但作为预防风险却大不一样。因为保险用来防御风险的发生是任何投资都无法比拟的。天有不测风云,人有旦夕祸福。风险并不因为你有钱而格外远离你。另外,个人所得税、银行利息税、银行实名制的出台以及不久将出台的遗产税等,让保险赋予了新的内涵,它将帮助我们更好地做好家庭理财,保住经营来的成果,免交各种税金,因为保险是免税的天堂。发达国家人均都有三五张保单,投保率接近100%。

6. "我有社会保险,不必再买其他保险了"

现在有很多寿险代理人在展业过程中常常会碰到客户这样说:"单位已给我们缴纳了社会保险费,不需要再投保商业保险了。"这种看法主要是源于对社会保险和商业保险的职能和特点不够了解而造成的,两者是一种相互补充的关系,既不矛盾,也不能相互取代。

社会保险的被保险人只能得到一种最基本的低水平的保障,并受到很多条条框框的限制。如果我们要想拥有一个比较富裕幸福的晚年,想拥有一个比较完善的医疗资金保障,只靠社会保险是远远不够的,甚至可以说是杯水车薪,我们还要在经济条件允许的情况下,尽可能拥有一些商业保险来做保障的补充。社会保险仅使您的晚年"过得了",但商业保险使您的晚年"过得好"。

所以,社会保险是基础,虽杯水车薪但如有就一定要;商业保险应是主体,补充社会保险的严重不足,是必不可少的。"社保+商保"才是最合理的选择。

第十三章 信托投资

"信托"一词指由受托人所负担的职责或累积而成的全部义务,这种责任关乎在其名下或在其控制范围内的财产。法院根据其管辖权可强制要求受托人按信托文件中的合法规定来处理该财产;如果书面上或口头上均无特别规定,或虽有规定但该规定是无效或不充分的,则法院会强制要求受托人须按衡平法的原则去处理该财产。这样的管理方式将使与财产有关的利益并非由受托人占有,而是由受益人享用(如果其人存在),或(如果没有受益人)按法律所认可之用途来处理。如果受托人同时也是受益人,则他可以受益人身份得到应得之利益。

一、认识信托——受人委托,代人理财

信托业在中国,最早可追溯到 20 世纪初。当代信托行业最早伴随改革开放萌生,对于弥补我国传统单一的银行信用的不足,利用社会闲置资金,引进外资,拓展投资渠道,为我国经济的发展发挥了积极作用。

随着市场经济的发展和改革的深入,社会财富的巨大增长,产权制度的多元化和全面建设小康社会进程的加快,委托他人管理和处分自己的财产势在必行,信托"一法两规"的颁布将为信托业的健康发展奠定法制基础。据初步统计,2002—2003 年第一季度市场已经推出了 40 多个信托产品,吸收信托资金逾 70 亿元。同时,证券市场基金作为一种标准化和典型的信托产品已经为人们日常生活所熟悉。

在中国,信托业务因为其灵活性而具有极大的弹性和普遍性,在我国金融业分业经营的环境下,信托公司是唯一能够综合利用金融市场、连通产业和金融市场的机构,从基础设施、大型工程建设投融资到企业的兼并重组、担保,信托公司能够供全程式的金融服务。

信托就是信用委托,信托业务是一种以信用为基础的法律行为。最简

单地讲，信托就是一种财产转移或管理的设计（或手段）。它作为一种严格受法律保障的财产管理制度，通过基本的三方关系（委托人、受托人和受益人）来更安全、更高效地转移或管理财产，从而满足人们在处置财产方面的不同需求。

一般涉及三方面当事人，即投入信用的委托人，受信于人的受托人，以及受益于人的受益人。信托业务是由委托人依照契约或遗嘱的规定，为自己或第三者（即受益人）的利益，将财产上的权利转给受托人（自然人或法人），受托人按照规定的条件和范围，占有、管理、使用信托财产，并处理其收益。

信托是一种特殊的财产管理制度和法律行为，同时又是一种金融制度，信托与银行、保险、证券一起构成了现代金融体系。信托机构为财产所有者提供广泛有效的服务是信托的首要职能和唯一服务宗旨，并把管理、运用、处分、经营财产的作用体现在业务中，它已成为现代金融业的一个重要组成部分。

信托财产及财产权的转移是成立信托的基础。信托是以信托财产为中心的法律关系，没有信托财产，信托关系就丧失了存在的基础，所以委托人在设立信托时必须将财产权转移给受托人，这是信托制度与其他财产制度的根本区别。除身份权、名誉权、姓名权之外，其他任何权利或可以用金钱来计算价值的财产权，如物权、债权、专利权、商标权、著作权等，都可以作为信托财产。

二、信托关系——如何设立信托

信托关系是指委托人、受托人和受益人围绕信托标的而产生的经济关系。信托关系是多方的，有委托人、受托人、受益人，这是信托的一个特征。

信托关系中的三个当事人，以及受托人以自己名义，为受益人的利益管理处分信托财产是信托的两个重要特征。在信托关系中，委托人提出信托行为，要求受托人代为管理或处理其财产，并将由此产生的利益转移给受益人；受托人接受委托人的委托，代为管理处理信托财产，并以自己的名义按委托人所提出的要求将信托财产利益转移给受益人；受益人享受信托财产利益。

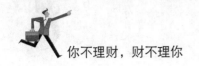

委托人将财产委托给受托人后对信托财产就没有了直接控制权,受托人完全是以自己的名义对信托财产进行管理处分,但受托人管理处分信托财产必须按委托人的意愿进行,而这种意愿是在信托合同中事先约定的,也是受托人管理处分信托财产的依据。操作中受托人管理处分信托财产必须是为了受益人的利益,既不能为了受托人自己的利益,也不能为了第三人的利益。

信托约定(主要指信托合同及其附件)是信托行为的依据。即信托关系的成立必须有相关的信托关系文件作保证。信托行为的发生必须由委托人和受托人进行约定,其体现形式主要有三种:书面合同、个人遗嘱和法院的裁决书。而信托的主要目的是委托人通过信托行为所要达到的目的。信托目的由委托人提出并在信托契约中写明,受托人必须按照委托人提出的信托目的去管理、运用、处分信托财产。

受托人承办信托业务所取得的报酬称为信托报酬。它是按信托财产的信托收益的一定比率收取的,依据信托合同而定。

信托行为的终止意味着信托结束,信托不会因为委托人或者受托人的死亡、丧失民事行为能力、被依法解散、撤销或宣告破产而终止,也不会因受托人的辞任而终止。信托终止必须是信托文件约定的终止条件发生;信托的存续违反信托目的;信托目的已经实现或不能实现;信托当事人协商同意;信托被撤销;信托被解除。

信托关系是特定当事人之间的一种不对等的法律关系,通常产生在缔约双方当事人的谈判优势不平等时,一方因知识或专业方面的原因而在某种程度上必须信赖于另一方。信托关系可以由当事人之间的合同所创设,特别是在一方当事人认为对方在特定领域更具有专业知识和经验时,可以通过合同明确创设双方之间的信托关系,然而实践中这种方式很少见。信托关系也可以基于法律的默示而产生。法律默视的信托包括结果信托和推定信托两种。

为了保护处于弱势地位的受益人的利益,防止受信人滥用权利以保护双方的信任关系,法律必须要求受信人对受益人(或受托人)承担相应的法律义务,即信托义务。如果在当事人之间建立起了一种信托关系,受信人就必须对另一方负有一种特殊的"信托义务"。

进行信托活动,首先要在有关当事人之间通过一定的行为创设信托关系。设立信托所必备的条件包括形式要件与实质要件两个方面。在有些情

第十三章 信托投资

况下,信托的设立还应具备其他特殊要素,即特殊要件:

第一,信托当事人。信托行为须有两个以上主体,存在三方当事人。委托人和受益人,或者受托人与受益人之一可能合二为一,但是,同一个人以不同的信托当事人身份行为时,其依法享有的权利和承担的义务是不同的。

第二,有设立信托的意思表示。这里包括两方面内容,一是有做出意思表示的行为;二是行为人通过其行为所要实现的结果是设立信托。

第三,信托目的、信托财产与受益人的确定性,即三个确定性。根据这一条件,信托的设立必须为受益人的利益或者特定目的,有确定的信托财产,有确定的受益人或受益人范围。

第四,设立信托应采取书面形式。书面形式包括信托合同、遗嘱或者法律、行政法规规定的其他书面文件等。我国信托法规定了设立信托的书面文件应当载明的必要事项,包括信托目的、信托当事人、信托财产与受益人取得信托利益的形式与方法四个方面。应当指出的是,这一规定与《中华人民共和国合同法》第12条的提示性规定不同。尽管信托法没有明确信托文件未规定这些事项的法律后果,但从信托法的其他条文看,缺乏这些事项将影响信托的成立或生效。

信托设立的实质要件既包括某些确定的积极条件,也以不存在阻碍信托生效的消极条件为前提。

第一,信托当事人具备应有的权利能力和行为能力。如受托人应当是具有完全民事行为能力的自然人、法人。

第二,交付信托的财产的财产权转移。我国信托法没有明确信托生效的时间,但从信托法的基本精神看,一般应当以财产或财产权的移转为标志。

第三,信托目的合法。设立信托时,信托目的不得违反法律、行政法规或者损害社会公共利益,也不得专以诉讼或者讨债为目的设立信托;委托人设立信托,不得损害其债权人利益。违反前两项规定,信托无效,有第三种情况的,债权人可以撤销信托。

第四,信托财产合法。对这个条件应从两个层面理解,一是委托人用以设立信托的财产必须是其合法所有的财产;二是信托财产应当符合信托法等法律和行政法规的规定。根据信托法,法律、行政法规禁止流通的财产,不得作为信托财产;法律、行政法规限制流通的财产,依法经有关部

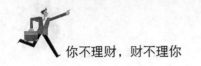

门批准后,可以作为信托财产。

除上述形式要件与实质要件外,某些类型信托的设立还应符合法定的特殊条件。设立信托时,有关法律、行政法规规定应当对信托财产办理登记手续的,应当依法办理信托登记。否则,应当补办;不补办登记手续的,该信托不产生效力。对于公益信托,其设立应经有关公益事业的管理机构批准。

三、信托投资——在市场中的主要职能

信托业以其独特的,有别于其他金融机构的职能,牢固地在现代各国金融机构体系中占有重要的一席之地,并以其功能的丰富性,而获得"金融百货公司"之美誉。但财产管理功能始终是其基本职能,其他诸种职能,都是在这一职能的基础上衍生而来的。

财产管理功能是指信托受委托人之托,为之经营管理或处理财产的功能,即"受人之托、为人管业、代人理财",这是信托业的基本功能。主要体现在以下四个方面。

(1) 管理内容上的广泛性:一切财产,无形资产,有形资产;自然人、法人、其他依法成立的组织、国家。

(2) 管理目的的特定性:为受益人的利益。

(3) 管理行为的责任性:发生损失,只要符合信托合同规定,受托人不承担责任;如违反规定的受托人的重大过失导致的损失,受托人有赔偿责任。

(4) 管理方法的限制性:受托人管理处分信托财产,只能按信托目的来进行,不能按自己需要随意利用信托财产。

另外,融通资金功能和协调经济关系是指信托业作为金融业的一个重要组成部分,本身就赋有调剂资金余缺之功能,并作为信用中介为一国经济建设筹集资金,调剂供求。由于在商品货币经济条件下,财产有相当一部分以货币资金形态存在,因此对这些信托财产的管理和运用就必然伴随着货币资金的融通。信托机构开办投资业务是世界上许多国家的信托机构的普遍做法。信托业的社会投资职能,可以通过信托投资业务和证券投资业务体现。

四、信托投资——理财护人,隔离风险

信托投资是金融信托投资机构用自有资金及组织的资金进行的投资。

以投资者身份直接参与对企业的投资是目前我国信托投资公司的一项主要业务,这种信托投资与委托投资业务有两点不同:第一,信托投资的资金来源是信托投资公司的自有资金及稳定的长期信托资金,而委托投资的资金来源是与之相对应的委托人提供的投资保证金。第二,信托投资过程中,信托投资公司直接参与投资企业经营成果的分配,并承担相应的风险,而委托投资,受托公司则不参与投资企业的收益分配,只收取手续费,对投资效益也不承担任何责任。

信托投资的方式主要有参与经营和合作经营的方式。参与经营又称为股权式投资,即由信托投资机构委派代表参与对投资企业的领导和经营管理,并以投资比例作为分取利润或承担亏损责任的依据。合作经营的方式,又称为契约式投资,即仅作资金投入,不参与经营管理。

信托投资的主要作用有以下四点:

1. 代人理财的作用,保证财产的独立性

信托将零散的资金巧妙地汇集起来,由专业投资机构运用于各种金融工具或实业投资,谋取资产的增值;由专家管理,信托财产的管理运用均是由相关行业的专家来管理的,他们具有丰富的行业投资经验,掌握先进的理财技术,善于捕捉市场机会,为信托财产的增值提供了重要保证,并且信托财产是将权利名义人与享受利益人分为不同的权利主体,换言之,信托财产虽以受托人之名义登记,实质上并非受托人之自由财产,因为信托财产具独立性。

2. 信托投资具有规避和分散风险的作用

由于信托财产具有独立性,使得信托财产在设立信托时没有法律瑕疵,在信托期内能够对抗第三方的诉讼,保证信托财产不受侵犯,从而使信托制度具有其他经济制度所不具备的风险规避的作用。

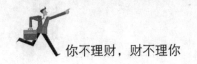

3. 运作方式灵活

信托设计可依据委托人的不同要求和目的来设计。信托如同一个法人，可延续至身故为止，也可随时要求终止；可将信托的财产重新分配，也可更换受益人，可做任何投资其中包括不动产买卖，可将原资本财产重新分配，也可更换受益人，可做任何投资其中包括不动产买卖，可将原资本部分提出，且可因政治变化的需求转移至另一国家。

4. 合理避税

遗产的移转在很多国家或地区均须课征遗产税，如美国、加拿大、中国香港地区、英国等，税率一般都在50%左右，而且此税必须在财产移转前付清。因此，财产所有人避免被课税最理想的方式便是成立信托，透过信托的设立信托财产不受信托人的死亡影响，并可在合法管道下，省下可观的费用。

五、集合资金信托——"以小博大"的稳健投资

我国目前人们所理解的信托概念，应该是某种类型的信托概念，这是信托的第三层次概念。一讲信托，人们自然会想到信托公司设立的信托计划，但这仅仅是集合投资类信托的一种。

集合投资类信托，就是指具有资质的受托人发起的，按信托责任要求对投资者投资设立的特殊目的载体进行依法管理。目前在我国包括证券投资基金、证监会的券商理财计划、银监会的集合资金信托计划、商业银行理财计划、央行的信贷资产支持证券投资计划、保监会的保险资金投资计划、银行间债券交易协会目前力推的资产支持商业票据（ABCP）或资产支持票据（ABN），以及证监会和央行目前力推的房地产信托投资基金（REITS）。

集合投资类信托是没有委托人，只有资产转移至特殊目的载体（证券投资基金、信托计划）的投资人。

第二种信托类型为非集合类信托，是指受托人按委托人要求设立的，按信托责任要求对委托人自愿交付资产设立的特殊目的载体进行依法管理。主要包括遗嘱信托、单一资金投资信托、单一类民事信托、交易保证金等。

第十三章 信托投资

其中，受托人是由委托人选择的，可以是我国的自然人和法人，不一定具备集合投资类信托受托人的资质；因信托账户作为特殊目的载体的基础，商业银行应该成为非集合类信托受托人的最佳选择。受托人应依据委托人合约约定为限，不可自行超越或自行减缩，除非合约约定有违我国法律规定。

第三种信托类型为集合运用类信托，是指国家设立的、受托人发起的，由法律强制征收或自愿交付资金而成立的特殊目的载体，并由受托人为了社会长远利益对特殊目的载体进行依法管理。主要包括社保基金、企业年金、慈善基金、金融行业的风险金和保证金等。集合运用类信托又分为强制征收类信托和自愿给付类信托。强制征收类信托包括社保基金、金融行业风险金或保证金等，自愿给付类信托有慈善基金和企业年金等。集合运用类信托的受托人是国家创设的，受益人是法律法规设定条件的，不是信托合同能够设定受托人和受益人的，更不存在委托人。